D1690720

## DIE MÄRCHEN-APOTHEKE

Stephanie zu Guttenberg (Hg.)

# DIE MÄRCHEN-APOTHEKE

## Grimms Märchen als Heilmittel für Kinderseelen

Ausgewählt und kommentiert von
Silke Fischer und Bernd Philipp

Illustriert von
Janice Brownlees-Kaysen

Kösel

Verlagsgruppe Random House FSC-DEU-0100
Das für dieses Buch verwendete FSC®-zertifizierte Papier *Hello Fat Matt 1,1*
liefert Condat, Le Lardin Saint-Lazare, Frankreich

2. Auflage 2011
Copyright © 2011 Kösel-Verlag, München,
in der Verlagsgruppe Random House GmbH
Umschlag: Weiss Werkstatt, München
Umschlagmotiv und Illustrationen: Janice Brownlees-Kaysen
Bild S. 230: © akg-images
Bild S. 232: © akg-images/North Wind Picture Archives
Druck und Bindung: Mohn Media, Gütersloh
Printed in Germany
ISBN 978-3-466-30926-9

Weitere Informationen zu diesem Buch und unserem gesamten lieferbaren Programm
finden Sie unter www.koesel.de

# INHALT

Vorwort von Stephanie zu Guttenberg:
Die Märchen-Apotheke –
Ein garantiert lang anhaltendes Heilmittel für die ganze Familie!
11

*Märchen-Manifest*
17

*Informationen für den »Anwender«*
18

Unser Kind wird in der Schule gemobbt und ist mutlos
21
DER HASE UND DER IGEL
23

Unserem Kind fehlt die Motivation zum Lernen
28
DIE DREI BRÜDER
29

Unser Kind ist phlegmatisch und ein Angsthase

*32*

MÄRCHEN VON EINEM, DER AUSZOG, DAS FÜRCHTEN ZU LERNEN

*35*

∽

Unser Kind ist egoistisch und auf jeden neidisch,
der etwas besser kann

*45*

SCHNEEWITTCHEN

*47*

∽

Unser Kind fühlt sich in der neuen Patchworkfamilie nicht wohl

*57*

ASCHENPUTTEL

*61*

∽

Unser Kind ist hochbegabt, hat aber Scheu, dies seinen Freunden zu zeigen

*69*

DIE KLUGE BAUERNTOCHTER

*71*

∽

Unser Kind ist zu ehrgeizig und kann nicht abschalten

*76*

DER FAULE HEINZ

*79*

∽

Unser Kind chattet zu viel im Internet

*83*

DER WOLF UND DIE SIEBEN JUNGEN GEISSLEIN

*85*

∽

Unsere Kinder kümmern sich schlecht um ihre Haustiere

89

DAS WALDHAUS

91

∽

Unsere Töchter möchten genauso leben wie ihre deutschen Freundinnen, aber unsere Familientradition lässt das nicht zu

99

RAPUNZEL

102

∽

Unsere Kinder schätzen unser gutes Alltagsleben gering

107

PRINZESSIN MÄUSEHAUT

109

∽

Unser Kind will nicht mehr zum Klavierunterricht und verschweigt uns, warum

112

ALLERLEIRAUH

115

∽

Unsere Kinder streiten zu viel miteinander

122

SCHNEEWEISSCHEN UND ROSENROT

125

∽

Unser Kind hat ein Handicap und wir haben Angst, dass es im Leben nicht zurechtkommt

133

DAUMESDICK

135

∽

Unser Kind ist tollpatschig und kann nicht über sich selbst lachen

*143*

DER FRIEDER UND DAS KATHERLIESCHEN

*146*

∽

Unser Kind ist gestorben, und es fällt uns schwer,
in der Familie mit diesem Unglück fertig zu werden

*154*

DAS TOTENHEMDCHEN

*157*

∽

Unser Kind ist mit allem unzufrieden und der Meinung,
alle anderen hätten es besser

*159*

VON DEM FISCHER UND SEINER FRAU

*161*

∽

Unser Kind urteilt vorschnell über andere und ist unhöflich

*171*

DAS WASSER DES LEBENS

*173*

∽

Unsere Kinder sind oft leichtsinnig im Umgang mit Fremden

*181*

ROTKÄPPCHEN

*183*

∽

Unserem Kind mangelt es an Selbstbewusstsein

*188*

DIE ERBSENPROBE

*191*

∽

Unser Kind hält den Leistungsdruck von Schul- und Freizeitaktivitäten kaum aus
*194*

**HANS IM GLÜCK**
*196*

∽

Unser Kind fühlt sich oft einsam und verlassen
*203*

**DIE STERNTALER**
*205*

∽

Unser Kind hat Essstörungen, weil es sich zu dick und hässlich findet
*208*

**KÖNIG DROSSELBART**
*211*

∽

Unser Kind teilt nicht gerne und will alles für sich allein behalten
*217*

**DIE GOLDENE GANS**
*219*

∽

Unser Kind hat ein besseres Verhältnis zu den Großeltern als wir
*225*

**DER ALTE GROSSVATER UND SEIN ENKEL**
*227*

∽

Jacob und Wilhelm Grimm – Ein Name, zwei Brüder, ein Mythos
*231*

Die Herausgeberin, Autoren und Illustratorin
*238*

# Die Märchen-Apotheke –
# Ein garantiert lang anhaltendes Heilmittel
# für die ganze Familie!

*Vorwort von Stephanie zu Guttenberg*

»Stellen Sie sich vor, es gäbe ein Zaubermittel, das Ihr Kind still sitzen und aufmerksam zuhören lässt, das gleichzeitig seine Fantasie beflügelt und seinen Sprachschatz erweitert, das es darüber hinaus befähigt, sich in andere Menschen hineinzuversetzen und deren Gefühle zu teilen, das gleichzeitig auch noch sein Vertrauen stärkt und es mit Mut und Zuversicht in die Zukunft schauen lässt. Dieses Superdoping für Kindergehirne gibt es. Es kostet nichts, im Gegenteil, wer es seinen Kindern schenkt, bekommt dafür sogar noch etwas zurück: Nähe, Vertrauen und ein Strahlen in den Augen des Kindes. Dieses unbezahlbare Zaubermittel sind die Märchen, die wir unseren Kindern erzählen oder vorlesen.«
*Prof. Dr. Gerald Hüther »Weshalb wir Märchen brauchen – Neurobiologische Argumente für den Erhalt einer Märchenerzählkultur« im Jahresband der Europäischen Märchengesellschaft 2006*

»Zaubermittel … Superdoping.« Das Zitat beschreibt bereits sehr genau, was in unserer Märchen-Apotheke zu finden ist: kein Hustensaft, keine Tabletten, nicht das kleinste Eckchen eines Pflasters – sondern pure Medizin für Lebensmut, Vertrauen und ein liebevolles Miteinander. Und es ist höchste Zeit für diese erste Märchen-Apotheke der Welt!

Eine Märchen-Apotheke mag für einige Familien heute bizarr, ja anachronistisch wirken. Ich halte sie indes für unentbehrlich. Doch um sie wirksam anzuwenden, müssen einige Voraussetzungen geschaffen werden. Glücklicherweise dürfte jeder in der Lage sein, das benötigte Rüstzeug zu erwerben oder abzurufen. Dabei ist es völlig gleichgültig, ob man viel oder wenig Geld hat. Man braucht keinerlei technische Hilfsmittel, weder den neuesten Flachbildschirm noch den letzten Schrei vom Computermarkt.

Allerdings muss man sich das wertvollste Gut, das es derzeit gibt, beschaffen: ZEIT.

Das Bedürfnis nach gemeinsam mit den Eltern verbrachter Zeit ist bei Kindern heute wie einst stark ausgeprägt. Frühstücken, dem kommenden Tag entgegensehen, in die Schule und ins Büro aufbrechen – all dies kann im »Miteinander« geschehen. Gleiches gilt, zumindest teilweise, für andere Abschnitte eines Kindertages: nach Hause kommen, Hausaufgaben machen, vielleicht zusammen kochen und essen, das Kind ins Bett bringen, dort die Probleme des Tages besprechen und als Gute-Nacht-Geschichte schließlich ein Märchen lesen. Ist es zu viel verlangt, wenigstens einige Momente gemeinsam und kreativ zu gestalten?

So kenne ich es auch aus meiner eigenen Kindheit. Ich hatte das Glück, behütet aufzuwachsen, und Märchen und Geschichten gehören bis heute zu meinem Leben. Da meine Mutter Schwedin ist, wurden bei uns viele nordische Märchen und Geschichten vorgelesen und erzählt. Besonders geliebt habe ich natürlich die fantasievollen Erzählungen von Astrid Lindgren, *Die Wichtelkinder* von Elsa Beskow und neben *Nils Holgerssons* wunderbaren Abenteuern von Selma Lagerlöf natürlich die Märchen von Hans Christian Andersen. Märchen sind für viele Kinder die erste Berührung mit Literatur und man vergisst sie das ganze Leben lang nicht mehr.

In meiner Erinnerung ist das Märchenvorlesen bis heute mit vielen positiven Empfindungen verbunden. Das gemütliche Zusammensitzen, die warme Stimme meiner Mutter, die bis heute unentdeckte schauspielerische Ader meines Vaters oder meiner Großmutter, die die geliebten und immer wieder gelesenen Geschichten mal mit einem Lächeln, mal mit einem vielsagenden Seufzer zu versehen wussten. So waren die Geschichten einerseits verlässlich immer dieselben und andererseits doch jedes Mal neu.

Während unserer Märchenstunden konnte ich meinen kindlichen Alltag Revue passieren lassen, mich in die eine oder andere Märchenfigur einspinnen und somit eigene Probleme mithilfe von Zauberwesen und übernatürlichen Mächten überdenken. Meine Eltern merkten schnell, welche der Geschichten mich bewegten, und suchten das Gespräch mit mir. Mit den Märchenfiguren verwoben, konnte man ihnen leichter von Problemen erzählen und entspannt einschlafen.

Genauso halten es mein Mann und ich mit unseren Töchtern. Wir nehmen uns Zeit für sie. Kindern fällt es leicht, sich mit Märchenfiguren zu identifizieren. Schwerer fällt es ihnen, konkrete Alltagsprobleme anzusprechen. Die Fantasie kann dabei helfen, zum Kern eines Unwohlseins vorzudringen, ohne die Realität zu überlagern.

Weshalb sollten Eltern diese bemerkenswerte Gegebenheit nicht nutzen, um Kindern auch auf diesem Wege Erfahrungswerte für das Leben mitzugeben? Das Vorlesen von Märchen kann eine Option sein, bestimmte Lebensmaximen zu verstehen. Beispielsweise, dass jedes Handeln gewisse Folgen hat, dass gute Freunde wichtig sind und dass man mit deren Hilfe vieles schaffen kann, was man sich vorgenommen hat, egal wie ungünstig die jeweilige Ausgangssituation ist. Märchenhelden sind selten passiv. Sie nehmen ihr Leben beherzt in die Hand und ergeben sich nicht klaglos ihrem Schicksal.

Gegner der Märchen berufen sich an dieser Stelle meist auf die vermeintlichen Grausamkeiten. Doch spätestens seit Bruno Bettelheims Buch *Kinder brauchen Märchen* ist belegt, dass Märchen in der Regel von der glücklichen Überwindung von Widerständen erzählen und die harten Strafen für die Bösewichte lediglich als Sinnbild für Gerechtigkeit dienen sollen. Zudem dürfte kein Erwachsener überfordert sein, manche Märchenstrafe zeitgerecht zu relativieren. In den *Kinder- und Hausmärchen* der Brüder Grimm fließt übrigens außer im Märchen *Aschenputtel* nirgendwo ernsthaft Blut, sieht man von wenigen Blutstropfen in einigen anderen Märchen ab.

Zudem lieben es viele Kinder, sich zu gruseln, besonders wenn sie wissen, dass es am Schluss immer gut ausgeht. Außerdem sind Sie ja da, um ihnen mögliche Ängste zu nehmen. Beim Vorlesen lassen Sie Ihre Kinder nicht mit ihren Gefühlen alleine. Diese gemeinsam erlebte Situation schafft Nähe und Vertrauen, im Gegensatz zu Filmen und/oder Hör-CDs, die sich nicht auf die Reaktionen oder Äußerungen der Kinder einstellen.

So wie viele Eltern über den Weg der Märchen zu den Kinderkümmernissen vordringen konnten, halte ich es auch mit meinen Töchtern, und Sie können das auch! In den Märchen werden bereits zahlreiche Probleme dieser Welt thematisiert. In dieser Hinsicht sind Märchen komprimierte Menschheitsgeschichte. Die Märchen-Apotheke hilft Ihnen dabei, die Probleme Ihrer Kinder zu erkennen und Lösungen zu finden.

Ihr Kind sieht nicht ein, dass es mit Internet-Kontakten äußerst vorsichtig sein muss? Im Märchen *Der Wolf und die sieben jungen Geißlein* wird genau dieses Thema behandelt. Obwohl die Mutter klare Anweisungen gibt, woran der böse Wolf zu erkennen ist, trickst dieser die Geißlein aus und dringt ins Kinderzimmer ein. Dieses Gleichnis versteht jedes Kind.

Patchwork-Familien sind heute allgegenwärtig, aber sind Sie sicher, dass sich Ihr Kind in der neuen Familie wirklich wohlfühlt? Durch das gemeinsame Lesen und Besprechen des Märchens *Aschenputtel* können Sie es herausfinden und helfen.

Wird Ihr Kind in der Schule gemobbt und ist verzweifelt? Dann lesen Sie mit ihm das Märchen *Der Hase und der Igel,* und geben Sie ihm dadurch wieder Mut und Selbstvertrauen.

Bei meiner Arbeit in der internationalen Organisation *Innocence in Danger*, die sich dem Kampf gegen sexuellen Kindesmissbrauch verschrieben hat, lerne ich Kinder kennen, die oftmals nicht wussten, wie sie sich ihren Eltern oder jemand anderem hätten anvertrauen können, oder denen niemand Glauben schenken wollte, weil die Taten selbst Erwachsenen oft unvorstellbar erscheinen. Nach wie vor ist es in Deutschland so, dass ein Kind in solchen Fällen durchschnittlich achtmal einen Erwachsenen anspricht, bis ihm geglaubt wird. Dies muss sich zwingend ändern, denn solche schrecklichen Erlebnisse legen sich auf Kinderseelen, brennen sich lebenslänglich ein und hinterlassen, bleiben sie unbehandelt, unheilbar schwere Narben. So sollten Sie grundsätzlich alles ernst nehmen, was Ihnen Ihr Kind erzählt. Das zeugt von dem Respekt, der den Kleinsten in unserer Gesellschaft ebenso zuteil werden sollte wie den Großen. Dazu gehört auch, das Verhalten des Kindes bzw. eventuelle Veränderungen wahrzunehmen und ihnen Bedeutung beizumessen.

Nehmen Sie sich Zeit und vielleicht auch die Märchen-Apotheke zur Hand, um über den Pfad der Märchen Probleme spielerisch und einfühlsam aufzudecken.

Durch meine Arbeit bei *Innocence in Danger* lernte ich auch Silke Fischer von *Märchenland – Deutsches Zentrum für Märchenkultur* kennen. Das Zentrum würdigte zu meiner Überraschung mein Ehrenamt durch die Verleihung der *Goldenen Erbse*. Ein Preis, den ich mit großer Freude entgegennahm, wird er doch an Menschen verliehen, die wie »Die Prinzessin auf der Erbse« die kleinen, aber wesentlichen Dinge des Lebens noch spüren und anderen in Not helfen.

Seitdem stehen wir in regem Austausch, denn unsere beiden höchst unterschiedlichen Engagements sind verbunden durch die Arbeit mit Kindern. Wir waren uns von Anfang einig, dass man alle Kinder besser stärken und schützen kann, wenn man ihnen genug Aufmerksamkeit, Liebe und Zeit schenkt. Märchen sind dabei ein ideales Medium, davon hat mich die Arbeit von *Märchenland* und dessen »Märchen-Manifest« überzeugt. Dieses Manifest fasst prägnant zusammen, warum Märchen Gemeinschaft und Kreativität fördern, präventiv wirken und letztlich Erfolge zeitigen.

Rasch war die Idee der Märchen-Apotheke geboren. Wir wollten einen Ratgeber schaffen, der nicht nur von Erwachsenen genutzt werden kann, sondern für die ganze Familie geeignet ist. Die Märchen-Apotheke soll auch nicht nur so sachlich wie dieses Geleitwort sein, da dies dem Thema Märchen völlig widerspräche. Sie soll die Weisheit der Märchen vermitteln, aber die Gegenwart miteinbeziehen. Die Märchen-Apotheke soll Nachschlagewerk, Märchen- und Bilderbuch zugleich sein.

Für die Umsetzung unserer so komplexen wie einfachen Vision konnten wir den Berliner Autor Bernd Philipp gewinnen, der ebenfalls ein Ritter im Kampf für das Märchen ist und begeistert die zeitbezogenen Geschichten für die Märchen-Apotheke beisteuerte. Mit der englischen Illustratorin Janice Brownlees-Kaysen fanden wir zudem eine exzellente Künstlerin für wahrlich märchenhafte Bilder.

Die ganze Welt der Märchen stand uns zur Verfügung und stellte uns vor das Problem der Auswahl. Wie sollten wir den gesamten Märchenschatz der Völker in die Schubladen einer einzigen Märchen-Apotheke quetschen? Doch warum in die Ferne schweifen, sieh, das Gute liegt so nah – wir entschieden uns für die *Kinder- und Hausmärchen* der Brüder Grimm. Diese Sammlung feiert 2012 ihr 200-jähriges Jubiläum. Die *Kinder- und Hausmärchen* sind zudem das meistübersetzte Buch nach der Bibel, und weltweit stellt sich (fast) jeder den Märchenwald als einen deutschen Wald vor.

Viele Großeltern und Eltern sind noch mit den Grimmschen Märchen aufgewachsen und haben somit einen »Heimvorteil«. Manche Erinnerung an das, was man selbst als Kind beim Vorlesen des einen oder anderen Märchens empfunden hat, mag zurückkommen. Vielleicht erinnert man sich an die geliebte Person, die damals die Märchenstunde schenkte, hört wieder deren Stimme, riecht das zarte Parfüm der Großmutter und sitzt plötzlich gemeinsam mit ihr auf dem Sofa der Erinnerung. Man weiß wieder ganz genau, an welcher Stelle des Märchens sie die Stimme hob und senkte, und ähnlich erzählt man die Märchen den eigenen Kindern. Auf diese Art und Weise werden Familienbande gestärkt und Traditionen weitergegeben.

So sollten die Märchen auch uns Erwachsene wieder fröhlicher und stärker machen, und diese Stärke dürfen wir für unsere Kinder ausstrahlen. Nur wer seine eigenen Realitäten erkennt, kann die Flügel der Fantasie entfalten. Das kommentierte schon Albert Einstein lakonisch mit: »Fantasie ist wichtiger als Wissen, denn Wissen ist begrenzt.«

Liebe Kinder, Eltern und Großeltern, wir wünschen uns, dass Sie in unserer Märchen-Apotheke immer das passende Märchen für alle Probleme finden. Doch nutzen Sie die Märchen-Apotheke nicht nur in akuten Fällen, sondern wenden Sie sie bereits präventiv an.

In allen Volksmärchen bleibt der Held nie lange allein mit seinem Kummer. Sobald er nicht mehr weiterweiß und weint, kommt garantiert Hilfe. Warten Sie nicht erst, bis Tränen fließen, sondern nutzen Sie dieses Buch regelmäßig.

Die eindringlichste Empfehlung, die ich Ihnen gerne mit auf den Weg geben möchte, lautet: Nehmen Sie täglich die Märchen-Apotheke aus dem Regal und damit die wichtigste Medizin heraus – Zeit für Ihre Kinder! Mischen Sie diese mit Liebe, Glück und Vertrauen, geben Sie einen Schuss Lachen dazu, und verrühren Sie alles mit Mut und Zuversicht. Märchen sind Nahrung für die Seele.

## Märchen-Manifest

### Märchen schaffen Gemeinschaft

Für Kinder bedeuten Märchen die erste Berührung mit Literatur. Erwachsene erinnern sich zeitlebens an sie. Märchen gehören zu den tiefsten und nachhaltigsten Eindrücken, die ein Mensch je erfährt. Sie zeigen in unserer heutigen Welt, in der der Einzelne meist nur noch als isolierter Leistungsträger wahrgenommen wird, Wege auf, um Gemeinschaft zu konstituieren und Zusammengehörigkeit zu schaffen.

### Märchen wirken präventiv

Märchen vermitteln ethische Koordinaten. Kinder und Jugendliche, die mit Märchen aufwachsen, lernen Gut und Böse auf sehr emotionale und damit nachhaltige Weise zu unterscheiden. Sie lernen, dass jedes Handeln Folgen hat. Somit befördern Märchen Gerechtigkeitsempfinden und Verantwortungsbewusstsein, ohne die eine Demokratie nicht bestehen kann.

### Märchen fördern Kreativität

»Was Hänschen nicht lernt, lernt Hans nimmermehr!« Fantasie ist die Grundlage jeder Kreativität. Von ihr hängt unsere Zukunft ab. Märchen werden ausschließlich durch Fantasie lebendig. Zugleich sind Märchen die Wurzeln eines jeden Volkes. Wer seine Wurzeln kennt, kann die Flügel der Fantasie entfalten. Hier liegt die Chance, unseren Kindern eine Welt zurückzugeben, die ihnen zunehmend durch Globalisierung, finanzielle Nöte und übermäßigen Medienkonsum genommen wird.

### Märchen machen erfolgreich

Märchen erzählen von der glücklichen Überwindung von Widerständen. Ihre zentralen Botschaften sind positives Denken in Verbindung mit Unternehmergeist und Bodenständigkeit. Diese sind identisch mit den Werten und Erfolgsfaktoren jedes freien Wirtschaftssystems. Anstand, Zielstrebigkeit und Mut zeichnen den prototypischen Helden aller Märchen aus. Nichts eignet sich daher besser, unseren Kindern den Weg in die Zukunft zu weisen.

## *Informationen für den »Anwender«*

Um eine nachhaltige Wirkung der Medikation zu erreichen, empfiehlt die Deutsche Märchen-Apotheker-Vereinigung das folgende Vier-Punkte-Programm:

### 1.
Informieren Sie sich im vorangestellten Inhaltsverzeichnis, welches Kapitel für Ihre Problemstellung das richtige ist.

### 2.
Lesen Sie die von Bernd Philipp in die heutige Zeit übertragene Konfliktsituation. Dies ist keine Wiedergabe des jeweils folgenden Original-Märchens. Der Text vermittelt allein die Thematik.

### 3.
Lesen Sie das von Silke Fischer ausgewählte und bearbeitete Märchen der Brüder Grimm.

### 4.
Lesen Sie den von Silke Fischer verfassten »Beipackzettel«, wie Sie es auch bei jedem anderen Medikament aus der Apotheke tun.

Ihrem Kind und Ihnen wünschen wir eine erfolgreiche Anwendung.

# Unser Kind wird in der Schule gemobbt und ist mutlos

Eigentlich hieß er ja Ferdinand, aber seine Klassenkameraden machten aus der ersten Silbe seines Namens ein Pferd, und der arrogante Schnösel Kevin verspottete ihn und nannte ihn »dickes Pferd«. Mal auch »fette Sau«, »Moppel« oder »Schwabbel«.

Zugegeben: Ferdinand war etwas dicker als die anderen, aber er war ein feiner Kerl. Jeden Freitag fühlte er sich besonders unbehaglich. In der 3. und 4. Stunde hatten sie Sport. Schon in der Umkleidekabine zog Kevin über Ferdinand her. »Guckt mal«, sagte Kevin zu den anderen und zeigte höhnisch auf Ferdinand, »dickes Pferd hat wieder zugelegt. Mal sehen, wie er heute galoppiert …« Da lachten die Mitschüler, und Ferdinand schämte sich. Der Sportunterricht war für ihn ein Albtraum, Woche für Woche.

Wenn die Klasse dann zum »Warmlaufen« zehn Hallenrunden absolvieren musste, war Kevin immer ganz vorn dabei, während Ferdinand schon nach fünf Runden auf der Strecke blieb, weil er einfach keine Luft mehr bekam. Später sollte sich herausstellen, dass er auch noch unter Asthma litt, aber das hatten seine Eltern überhaupt nicht bemerkt.

Für das Schulfest organisierte die Klassenlehrerin eine kleine Weihnachtsfeier. »Diesmal machen wir es folgendermaßen«, sagte die Lehrerin ein paar Tage zuvor. »Jeder, der möchte, führt etwas vor, was er gut kann. Ein paar von euch spielen doch ein Instrument, vielleicht mag ja jemand etwas vorspielen.«

Was keiner wusste: Ferdinand hatte mal Gitarrenunterricht genommen und konnte ganz gut spielen. Seine Mutter überredete ihn, ein oder zwei Stücke zu üben und dann in der Klasse vorzutragen. »Ach«, sagte er, »die lachen doch alle nur immer über mich …«

Aber letztlich überwand er all seine Bedenken. Als er anfing zu spielen, tuschelten und lästerten einige noch, aber dann wurde es plötzlich ganz ruhig. Staunende Gesichter!

Ferdinand spielte *This Land is My Land* und als er fertig war, klatschten alle (außer Kevin) und riefen »Zu-ga-be! Zu-ga-be!« Das machte ihn richtig glücklich. Er war jetzt ganz locker und gab natürlich die gewünschte Zugabe: *Country Road* von John Denver. Da sangen alle mit, selbst die Lehrerin wurde zum Country-Girl. Pure Begeisterung.

»Und was führst du uns jetzt vor?«, fragte die Lehrerin Kevin. Dieser wurde plötzlich ganz kleinlaut, strich sich durch sein gegeltes Haar und sagte betont arrogant: »Das ist nichts für mich. Ich mache mich doch nicht zum Affen …« Da buhten vor allem die Mädchen Kevin aus. Sie setzten sich Ferdinand zu Füßen und baten ihn, noch etwas für sie zu spielen. Der hielt richtig Hof! Und Laura himmelte ihn sogar regelrecht an. Das tat so gut!

Bald waren Laura und Ferdinand »dicke Freunde«, wenn man das mal so sagen darf. Von Kevin aber wollte keine was wissen.

# DER HASE UND DER IGEL

Diese Geschichte ist eigentlich gelogen, Kinder, aber wahr ist sie doch, denn mein Großvater, von dem ich sie habe, pflegte immer, wenn er sie erzählte, zu sagen: »Wahr muss sie sein, mein Sohn, sonst könnte man sie ja nicht erzählen.« Die Geschichte aber hat sich so zugetragen:

Es war an einem Sonntagmorgen im Herbst, gerade als der Buchweizen blühte; die Sonne war am Himmel aufgegangen, und der Wind strich warm über die Stoppeln, die Lerchen sangen hoch in der Luft, und die Bienen summten im Kornfeld. Die Leute gingen in ihrem Sonntagsstaat zur Kirche, und alle Geschöpfe waren vergnügt, auch der Igel.

Er stand vor seiner Tür, hatte die Arme verschränkt, guckte in den Morgenwind hinaus und trällerte ein kleines Liedchen vor sich hin, so gut und so schlecht, wie am Sonntagmorgen ein Igel eben zu singen pflegt. Während er nun so vor sich hinsang, fiel ihm plötzlich ein, dass er doch, während seine Frau die Kinder wusch und ankleidete, ein bisschen im Feld spazieren gehen und nachsehen könnte, wie die Steckrüben standen. Die Steckrüben waren ganz nah bei seinem Haus, und er pflegte sie mit seiner Familie zu essen, darum sah er sie auch als die seinigen an.

Gedacht, getan. Er schloss die Haustür hinter sich und schlug den Weg zum Feld ein. Er war noch nicht sehr weit gegangen und wollte gerade um den Schlehenbusch herum, der vor dem Feld stand, als er den Hasen erblickte, der in ähnlichen Geschäften unterwegs war, nämlich um seinen Kohl zu besehen.

Als der Igel den Hasen sah, wünschte er ihm freundlich einen guten Morgen. Der Hase aber, der auf seine Weise ein vornehmer Herr war und grausam arrogant noch dazu, antwortete gar nicht auf des Igels Gruß, sondern sagte mit höhnischer Miene: »Wie kommt es, dass du hier schon so am frühen Morgen im Feld herumläufst?«

»Ich gehe spazieren«, sagte der Igel.

»Spazieren?«, lachte der Hase. »Du könntest deine Beine schon zu besseren Dingen gebrauchen.«

Diese Antwort verdross den Igel sehr. Alles kann er vertragen, aber auf seine Beine ließ er nichts kommen, gerade weil sie von Natur aus krumm sind.

»Du bildest dir wohl ein, du könntest mit deinen Beinen mehr ausrichten als ich?«, sagte er.

»Das will ich meinen«, antwortete der Hase.

»Nun, das kommt auf einen Versuch an«, meinte der Igel. »Ich wette, wenn wir um die Wette laufen, lauf ich schneller als du.«

»Du – mit deinen krummen Beinen!«, rief der Hase. »Das ist ja zum Lachen. Aber wenn du so große Lust hast – was gilt die Wette?«

»Einen Golddukaten und eine Flasche Branntwein«, sagte der Igel.

»Angenommen!«, sagte der Hase. »Schlag ein, und dann kann es gleich losgehen.«

»Nein, so große Eile hat es nicht«, meinte der Igel, »ich hab' noch gar nichts gegessen; erst will ich nach Hause gehen und ein bisschen was frühstücken. In einer Stunde bin ich wieder hier.«

Damit ging er, und der Hase war zufrieden. Unterwegs aber dachte der Igel bei sich: »Der Hase verlässt sich auf seine langen Beine, aber ich will ihn schon kriegen. Er ist zwar ein vornehmer Herr, aber doch ein dummer Kerl, und das soll er bezahlen.«

Als er nun nach Hause kam, sagte er zu seiner Frau: »Frau, zieh dich rasch an, du musst mit mir ins Feld hinaus.«

»Was gibt es denn?«, fragte die Frau.

»Ich habe mit dem Hasen um einen Golddukaten und eine Flasche Branntwein gewettet, dass ich mit ihm um die Wette laufen will. Und da sollst du dabei sein.«

»O mein Gott, Mann«, begann die Frau loszuschreien, »hast du denn ganz den Verstand verloren? Wie willst du mit dem Hasen um die Wette laufen?«

»Sei ruhig, Weib«, sagte der Igel, »das ist meine Sache. Misch dich nicht in

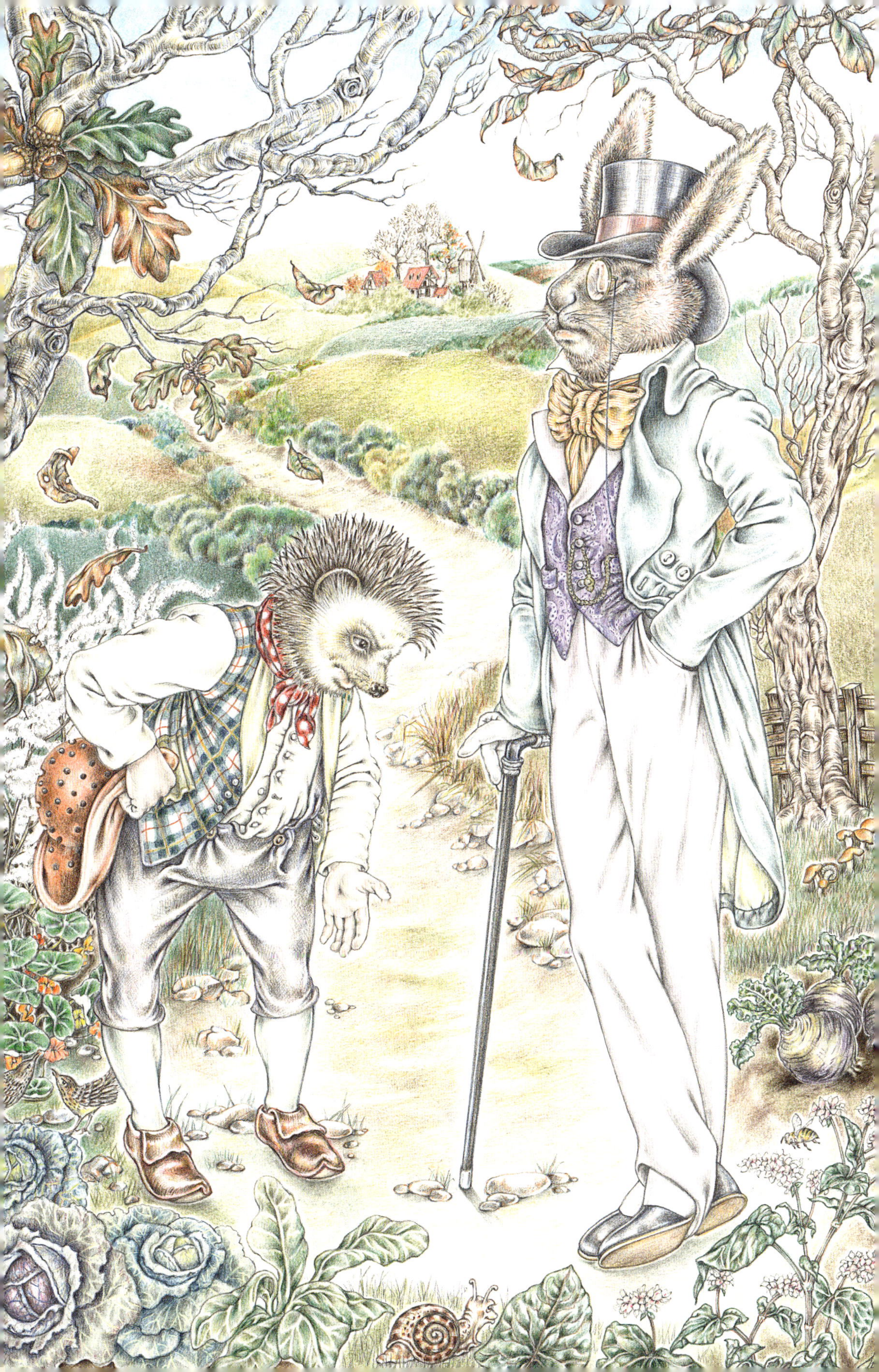

Männergeschäfte! Marsch, zieh dich an und komm mit!« Was sollte also die Frau des Igels tun? Sie musste gehorchen, ob sie wollte oder nicht.

Als sie miteinander unterwegs waren, sprach der Igel zu seiner Frau: »Nun pass auf, was ich dir sage. Dort auf dem langen Acker will ich unseren Wettlauf machen. Der Hase läuft in einer Furche und ich in der anderen, und dort oben fangen wir an. Du hast nun weiter nichts zu tun, als dass du dich hier unten in die Furche stellst, und wenn der Hase in seiner Furche daherkommt, so rufst du ihm entgegen: ›Ick bin all hier!‹«

So kamen sie zu dem Acker, der Igel wies seiner Frau ihren Platz an und ging den Acker hinauf. Als er oben ankam, war der Hase schon da. »Kann es losgehen?«, fragte er.

»Jawohl«, erwiderte der Igel.

»Dann nur zu.« Damit stellte sich jeder in seine Furche. Der Hase zählte: »Eins, zwei, drei«, und los ging er wie ein Sturmwind den Acker hinunter. Der Igel aber lief nur etwa drei Schritte, dann duckte er sich in die Furche hinein und blieb ruhig sitzen. Und als der Hase im vollen Lauf am Ziel unten am Acker ankam, rief ihm die Frau des Igels entgegen: »Ick bin all hier!«

Der Hase war nicht wenig erstaunt, glaubte er doch nichts anderes, als dass er den Igel selbst vor sich hatte. Bekanntlich sieht die Frau Igel genauso aus wie ihr Mann. »Das geht nicht mit rechten Dingen zu«, rief er. »Noch einmal gelaufen, in die andere Richtung!« Und fort ging es wieder wie der Sturmwind, dass ihm die Ohren am Kopf flogen. Die Frau des Igels aber blieb ruhig an ihrem Platz sitzen, und als der Hase oben ankam, rief ihm der Herr Igel entgegen: »Ick bin all hier!«

Der Hase war ganz außer sich vor Ärger und schrie: »Noch einmal gelaufen, noch einmal herum!«

»Meinetwegen«, gab der Igel zurück. »Sooft du Lust hast.«

So lief der Hase dreiundsiebzigmal, und der Igel hielt immer mit. Und jedes Mal, wenn der Hase oben oder unten am Ziel ankam, sagten der Igel oder seine Frau: »Ick bin all hier.« Beim vierundsiebzigsten Male aber kam der Hase nicht mehr ans Ziel. Mitten auf dem Acker fiel er zu Boden. Der Igel aber nahm seinen gewonnenen Golddukaten und die Flasche Branntwein, rief seine Frau von ihrem Platz am Ende der Furche, und vergnügt gingen beide nach Hause. Und wenn sie nicht gestorben sind, leben sie heute noch.

## ~ *Beipackzettel* ~

Besonders im Schulalter wollen Kinder immer einer Gruppe angehören und um keinen Preis auffallen. Der Wunsch nach Individualität wird erst später ausgebildet. Kinder können grausam sein. Jeder, der nicht der vermeintlichen Norm entspricht, hat es schwer. Wenn Ihr Kind nicht gerne in die Schule geht, weil es aus irgendeinem Grund gehänselt wird, lesen Sie mit ihm das Märchen vom *Hasen und dem Igel* und versuchen Sie im Gespräch herauszufinden, warum Ihr Kind von anderen geärgert wird.

Festigen Sie sein Selbstbewusstsein, indem Sie seine besonderen Talente loben. Vermitteln Sie Ihrem Kind, dass jeder von uns Stärken hat und etwas kann, was andere nicht vermögen. Man darf sich nur nie unterkriegen lassen. So kann man die Angeber irgendwann überholen – nicht beim Wettlauf in der Turnhalle, aber im Leben.

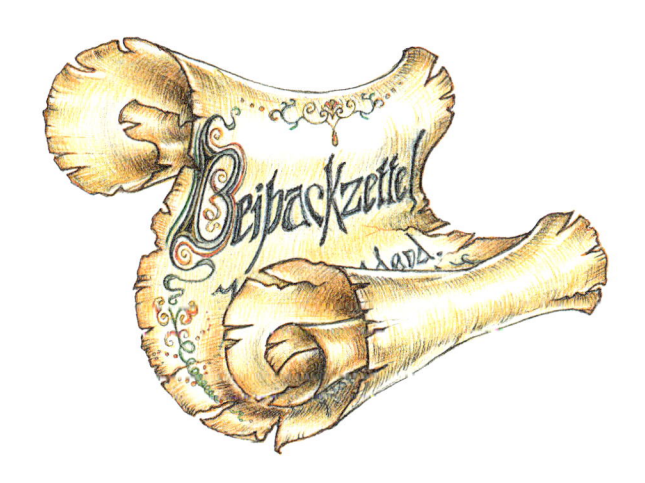

# Unserem Kind fehlt die Motivation zum Lernen

Wenn der Vater über seine Tochter Sofia sprach, machte er immer ein missmutiges Gesicht. Zu Freunden und Verwandten sagte er oft: »Ach, unsere Sofia! Die macht uns keine Freude. Was soll bloß aus ihr mal werden …?«

Zugegeben: So nett Sofia auch war, aber eine Leuchte in der Schule war sie nicht. In der 4. Klasse musste sie eine Ehrenrunde drehen, Mathematik war für sie so was wie »Mathemagie«. Ihre Schulbücher fasste sie, wenn überhaupt, mit langen Fingern an. Sie hatte einfach keine Lust zu lernen. Stattdessen interessierte sie sich schon früh fürs Kochen. Ihre Oma zeigte ihr, wie man herrliche Kohlrouladen macht. Tante Silke brachte ihr bei, wie man einen »Kalten Hund« zubereitet, eine Keks-Schokoladen-Torte. Sofia war gerade mal zwölf, da staunten alle über ihren köstlichen Kartoffelsalat.

»Wenn du gut kochen kannst, mein Kind«, meinte die Mutter, »dann freut sich später mal dein Mann, aber eigenes Geld damit verdienen kannst du nicht.« Sofia blieb ganz gelassen und meinte: »Macht euch mal keine Sorgen!« Und aus Spaß: »Eines Tages dürft ihr Madame Bocuse zu mir sagen!« Nach der Schule ging sie dann auf Wanderschaft: Toskana, Barcelona, München, Berlin. Immer jobbte sie in Restaurants und durfte auch mal einem Sterne-Koch über die Schulter schauen … Ihr Traum: ein eigenes Restaurant aufmachen …

Sie war wirklich vom Kochen besessen und gerade 20, als sie mit WG-Freunden eine kleine Pizzeria eröffnete. Kleines Tagesangebot, aber lecker und preiswert. Sprach sich schnell rum. Vor allem Sofias »Pizza tinteratanta«. Das schöne Wort »tinteratanta« gibt es im Italienischen gar nicht. Hatte sich Sofia einfach ausgedacht. Wurde ein Renner: dünner, krosser Teig, schön belegt und köstlich mit Käse überbacken. Eine Zeitung schrieb: »Sofias Pizza tinteratanta ist die beste der Stadt.« Richtig prominent wurde sie mit der Zeit, verdiente eine Menge Geld, und wenn die Eltern kamen, waren sie begeistert. Das hätten sie ihrer Tochter nicht zugetraut.

Aber so ist es nun mal: Nicht das, was andere einem zutrauen, ist wichtig, sondern was man sich selbst zutraut. Egal, was man macht, man muss es einfach nur gut machen. Das kann man auch ohne Abitur und Examen. Vielleicht geht irgendwann ein neuer Stern am Koch-Himmel auf. Er heißt dann Sofia.

# DIE DREI BRÜDER

Es war einmal ein Mann, der hatte drei Söhne, und weiter nichts an Vermögen als das Haus, worin er wohnte. Nun hätte jeder der Söhne gerne nach seinem Tode das Haus gehabt, dem Vater war aber einer so lieb als der andere, da wusste er nicht, wie er es anfangen sollte, dass er keinem wehtäte. Verkaufen wollte er das Haus auch nicht, weil es von seinen Voreltern war, sonst hätte er das Geld unter seinen Söhnen geteilt. Da fiel ihm endlich ein Rat ein, und er sprach zu ihnen: »Geht in die Welt und versucht euch, und lerne jeder sein Handwerk, wenn ihr dann wiederkommt, soll der das Haus haben, der das beste Meisterstück macht.«

Das waren die Söhne zufrieden, und der älteste wollte ein Hufschmied, der zweite ein Barbier, der dritte aber ein Fechtmeister werden. Darauf bestimmten sie eine Zeit, wo sie wieder zu Hause zusammenkommen wollten, und zogen fort. Es traf sich auch, dass jeder einen tüchtigen Meister fand, wo er was Rechtschaffenes lernte. Der Schmied musste des Königs Pferde beschlagen und dachte. »Nun kann dir's nicht fehlen, du kriegst das Haus.«

Der Barbier rasierte lauter vornehme Herren und meinte auch, das Haus wäre schon sein. Der Fechtmeister kriegte manchen Hieb, biss aber die Zähne zusammen und ließ sich's nicht verdrießen, denn er dachte bei sich: »Fürchtest du dich vor einem Hieb, so kriegst du das Haus nimmermehr.«

Als nun die gesetzte Zeit herum war, kamen sie bei ihrem Vater wieder zusammen. Sie wussten aber nicht, wie sie die beste Gelegenheit finden sollten, ihre Kunst zu zeigen, saßen beisammen und ratschlagten. Wie sie so saßen, kam auf einmal ein Hase übers Feld dahergelaufen. »Ei«, sagte der Barbier, »der kommt wie gerufen«, nahm Becken und Seife, schäumte so lange, bis der Hase in die Nähe kam, dann seifte er ihn in vollem Laufe ein, und rasierte ihm auch in vollem Laufe ein Stutzbärtchen, und dabei schnitt er ihn nicht und tat ihm an keinem Haare weh. »Das gefällt mir«, sagte der Vater, »wenn sich die andern nicht gewaltig angreifen, so ist das Haus dein.«

Es währte nicht lang, so kam ein Herr in einem Wagen dahergefahren in vollem Ritt. »Nun sollt Ihr sehen, Vater, was ich kann«, sprach der Hufschmied, sprang dem Wagen nach, riss dem Pferd, das in einem fortjagte, die vier Hufeisen ab und schlug ihm auch im Galoppieren vier neue wieder an. »Du bist ein ganzer Kerl«, sprach der Vater, »du machst deine Sachen so gut wie dein Bruder; ich weiß nicht, wem ich das Haus geben soll.«

Da sprach der dritte: »Vater, lasst mich auch einmal gewähren«, und weil es anfing zu regnen, zog er seinen Degen und schwenkte ihn in Kreuzhieben über seinen Kopf, dass kein Tropfen auf ihn fiel. Und als der Regen stärker ward und endlich so stark, als ob man mit Eimern vom Himmel gösse, schwang er den Degen immer schneller und blieb so trocken, als säß er unter Dach und Fach. Wie der Vater das sah, erstaunte er und sprach: »Du hast das beste Meisterstück gemacht, das Haus ist dein.«

Die beiden andern Brüder waren damit zufrieden, wie sie sich vorher versprochen hatten, und weil sie einander so lieb hatten, blieben sie alle drei zusammen im Haus und trieben ihr Handwerk; und da sie so gut ausgelernt hatten und so geschickt waren, verdienten sie viel Geld. So lebten sie vergnügt bis in ihr Alter zusammen, und als der eine krank ward und starb, grämten sich die zwei andern so sehr darüber, dass sie auch krank wurden und bald starben. Da wurden sie, weil sie so geschickt gewesen waren und sich so lieb gehabt hatten, alle drei zusammen in ein Grab gelegt.

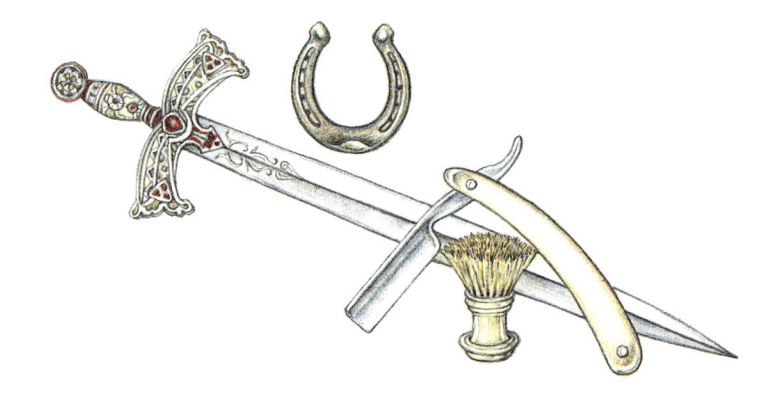

## ~ *Beipackzettel* ~

Schlimm ist, wenn Eltern ihren Kindern die eigenen unerfüllten Lebensträume aufbürden. Mit der Begründung: »Unser Sprössling soll es einmal besser haben als wir« werden Kinder aufs Gymnasium geprügelt und sinnlos im Nachhilfeunterricht gequält. Statt die jeweiligen Stärken der Kinder zu entdecken, müssen diese mehrere Fremdsprachen lernen, obwohl ihnen dazu eindeutig die Begabung fehlt. Oder es wird erwartet, dass ein Einser-Abitur hingelegt wird, obwohl das Kind lieber Tischler werden möchte statt Herzchirurg.

Wenn Ihr Kind Schwierigkeiten in der Schule hat, dann lesen Sie gemeinsam mit ihm das Märchen von den *drei Brüdern*. Plaudern Sie danach zwanglos über seine Wünsche und Träume, über seine Stärken und Schwächen und versuchen Sie herauszufinden, was Ihr Kind wirklich interessiert. Denn nur wo Interesse besteht, kann Freude und Leistungswillen gedeihen.

# Unser Kind ist phlegmatisch und ein Angsthase

Nehmen wir mal an, da will einer im Freibad vom Zehnmeterturm springen und weiß, dass im Becken kein Wasser ist. Ist der nun besonders mutig oder besonders blöd? Die Antwort ist leicht. Nun nehmen wir aber mal einen anderen Fall: Da soll einer vom Einmeterbrett in ein randvoll mit Wasser gefülltes Becken springen, aber er traut sich nicht. Der ist wohl eindeutig zu feige, möchte man meinen. Aber so ist das nun mal: Der eine traut sich alles zu, der andere rein gar nichts.

So einer war auch der kleine Philipp. Bei ihm war die Angst ein ständiger Begleiter. »Du Hasenfuß« oder »du Angsthase« nannten ihn seine Klassenkameraden, und richtige Freunde hatte er sowieso nicht, weil mit so einer »feigen Memme« keiner was zu tun haben wollte.

Was natürlich niemand wusste: Philipps Angst war »familiengemacht«. Während die Eltern den ganzen Tag über arbeiten waren, mussten sich die drei älteren Schwestern um das »Nesthäkchen« Philipp kümmern und auf den Kleinen aufpassen. Dabei übertrieben es die drei »Kümmerinnen« und packten ihren Bruder regelrecht in Watte. Tu das nicht! Tu jenes nicht! Du kannst dir wehtun! Das ist zu gefährlich für dich! Ja, eigentlich durfte er überhaupt nichts alleine anpacken.

Und so war Philipps Weg durchs Leben versperrt von Warn- und Stopp-Schildern. Bis er eines Tages nur noch das Nichtstun für ungefährlich und sich aus allem raushielt.

Fußball? Um Gottes willen! Wie leicht hat man sich da ein Bein gebrochen.

Baden im Sommer? Bloß nicht! Ein Sonnenbrand schmerzt fürchterlich.

Klassenreise? Niemals! Da weiß man doch nie, was da so alles passieren kann …

Wie schön, dass sich die Dinge letztlich und unerwartet doch ganz anders entwickelten. Das kam so: Philipp lag faul auf seinem Bett. Draußen war es extrem heiß, und da wollte er doch lieber nicht rausgehen – so manchen hat bei extremer Hitze schon der Schlag getroffen.

Dann wurde es plötzlich laut auf der Straße. Polizei, Feuerwehr, lautes Geschrei, neugierige Nachbarn, die einfach nur gafften. Philipp rannte raus und sah Flammen aus dem ersten Stock des Hauses schräg gegenüber schlagen. In diesem Haus wohnte auch Lea aus seiner Klasse. Sie rannte hustend und weinend umher, und als Philipp sie auf der Straße sah, stammelte sie immer wieder schluchzend: »Mein Hamster ist doch noch oben. Ich wollte ihn mitnehmen, aber die Feuerwehrleute haben mich gleich aus dem Haus gezerrt. Mein Hamsti darf doch nicht sterben …«

Da rannte Philipp einfach los; an den Feuerwehrleuten vorbei, lief er in die verräucherte Wohnung von Leas Eltern, schnappte sich den Käfig mit dem Hamster und rannte schnell wieder auf die Straße. Ein paar Männer riefen ihm noch hinterher: »Junge, du musst verrückt sein, das war doch viel zu gefährlich, und das für einen Goldhamster …«

Lea war fassungslos vor Glück. Sie weinte noch bitterlicher als vorher, und nachdem sie sich davon überzeugt hatte, dass Hamsti wohlauf war, drückte sie Philipp ganz fest an sich. Die Umherstehenden klatschten Beifall, sie waren alle gerührt. Auch zwei Klassenkameraden verfolgten die mutige Rettungstat. Einer meinte: »Ausgerechnet Philipp!«

Das Feuer war schnell gelöscht, der Schaden hielt sich in Grenzen. Wenn man es genau nimmt, war das Feuer sogar ein Segen. Für Philipp, der fortan kein Angsthase mehr war. Die anerzogene und krankhafte Vorsicht gehörte der Vergangenheit an.

Man muss sich eben auch mal etwas trauen, dann traut man sich auch im Leben mehr zu. Unser Philipp holte später als Erwachsener die entgangenen Herausforderungen reichlich nach. Bungee-Jumping, Free-Climbing, Downhill-Snowboarding … Die Schwestern fielen von einer Ohnmacht in die nächste.

Philipp hatte gelernt: Man muss sich selbst einen Schubs geben, weil man sonst verkümmert und sich um viel Spaß bringt. Und wenn er selbst mal ein Kind hat, will er dafür sorgen, dass es kein Angsthase wird.

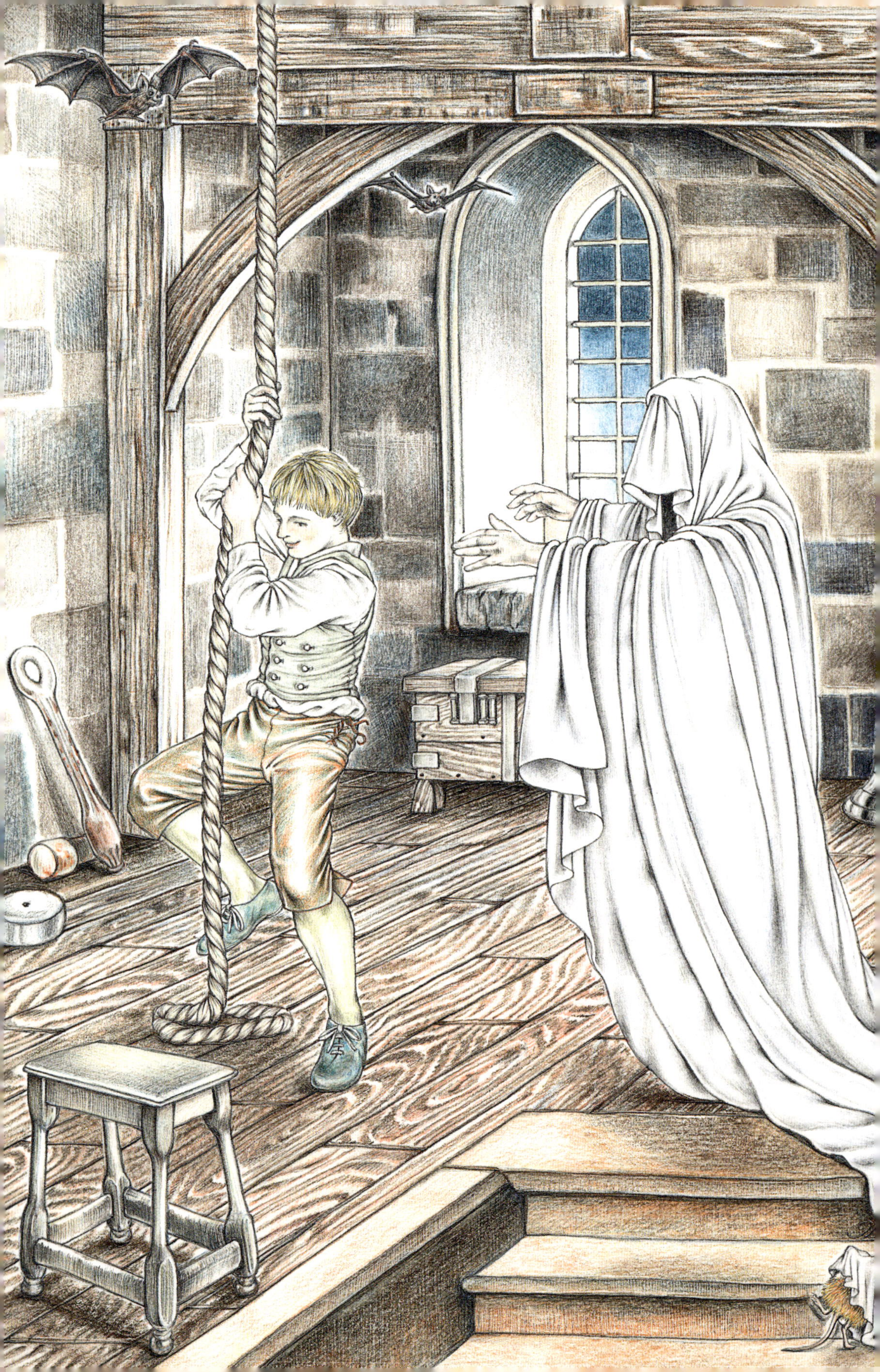

# MÄRCHEN VON EINEM, DER AUSZOG, DAS FÜRCHTEN ZU LERNEN

Ein Vater hatte zwei Söhne, davon war der älteste klug und gescheit und wusste sich in alles wohl zu schicken, der jüngste aber war dumm, konnte nichts begreifen und lernen. Und wenn ihn die Leute sahen, sprachen sie: »Mit dem wird der Vater noch seine Last haben!« Wenn nun etwas zu tun war, so musste es der älteste allzeit ausrichten; hieß ihn aber der Vater noch spät oder gar in der Nacht etwas holen, und der Weg ging dabei über den Kirchhof oder sonst einen schaurigen Ort, so antwortete er wohl: »Ach nein, Vater, ich gehe nicht dahin, es gruselt mir!«, denn er fürchtete sich. Oder wenn abends beim Feuer Geschichten erzählt wurden, wobei einem die Haut schaudert, so sprachen die Zuhörer manchmal: »Ach, es gruselt uns!« Der Jüngste saß in einer Ecke und hörte das mit an und konnte nicht begreifen, was es heißen sollte. »Immer sagen sie, es gruselt mir! Mir gruselt's nicht, das wird wohl eine Kunst sein, von der ich auch nichts verstehe.«

Nun geschah es, dass der Vater einmal zu ihm sprach: »Hör du, in der Ecke dort, du wirst groß und stark, du musst auch etwas lernen, womit du dein Brot verdienst. Siehst du, wie dein Bruder sich Mühe gibt, aber an dir ist Hopfen und Malz verloren.« »Ei, Vater«, antwortete er, »ich will gerne etwas lernen. Ja, wenn's anginge, so möchte ich lernen, dass mir's gruselte.« Der Älteste lachte, als er das hörte, und dachte bei sich: »Du lieber Gott, was ist mein Bruder ein Dummbart, aus dem wird sein Lebtag nichts; was ein Häkchen werden will, muss sich beizeiten krümmen.« Der Vater seufzte und antwortete ihm: »Das Gruseln, das sollst du schon lernen, aber dein Brot wirst du damit nicht verdienen.«

Bald danach kam der Küster zu Besuch ins Haus, da klagte ihm der Vater seine Not und erzählte, wie sein jüngster Sohn in allen Dingen so schlecht beschlagen wäre, er wüsste nichts und lernte nichts. »Denkt Euch, als ich ihn fragte, womit er sein Brot verdienen wollte, hat er gar verlangt, das Gruseln zu lernen.«

»Wenn's weiter nichts ist«, antwortete der Küster, »das kann er bei mir lernen; tut ihn nur zu mir, ich will ihn schon abhobeln.« Der Vater war es zufrieden, weil er dachte: »Der Junge wird doch ein wenig zugestutzt.«

Der Küster nahm ihn also ins Haus, und der Junge musste die Glocke läuten. Nach ein paar Tagen weckte ihn der Küster um Mitternacht, hieß ihn aufstehen, in den Kirchturm steigen und läuten. »Du sollst schon lernen, was Gruseln ist«, dachte er, ging heimlich voraus, und als der Junge oben war und sich umdrehte und das Glockenseil fassen wollte, so sah er auf der Treppe, dem Schallloch gegenüber, eine weiße Gestalt stehen. »Wer da?«, rief er, aber die Gestalt gab keine Antwort, regte und bewegte sich nicht. »Gib Antwort«, rief der Junge, »oder mach, dass du fortkommst, du hast hier in der Nacht nichts zu schaffen.«

Der Küster aber blieb unbeweglich stehen, damit der Junge glauben sollte, es wäre ein Gespenst. Der Junge rief zum zweiten Mal: »Was willst du hier? Sprich, wenn du ein ehrlicher Kerl bist, oder ich werfe dich die Treppe hinab!« Der Küster dachte: »Das wird so schlimm nicht gemeint sein«, gab keinen Laut von sich und stand, als wenn er von Stein wäre. Da rief ihn der Junge zum dritten Male an, und als das auch vergeblich war, nahm er einen Anlauf und stieß das Gespenst die Treppe hinab, dass es in einer Ecke liegen blieb. Darauf läutete er die Glocke, ging heim, legte sich ins Bett und schlief fort.

Die Küsterfrau wartete lange Zeit auf ihren Mann, aber er wollte nicht wiederkommen. Da ward ihr endlich Angst, sie weckte den Jungen und fragte: »Weißt du nicht, wo mein Mann geblieben ist? Er ist vor dir auf den Turm gestiegen.«

»Nein«, antwortete der Junge, »aber da hat einer gegenüber dem Schallloch auf der Treppe gestanden, und weil er keine Antwort geben und auch nicht weggehen wollte, so habe ich ihn für einen Spitzbuben gehalten und ihn hinuntergestoßen. Geht nur hin, so werdet Ihr sehen, ob er's gewesen ist, es sollte mir leidtun.« Die Frau sprang fort und fand ihren Mann, der in einer Ecke lag und ein Bein gebrochen hatte.

Sie trug ihn herab und eilte dann mit lautem Geschrei zu dem Vater des Jungen. »Euer Junge«, rief sie, »hat ein großes Unglück angerichtet, meinen Mann hat er die Treppe hinabgeworfen, dass er sich ein Bein gebrochen hat. Schafft den Taugenichts aus unserm Hause!« Der Vater erschrak, kam herbeigelaufen und schalt den Jungen aus. »Was sind das für gottlose Streiche, die muss dir der Böse eingegeben haben.«

»Vater«, antwortete er, »hört nur an, ich bin ganz unschuldig; er stand da in der Nacht wie einer, der Böses im Sinne hat. Ich wusste nicht, wer's war, und habe ihn dreimal ermahnt zu reden oder wegzugehen.«

»Ach«, sprach der Vater, »mit dir erleb ich nur Unglück, geh mir aus den Augen, ich will dich nicht mehr ansehen.«

»Ja, Vater, recht gerne, wartet nur, bis Tag ist, da will ich ausgehen und das Gruseln lernen, so versteh' ich doch eine Kunst, die mich ernähren kann.«

»Lerne, was du willst«, sprach der Vater, »mir ist alles einerlei. Da hast du fünfzig Taler, damit geh in die weite Welt und sage keinem Menschen, wo du her bist und wer dein Vater ist, denn ich muss mich deiner schämen.«

»Ja, Vater, wie Ihr's haben wollt, wenn Ihr nicht mehr verlangt, werde ich mich daran halten.«

Als nun der Tag anbrach, steckte der Junge seine fünfzig Taler in die Tasche, ging hinaus auf die große Landstraße und sprach immer vor sich hin: »Wenn mir's nur gruselte! Wenn mir's nur gruselte!« Da kam ein Mann heran, der hörte, was der Junge sprach, und als sie ein Stück weiter waren, sodass man den Galgen sehen konnte, sagte der Mann zu ihm: »Siehst du, dort ist der Baum, wo sieben mit des Seilers Tochter Hochzeit gehalten haben und jetzt das Fliegen lernen. Setz dich darunter und warte, bis die Nacht kommt, so wirst du schon das Gruseln lernen.«

»Wenn weiter nichts dazugehört«, antwortete der Junge, »das ist leicht getan: Lerne ich aber so geschwind das Gruseln, so sollst du meine fünfzig Taler haben, komm nur morgen früh wieder zu mir.«

Da ging der Junge zu dem Galgen, setzte sich darunter und wartete, bis der Abend kam. Und weil ihn fror, machte er sich ein Feuer an, aber um Mitternacht ging der Wind so kalt, dass er trotz des Feuers nicht warm werden wollte. Und als der Wind die Gehenkten gegeneinanderstieß, dass sie sich hin und her bewegten, so dachte er: »Du frierst unten beim Feuer, was mögen die da oben erst frieren und zappeln!« Und weil er mitleidig war, legte er die Leiter an, stieg hinauf, knüpfte einen nach dem andern los und holte sie alle sieben herab. Darauf schürte er das Feuer, blies es an und setzte sie ringsherum, dass sie sich wärmen sollten. Aber sie saßen da und regten sich nicht, und das Feuer ergriff ihre Kleider. Da sprach er: »Nehmt euch in Acht, sonst häng' ich euch wieder hinauf.« Die Toten aber hörten nicht, schwiegen und ließen ihre Lumpen fort brennen. Da ward er bös und sprach: »Wenn ihr nicht achtgeben wollt, so kann ich euch nicht helfen, ich will nicht mit euch verbrennen«, und hing sie nach der Reihe wieder hinauf.

Nun setzte er sich zu seinem Feuer und schlief ein, und am andern Morgen, da kam der Mann zu ihm, wollte die fünfzig Taler haben und sprach: »Weißt du nun, was Gruseln ist?« »Nein«, antwortete er, »woher sollte ich's wissen? Die da droben haben das Maul nicht aufgetan und waren so dumm, dass sie die paar alten Lappen, die sie am Leibe haben, brennen ließen.« Da sah der Mann, dass er die fünfzig Taler heute nicht davontragen würde, ging fort und sprach: »So einer ist mir noch nicht vorgekommen.«

Der Junge ging auch seines Weges und fing wieder an, vor sich hin zu reden: »Ach, wenn mir's nur gruselte! Ach, wenn mir's nur gruselte!« Das hörte ein Fuhrmann, der hinter ihm herschritt, und fragte: »Wer bist du?«

»Ich weiß nicht«, antwortete der Junge.

Der Fuhrmann fragte weiter: »Wo bist du her?«

»Ich weiß nicht.«

»Wer ist dein Vater?«

»Das darf ich nicht sagen.«

»Was brummst du beständig in den Bart hinein?«

»Ei«, antwortete der Junge«, ich wollte, dass mir's gruselte, aber niemand kann mich's lehren.«

»Lass dein dummes Geschwätz«, sprach der Fuhrmann, »komm, geh mit mir, ich will sehen, dass ich dich unterbringe.«

Der Junge ging mit dem Fuhrmann, und abends gelangten sie zu einem

Wirtshaus, wo sie übernachten wollten. Da sprach er beim Eintritt in die Stube wieder ganz laut: »Wenn mir's nur gruselte! Wenn mir's nur gruselte!« Der Wirt, der das hörte, lachte und sprach: »Wenn dich danach gelüstet, dazu sollte hier wohl Gelegenheit sein.«

»Ach, schweig stille«, sprach die Wirtsfrau, »so mancher Vorwitzige hat schon sein Leben eingebüßt, schade um die schönen Augen, wenn die das Tageslicht nicht wiedersehen sollten.«

Der Junge aber sagte: »Wenn's noch so schwer wäre, ich will's einmal lernen.« Er ließ dem Wirt auch keine Ruhe, bis dieser erzählte, nicht weit von hier stünde ein verwünschtes Schloss, wo einer wohl lernen könnte, was Gruseln wäre, wenn er nur drei Nächte darin wachen wollte.

Der König hätte dem, der's wagen wollte, seine Tochter zur Frau versprochen, und die wäre die schönste Jungfrau, welche die Sonne je gesehen hatte. In dem Schloss steckten auch große Schätze, von bösen Geistern bewacht, die würden dann frei und könnten einen Armen reich genug machen. Da ging der Junge am andern Morgen vor den König und sprach: »Wenn's erlaubt wäre, so wollte ich wohl drei Nächte in dem verwünschten Schloss wachen.« Der König sah ihn an, und weil er ihm gefiel, sprach er: »Du darfst dir noch dreierlei ausbitten, aber es müssen leblose Dinge sein, und die darfst du mit ins Schloss nehmen.« Da antwortete er: »So bitt' ich um ein Feuer, eine Drehbank und eine Schnitzbank mit Messer.«

Der König ließ ihm das alles bei Tage in das Schloss tragen. Als es Nacht werden wollte, ging der Junge hinauf, machte sich in einer Kammer ein helles Feuer an, stellte die Schnitzbank mit dem Messer daneben und setzte sich auf die Drehbank. »Ach, wenn mir's nur gruselte!«, sprach er, »aber hier werde ich's auch nicht lernen.« Gegen Mitternacht wollte er sich sein Feuer einmal aufschüren, wie er so hineinblies, da schrie's plötzlich aus einer Ecke: »Au, miau! Es friert uns!« – »Ihr Narren«, rief er, »was schreit ihr? Wenn euch friert, kommt, setzt euch ans Feuer und wärmt euch.« Und wie er das gesagt hatte, kamen zwei große schwarze Katzen in einem gewaltigen Sprunge herbei, setzten sich ihm zu beiden Seiten und sahen ihn mit ihren feurigen Augen ganz wild an.

Über ein Weilchen, als sie sich gewärmt hatten, sprachen sie: »Kamerad, wollen wir Karten spielen?« – »Warum nicht?«, antwortete er, »aber zeigt erst einmal eure Pfoten her!« Da streckten sie die Krallen aus. »Ei«, sagte er, »was habt ihr lange Nägel! Wartet, die muss ich euch erst abschneiden.« Damit packte er sie beim Kragen, hob sie auf die Schnitzbank und schraubte ihnen die Pfoten fest. »Euch habe ich auf die Finger gesehen«, sprach er, »da vergeht mir die Lust zum Kartenspiel«, schlug sie tot und warf sie hinaus ins Wasser. Als er aber die zwei zur Ruhe gebracht hatte, da kamen aus allen Ecken und Enden schwarze Katzen und schwarze Hunde an glühenden Ketten, immer mehr und mehr. Die schrien greulich, traten ihm auf sein Feuer, zerrten es auseinander und wollten es ausmachen. Das sah er ein Weilchen ruhig mit an, als es ihm aber zu arg ward, fasste er sein Schnitzmesser und rief: »Fort mit euch, Gesindel!« und haute auf sie los. Ein Teil sprang weg, die andern schlug er tot und er warf sie hinaus in den Teich. Als er wiedergekommen war, blies er aus den Funken sein Feuer frisch an und wärmte sich. Und als er so saß, wollten ihm die Augen nicht länger offen bleiben, und er bekam Lust zu schlafen.

Da blickte er um sich und sah in der Ecke ein großes Bett. »Das ist mir eben recht«, sprach er und legte sich hinein. Als er aber die Augen zutun wollte, so fing das Bett von selbst an zu fahren und fuhr im ganzen Schloss herum. »Recht so«, sprach er, »nur besser zu.« Da rollte das Bett fort, als wären sechs Pferde vorgespannt, über Schwellen und Treppen auf und ab. Auf einmal, hopp hopp, fiel es um, das Unterste zuoberst, dass es wie ein Berg auf ihm lag. Aber er schleuderte Decken und Kissen in die Höhe, stieg heraus und sagte: »Nun mag fahren, wer Lust hat«, legte sich an sein Feuer und schlief, bis es Tag war.

Am Morgen kam der König, und als er ihn da auf der Erde liegen sah, meinte er, er wäre tot. Da sprach er: »Es ist doch schade um den schönen Menschen.« Das hörte der Junge, richtete sich auf und sprach: »So weit ist's noch nicht!« Da wunderte sich der König, freute sich aber und fragte, wie es ihm gegangen wäre. »Recht gut«, antwortete er, »eine Nacht wäre herum, die zwei andern werden auch herumgehen.« Als er zum Wirt kam, da machte der große Augen. »Ich dachte nicht«, sprach er, »dass ich dich wieder lebendig sehen würde; hast du nun gelernt, was Gruseln ist?« – »Nein«, sagte er, »es ist alles vergeblich, wenn mir's nur einer sagen könnte!«

Die zweite Nacht ging er abermals hinauf ins alte Schloss, setzte sich zum

Feuer und fing sein altes Lied wieder an: »Wenn mir's nur gruselte!« Wie Mitternacht herankam, ließ sich ein Lärm und Gepolter hören, erst sachte, dann immer stärker, dann war's ein bisschen still, endlich kam mit lautem Geschrei ein halber Mensch den Schornstein herab und fiel vor ihn hin. »Heda!«, rief er, »noch ein halber gehört dazu, das ist zu wenig.« Da ging der Lärm von Neuem an, es tobte und heulte, und da fiel die andere Hälfte auch herab. »Wart«, sprach er, »ich will dir erst das Feuer ein wenig anblasen.« Wie er das getan hatte und sich wieder umsah, da waren die beiden Stücke zusammengefahren, und da saß ein gruseliger Mann auf seinem Platz. »So haben wir nicht gewettet«, sprach der Junge, »die Bank ist mein.«

Der Mann wollte ihn wegdrängen, aber der Junge ließ sich's nicht gefallen, schob ihn mit Gewalt weg und setzte sich wieder auf seinen Platz. Da fielen noch mehr Männer herab, einer nach dem andern, die holten neun Totenbeine und zwei Totenköpfe, setzten auf und spielten Kegeln. Der Junge bekam auch Lust und fragte: »Hört ihr, kann ich mittun?«

»Ja, wenn du Geld hast.«

»Geld genug«, antwortete er, »aber eure Kugeln sind nicht recht rund.« Da nahm er die Totenköpfe, setzte sie in die Drehbank und drehte sie rund. »So, jetzt werden sie besser schüppeln«, sprach er, »heida, nun geht's lustig!«

Er spielte mit und verlor etwas von seinem Geld, als es aber zwölf Uhr schlug, war alles vor seinen Augen verschwunden. Er legte sich nieder und schlief ruhig ein. Am andern Morgen kam der König und wollte sich erkundigen. »Wie ist dir's diesmal gegangen?«, fragte er. »Ich habe gekegelt«, antwortete er, »und ein paar Heller verloren.«

»Hat dir denn nicht gegruselt?«

»Ei was«, sprach er, »Spaß hat es mir gemacht. Wenn ich nur wüsste, was Gruseln wäre!«

In der dritten Nacht setzte er sich wieder auf seine Bank und sprach ganz verdrießlich: »Wenn es mir nur gruselte!« Als es spät ward, kamen sechs große Männer und brachten einen Sarg herein. Da sprach er: »Ha, ha, das ist gewiss mein Vetterchen, das erst vor ein paar Tagen gestorben ist«, winkte mit dem Finger und rief: »Komm, Vetterchen, komm!« Sie stellten den Sarg auf die Erde, er aber ging hinzu und nahm den Deckel ab, da lag ein toter Mann darin. Er fasste ihm ans Gesicht, aber es war kalt wie Eis. »Wart«, sprach er, »ich will dich ein bisschen wärmen«, ging ans Feuer, wärmte seine Hand und legte sie ihm aufs Gesicht, aber der Tote blieb kalt. Nun nahm er ihn heraus, setzte ihn ans Feuer und rieb ihm die Arme, damit das Blut wieder in Bewegung kommen sollte.

Als auch das nichts helfen wollte, fiel ihm ein: »Wenn zwei zusammen im Bett liegen, so wärmen sie sich«, brachte ihn ins Bett, deckte ihn zu und legte sich neben ihn. Über ein Weilchen ward auch der Tote warm und fing an, sich zu regen. Da sprach der Junge: »Siehst du, Vetterchen, hätt' ich dich nicht gewärmt!« Der Tote aber hub an zu sprechen: »Jetzt will ich dich erwürgen.«

»Was«, sagte er, »ist das der Dank? Gleich sollst du wieder in deinen Sarg«, hob ihn auf, warf ihn hinein und machte den Deckel zu; da kamen die sechs Männer und trugen ihn wieder fort.

»Es will mir nicht gruseln«, sagte er, »hier lerne ich's mein Lebtag nicht.«

Da trat ein Mann herein, der war größer als alle anderen und sah fürchterlich aus; er war aber alt und hatte einen langen weißen Bart. »O du Wicht«, rief er, »nun sollst du bald lernen, was Gruseln ist; denn du sollst sterben.«

»Nicht so schnell«, antwortete der Junge, »soll ich sterben, so muss ich auch dabei sein.« »Dich will ich schon packen«, sprach der Unhold.

»Sachte, sachte, mach dich nicht so breit; so stark wie du bin ich auch.«

»Das wollen wir sehn«, sprach der Alte, »bist du stärker als ich, so will ich dich gehen lassen; komm, wir wollen's versuchen.« Da führte er ihn durch dunkle Gänge zu einem Schmiedefeuer, nahm eine Axt und schlug den einen Amboss mit einem Schlag in die Erde.

»Das kann ich noch besser«, sprach der Junge und ging zu dem andern Amboss. Der Alte stellte sich nebenhin und wollte zusehen, und sein weißer Bart hing herab. Da fasste der Junge die Axt, spaltete den Amboss auf einen Hieb und klemmte den Bart des Alten mit hinein. »Nun hab' ich dich«, sprach der Junge, »jetzt ist das Sterben an dir.« Dann fasste er eine Eisenstange und schlug auf den Alten los, bis er wimmerte und bat, er möchte aufhören, er wollte ihm große Reichtümer geben. Der Junge zog die Axt heraus und ließ ihn los. Der Alte führte ihn wieder ins Schloss zurück und zeigte ihm in einem Keller drei Kisten voller Gold. »Davon«, sprach er, »ist ein Teil den Armen, der andere dem König, der dritte dein.« Indem schlug es zwölf und der Geist verschwand.

Am andern Morgen kam der König und sagte: »Nun wirst du gelernt haben, was Gruseln ist!«

»Nein«, antwortete er, »was ist's nur? Mein toter Vetter war da, und ein bärtiger Mann ist gekommen, der hat mir da unten viel Geld gezeigt, aber was Gruseln ist, hat mir keiner gesagt.«

Da sprach der König: »Du hast das Schloss erlöst und sollst meine Tochter heiraten.«

Da ward das Gold heraufgebracht und die Hochzeit gefeiert, aber der junge König, so lieb er seine Gemahlin hatte und so vergnügt er war, sagte doch immer: »Wenn mir nur gruselte, wenn mir nur gruselte!« Das verdross sie endlich. Ihr Kammermädchen sprach: »Ich will Hilfe schaffen, das Gruseln soll er schon lernen.« Sie ging hinaus zum Bach, der durch den Garten floss, und ließ sich einen ganzen Eimer voll Gründlinge holen. Nachts, als der junge König schlief, musste seine Gemahlin ihm die Decke wegziehen und den Eimer voll kaltem Wasser mit den Gründlingen über ihn her schütten, dass die kleinen Fische um ihn herum zappelten. Da wachte er auf und rief: »Ach, was gruselt mir, was gruselt mir, liebe Frau! Ja, nun weiß ich, was Gruseln ist.«

## ~ *Beipackzettel* ~

Selbstvertrauen ist ein wichtiges Gut, das man seinem Kind auf den Lebensweg mitgeben sollte. Unabdingbar dafür ist, dass das Kind auch die Chancen erhält, sich zu beweisen. Natürlich haben alle Eltern Angst, dass dem geliebten Nachwuchs etwas zustoßen könnte. Doch jedes Steinchen aus dem Weg zu räumen, produziert Angsthasen und Phlegmatiker. Warum sollte sich Ihr Kind noch selbst anstrengen, wenn dauernd die Eltern beispringen, um die Sache in seinem Sinne zu regeln? Das macht auf Dauer bequem, aber nicht glücklich.

Binden Sie Ihr Kind aktiv in das Familienleben ein. Übertragen Sie ihm Aufgaben, die es selbstständig lösen muss. Nehmen Sie ihm nicht jede unangenehme Arbeit ab. Ihr Kind muss lernen, sich selbst zu helfen – wie der Junge, *der auszog, das Fürchten zu lernen*. Beim Überwinden von Schwierigkeiten setzt irgendwann das Erfolgserlebnis ein und Ihr Kind kann stolz auf sich sein, weil es das ganz alleine geschafft hat.

# Unser Kind ist egoistisch und auf jeden neidisch, der etwas besser kann

Das ganze Leben – eine einzige Casting-Show? Deutschland sucht den Superstar. Deutschland sucht das Top-Model. Hauptsache erfolgreich, Hauptsache schön. Aber Schönheit ist keine Qualität an sich. Die jungen Hungerhaken mit ihren dünnen Beinchen, mit denen sie über Heidi Klums Catwalk staksen, sind nicht schön. Manche brauchen eher einen Arzt. Der Zeitgeist setzt eigenwillige Prioritäten.

Verena wollte schon mit fünf oder sechs Jahren immer die Schönste sein. Für ein Kind in ihrem Alter brauchte sie eine Ewigkeit für die Morgentoilette. Ihr langes blondes Haar wollte eben sorgfältig gekämmt sein. Auch in den ersten Schuljahren achtete sie darauf, als kleine Schönheit zu strahlen. Als wollte sie sagen: Seht her, bin ich nicht viel schöner als die anderen Mädels? Dazu kam noch das entsprechende Outfit, finanziert von Eltern, die die abgehobenen Stylingwünsche zunächst völlig okay fanden. So stolz waren sie auf Verena, dass ihnen gar nicht auffiel, wie abgehoben ihr schönes Kind wurde. Und schön waren ihre Zensuren nun auch nicht gerade, im Gegenteil.

»Schönheit und Verstand sind selten verwandt«, heißt es in einem Sprichwort. Das traf auch zu auf die Schönste, die leider nicht die Hellste war.

Richtig eifersüchtig konnte sie werden, wenn eine andere mal was Tolles trug. Die machte sie gleich madig: »Na, haben deine Eltern mal wieder eine Mülltüte vom Roten Kreuz aufgerissen?«, sagte sie dann schon mal hochnäsig. Und sie merkte auch nicht, dass die anderen in der Klasse sie für eine arrogante Zicke hielten. Und sogar, als sie mal eine Mathearbeit total verhauen hatte, verhöhnte sie die Klassenkameradin noch, die eine satte »1 plus« geschrieben hatte, mit den Worten: »Wenn ich so ätzend aussehen würde wie du, hätte ich auch bessere Noten …« Dann fuhr sie sich effektvoll durchs Haar, warf sich in Pose; denn jeder sollte denken: Die Verena wird ein Supermodel. Was braucht die Mathe? Dachte aber keiner: Alle fanden sie nur noch doof. Man könnte auch sagen: ganz *schön* doof …

Doof fand sie es selbst, ohne es sich einzugestehen, dass sie keine Freundinnen in der Klasse hatte. Im Grunde war sie regelrecht neidisch auf die anderen, die miteinander gut klarkamen. So entwickelte sie sich immer mehr zu einem kleinen Neidhammel, der den anderen ihre fröhliche Leichtigkeit missgönnte ... Was für ein Zufall, dass in dieser Zeit der Sänger Falco seinen Hit herausbrachte mit dem Refrain: »Die ganze Welt dreht sich um mich, denn ich bin nur ein Egoist. Der Mensch, der mir am nächsten ist, bin ich, ich bin ein Egoist ...« Als hätte er den extra für Verena geschrieben!

Entsetzt waren die Eltern, als der Lehrer sie darauf hinwies, dass ihre Tochter lernen müsste, nicht immer im Mittelpunkt zu stehen und auch mal andere als sich selbst zu akzeptieren. Sonst könne es sein, dass sie später mal scheitert, weil niemand etwas mit ihr zu tun haben will.

Wir wissen leider nicht, wie es mit Verena weiterging und ob sie ihre persönlichen Defizite beheben konnte. Sie müsste heute etwa 20 Jahre alt sein. Als »Das schöne Mädchen von Seite 1« ist sie jedenfalls nicht in Erscheinung getreten. Auch sah man sie nicht an der Seite von Joop und Lagerfeld.

Aber vielleicht hat sie wenigstens gelernt, dass Schönheit allein doch etwas wenig ist. Schönheit kann auch von innen heraus strahlen – aus dem Kopf, aus ganzem Herzen und aus der Seele. Das wäre schön.

# SCHNEEWITTCHEN

Es war einmal mitten im Winter, und die Schneeflocken fielen wie Federn vom Himmel herab, da saß eine Königin am Fenster, das einen Rahmen von schwarzem Ebenholz hatte und nähte. Und wie sie so nähte und in die schwebenden Flocken sah, stach sie sich mit der Nadel in den Finger, und es fielen drei Blutstropfen in den Schnee. Und weil das Rote in dem weißen Schnee so schön aussah, wünschte sie sich ein Kind, so weiß wie Schnee, so rot wie Blut und so schwarz wie das Holz an dem Fensterrahmen.

Bald darauf bekam sie ein Töchterlein, das war so weiß wie Schnee, so rot wie Blut und so schwarzhaarig wie das Ebenholz und ward darum Schneewittchen genannt. Und wie das Kind geboren war, starb die Königin.

Über ein Jahr nahm sich der König eine andere Gemahlin. Die war eine schöne Frau, aber sie war stolz und übermütig und konnte nicht leiden, dass sie an Schönheit von jemandem sollte übertroffen werden. Sie hatte einen wunderbaren Spiegel, wenn sie vor diesen trat und sich darin beschaute, sprach sie:

> *»Spieglein, Spieglein an der Wand,*
> *wer ist die Schönste im ganzen Land?«,*
> *so antwortete der Spiegel:*
> *»Frau Königin, Ihr seid die Schönste im Land.«*

Da war sie zufrieden, denn sie wusste, dass der Spiegel die Wahrheit sprach.

Schneewittchen aber wuchs heran und wurde immer schöner, und als es sieben Jahre alt war, war es so schön wie der klare Tag und schöner als die Königin selbst. Als diese einmal ihren Spiegel fragte:

*»Spieglein, Spieglein an der Wand,*
*wer ist die Schönste im ganzen Land?«,*
*so antwortete er:*
*»Frau Königin, Ihr seid die Schönste hier,*
*aber Schneewittchen ist tausendmal schöner als Ihr.«*

Da erschrak die Königin und ward gelb und grün vor Neid. Von Stund an, wenn sie Schneewittchen erblickte, kehrte sich ihr Herz im Leibe herum, so hasste sie das Mädchen. Und Neid und Hochmut wuchsen wie ein Unkraut in ihrem Herzen immer höher, dass sie Tag und Nacht keine Ruhe mehr hatte. Da rief sie einen Jäger und sprach: »Bring das Kind hinaus in den Wald, ich will's nicht mehr vor meinen Augen sehen. Du sollst es töten und mir Lunge und Leber als Beweis mitbringen.« Der Jäger gehorchte und führte es hinaus, und als er den Hirschfänger gezogen hatte, um Schneewittchens unschuldiges Herz zu durchbohren, fing es an zu weinen und sprach: »Ach, lieber Jäger, lass mir mein Leben, ich will in den wilden Wald laufen und nimmermehr wieder heimkommen.« Und weil es so schön war, hatte der Jäger Mitleid und sprach: »So lauf hin, du armes Kind.« »Die wilden Tiere werden dich bald gefressen haben«, dachte er und doch war's ihm als wäre ein Stein von seinem Herzen gewälzt, weil er es nicht zu töten brauchte. Und als gerade ein junger Frischling dahergesprungen kam, stach er ihn ab, nahm Lunge und Leber heraus und brachte sie als Beweis der Königin mit. Der Koch musste sie in Salz kochen und das boshafte Weib aß sie auf und meinte, sie hätte Schneewittchens Lunge und Leber gegessen.

Nun war das arme Kind in dem großen Walde mutterseelenallein und es ward ihm so Angst, dass es alle Blätter an den Bäumen ansah und nicht wusste, wie es sich helfen sollte. Da fing es an zu laufen und lief über die spitzen Steine und durch die Dornen. Und die wilden Tiere sprangen an ihm vorbei, aber sie taten ihm nichts. Es lief so lange, wie nur die Füße noch fortkonnten, bis es bald Abend werden wollte, da sah es ein kleines Häuschen und ging hinein, um sich auszuruhen.

In dem Häuschen war alles klein, aber so zierlich und reinlich, dass es nicht zu sagen ist. Da stand ein weiß gedeckter Tisch mit sieben kleinen Tellern, jedes Tellerchen mit seinem kleinen Löffel, ferner sieben Messerchen und Gäbelchen und sieben Becherchen. An der Wand waren sieben Bettchen nebeneinander aufgestellt und schneeweiße Laken darübergedeckt. Schneewittchen, weil es so hungrig und durstig war, aß von jedem Tellerchen ein wenig Gemüse und Brot und trank aus jedem Becherchen einen Tropfen Wein, denn es wollte nicht einem allein alles wegnehmen. Hernach, weil es so müde war, legte es sich in ein Bettchen, aber keins passte, das eine war zu lang, das andere zu kurz, bis endlich das siebente recht war und darin blieb es liegen, dankte Gott und schlief ein.

Als es ganz dunkel geworden war, kamen die Herren des Häuschens, das waren die sieben Zwerge, die in den Bergen nach Erz hackten und gruben. Sie zündeten ihre sieben Lichtlein an, und wie es nun hell im Häuschen ward, sahen sie, dass jemand darin gewesen war, denn es stand nicht alles so in der Ordnung, wie sie es verlassen hatten.

Der erste sprach: »Wer hat auf meinem Stühlchen gesessen?«

Der zweite: »Wer hat von meinem Tellerchen gegessen?«

Der dritte: »Wer hat von meinem Brötchen genommen?«

Der vierte: »Wer hat von meinem Gemüse gegessen?«

Der fünfte: »Wer hat mit meinem Gäbelchen gestochen?«

Der sechste: »Wer hat mit meinem Messerchen geschnitten?«

Der siebente: »Wer hat aus meinem Becherchen getrunken?«

Dann sah sich der erste um und sah, dass auf seinem Bett eine kleine Delle war, da sprach er: »Wer hat in mein Bettchen getreten?« Die anderen kamen gelaufen und riefen: »In meinem hat auch jemand gelegen!« Der siebente aber, als er in sein Bett sah, erblickte Schneewittchen, das lag darin und schlief.

Nun rief er die anderen, die kamen herbeigelaufen und schrien vor Verwunderung, holten ihre sieben Lichtlein und beleuchteten Schneewittchen. »Ei, du mein Gott! Ei, du mein Gott!«, riefen sie. »Was ist das Kind so schön!«, und hatten so große Freude, dass sie es nicht aufweckten, sondern im Bettchen fort schlafen ließen. Der siebente Zwerg aber schlief bei seinen Gesellen, bei jedem eine Stunde, da war die Nacht herum.

Als es Morgen war, erwachte Schneewittchen und als es die sieben Zwerge sah, erschrak es. Sie aber waren freundlich und fragten: »Wie heißt du?«

»Ich heiße Schneewittchen«, antwortete es.

»Wie bist du in unser Haus gekommen?«, fragten weiter die Zwerge. Da erzählte es ihnen, dass seine Stiefmutter es habe umbringen lassen wollen, der Jäger ihm aber das Leben geschenkt habe und es den ganzen Tag gelaufen sei, bis es endlich ihr Häuslein gefunden habe. Die Zwerge sprachen: »Willst du unseren Haushalt versehen, kochen, Betten machen, waschen, nähen und stricken und willst du alles ordentlich und reinlich halten, so kannst du bei uns bleiben und es soll dir an nichts fehlen.«

»Ja«, sagte Schneewittchen, »von Herzen gern«, und blieb bei ihnen. Sie hielt ihnen das Haus in Ordnung: Morgens gingen die Zwerge in die Berge und suchten Erz und Gold, abends kamen sie wieder und da musste ihr Essen bereit sein. Den Tag über war das Mädchen allein, da warnten es die guten Zwerge und sprachen: »Hüte dich vor deiner Stiefmutter, die wird bald wissen, dass du hier bist, lass ja niemanden herein!«

Die Königin aber, nachdem sie Schneewittchens Lunge und Leber glaubte gegessen zu haben, dachte nicht anders, als sie wäre wieder die Erste und Allerschönste, trat vor den Spiegel und sprach:

*»Spieglein, Spieglein an der Wand,*
*wer ist die Schönste im ganzen Land?«*
*Da antwortete der Spiegel:*
*»Frau Königin, Ihr seid die Schönste hier,*
*aber Schneewittchen über den Bergen*
*bei den sieben Zwergen*
*ist noch tausendmal schöner als Ihr.«*

Da erschrak sie, denn sie wusste, dass der Spiegel keine Unwahrheit sprach, und merkte, dass der Jäger sie betrogen hatte und Schneewittchen noch am Leben war. Und da sann und sann sie aufs Neue, wie sie es umbringen wollte, denn solange sie nicht die Schönste im ganzen Land war, ließ ihr der Neid keine Ruhe. Und als sie sich endlich etwas ausgedacht hatte, färbte sie sich das Gesicht und kleidete sich wie eine alte Krämerin und war ganz unkenntlich. In dieser Gestalt ging sie über die sieben Berge zu den sieben Zwergen, klopfte an die Tür und rief: »Schöne Ware feil, schöne Ware feil!« Schneewittchen guckte zum Fenster heraus und rief: »Guten Tag, liebe Frau, was habt Ihr zu verkaufen?«

»Gute Ware, schöne Ware«, antwortete sie, »Schnürriemen von allen Farben«, und holte einen hervor, der aus bunter Seide geflochten war.

»Die ehrliche Frau kann ich hereinlassen«, dachte Schneewittchen, riegelte die Tür auf und kaufte sich den hübschen Schnürriemen.

»Kind«, sprach die Alte, »wie du aussiehst! Komm, ich will dich einmal ordentlich schnüren.« Schneewittchen hatte kein Arg, stellte sich vor sie und ließ sich mit dem neuen Schnürriemen schnüren: Aber die Alte schnürte geschwind und schnürte so fest, dass dem Schneewittchen der Atem verging und es wie tot hinfiel.

»Nun bist du die Schönste gewesen«, sprach die Königin und eilte hinaus.

Nicht lange darauf, zur Abendzeit, kamen die sieben Zwerge nach Hause, aber wie erschraken sie, als sie ihr geliebtes Schneewittchen auf der Erde liegen sahen und es regte und bewegte sich nicht, als wäre es tot. Sie hoben es in die Höhe und weil sie sahen, dass es zu fest geschnürt war, schnitten sie den Schnürriemen entzwei: Da fing es an ein wenig zu atmen und ward nach und nach wieder lebendig. Als die Zwerge hörten, was geschehen war, sprachen sie: »Die alte Krämersfrau war niemand anderes als die böse Königin. Hüte dich, und lass keinen Menschen herein, wenn wir nicht bei dir sind.«

Das böse Weib aber, als es nach Hause gekommen war, ging vor den Spiegel und fragte:

*»Spieglein, Spieglein an der Wand,*
*wer ist die Schönste im ganzen Land?«*
*Da antwortete er wie sonst:*
*»Frau Königin, Ihr seid die Schönste hier,*
*aber Schneewittchen über den Bergen*
*bei den sieben Zwergen*
*ist noch tausendmal schöner als Ihr.«*

Als sie das hörte, lief ihr alles Blut zum Herzen, so erschrak sie, denn sie sah wohl, dass Schneewittchen wieder lebendig geworden war. »Nun aber«, sprach sie, »will ich etwas aussinnen, das dich zugrunde richten soll«, und mit Hexenkünsten, die sie verstand, machte sie einen giftigen Kamm. Dann verkleidete sie sich und nahm die Gestalt eines anderen alten Weibes an. So ging sie hin über die sieben Berge zu den sieben Zwergen, klopfte an die Tür und rief: »Gute Ware feil, gute Ware feil!« Schneewittchen schaute heraus und sprach: »Geht nur weiter, ich darf niemanden hereinlassen.«

»Das Ansehen wird dir doch erlaubt sein«, sprach die Alte, zog den giftigen Kamm heraus und hielt ihn in die Höhe. Da gefiel er dem Kinde so gut, dass es sich betören ließ und die Tür öffnete. Als sie des Kaufs einig waren, sprach die Alte: »Nun will ich dich einmal ordentlich kämmen.« Das arme Schneewittchen dachte an nichts und ließ die Alte gewähren, aber kaum hatte sie den Kamm in die Haare gesteckt, als das Gift darin wirkte und das Mädchen ohne Besinnung niederfiel.

»Du Ausbund an Schönheit«, sprach das boshafte Weib, »jetzt ist's um dich geschehen«, und ging fort.

Zum Glück aber war es bald Abend, wo die sieben Zwerge nach Hause kamen. Als sie Schneewittchen wie tot auf der Erde liegen sahen, hatten sie gleich die Stiefmutter in Verdacht, suchten nach und fanden den giftigen Kamm und kaum hatten sie ihn herausgezogen, so kam Schneewittchen wieder zu sich und erzählte, was vorgegangen war. Da warnten sie es noch einmal, auf der Hut zu sein und niemandem die Tür zu öffnen.

Die Königin stellte sich daheim vor den Spiegel und sprach:

*»Spieglein, Spieglein an der Wand,*
*wer ist die Schönste im ganzen Land?«*
*Da antwortete er wie vorher:*
*»Frau Königin, Ihr seid die Schönste hier,*
*aber Schneewittchen über den Bergen*
*bei den sieben Zwergen*
*ist noch tausendmal schöner als Ihr.«*

Wie sie den Spiegel so reden hörte, zitterte und bebte sie vor Zorn. »Schneewittchen soll sterben«, rief sie »und wenn es mein eigenes Leben kostet.« Darauf ging sie in eine ganz verborgene einsame Kammer, wo niemand hinkam, und machte einen giftigen Apfel. Äußerlich sah er schön aus, weiß mit roten Backen, dass jeder, der ihn erblickte, Lust danach bekam, aber wer ein Stückchen davon aß, der musste sterben. Als der Apfel fertig war, färbte sie sich das Gesicht und verkleidete sich als eine Bauersfrau, und so ging sie über die sieben Berge zu den sieben Zwergen. Sie klopfte an, Schneewittchen streckte den Kopf zum Fenster heraus und sprach: »Ich darf keinen Menschen einlassen, die sieben Zwerge haben es mir verboten.«

»Mir auch recht«, antwortete die Bäuerin, »meine Äpfel will ich schon loswerden. Da, einen will ich dir schenken.«

»Nein«, sprach Schneewittchen, »ich darf nichts annehmen.«

»Fürchtest du dich vor Gift?«, sprach die Alte, »siehst du, da schneide ich den Apfel in zwei Teile, den roten Backen isst du, den weißen will ich essen.«

Der Apfel war aber so kunstvoll gemacht, dass die rote Backe allein vergiftet war. Schneewittchen gelüstete es nach dem schönen Apfel und als es sah, dass die Bäuerin davon aß, so konnte es nicht länger widerstehen, streckte die Hand hinaus und nahm die giftige Hälfte. Kaum aber hatte es einen Bissen davon im Mund, so fiel es tot zur Erde nieder. Da betrachtete es die Königin mit grausigen Blicken, lachte überlaut und sprach: »Weiß wie Schnee, rot wie Blut, schwarz wie Ebenholz! Diesmal können dich die Zwerge nicht wiedererwecken!« Und als sie daheim den Spiegel befragte:

*»Spieglein, Spieglein an der Wand,*
*wer ist die Schönste im ganzen Land?«*
*So antwortete er endlich:*
*»Frau Königin, Ihr seid die Schönste im Land.«*

Da hatte ihr neidisches Herz Ruhe, soweit ein neidisches Herz Ruhe haben kann.

Die Zwerge, wie sie nach Hause kamen, fanden Schneewittchen auf der Erde liegend, und es ging kein Atem mehr aus seinem Mund, und es war tot. Sie hoben es auf, suchten, ob sie etwas Giftiges fänden, schnürten es auf, kämmten ihm das Haar, wuschen es mit Wasser und Wein, aber es half alles nichts; das liebe Kind war tot und blieb tot. Sie legten es auf eine Bahre und setzten sich alle sieben daran und beweinten es und weinten drei Tage lang. Dann wollten sie es begraben, aber es sah noch so frisch aus wie ein lebender Mensch und hatte noch seine schönen roten Backen. Da sprachen sie: »Wir können es nicht in der schwarzen Erde versenken«, und ließen einen durchsichtigen Sarg von Glas machen, dass man Schneewittchen von allen Seiten sehen konnte, legten es hinein und schrieben mit goldenen Buchstaben seinen Namen darauf und dass es eine Königstochter wäre. Dann setzten sie den Sarg hinauf auf den Berg und einer von ihnen blieb immer dabei und bewachte ihn. Und die Tiere kamen auch und beweinten Schneewittchen, erst eine Eule, dann ein Rabe, zuletzt ein Täubchen.

Nun lag Schneewittchen lange, lange Zeit in dem Sarg und verweste nicht, sondern sah aus, als wenn es schliefe, denn es war noch so weiß als Schnee, so rot als Blut und so schwarzhaarig wie Ebenholz. Es geschah aber, dass ein Königssohn in den Wald geriet und zu dem Zwergenhaus kam, um da zu übernachten. Er sah auf dem Berg den Sarg und das schöne Schneewittchen darin und las, was mit goldenen Buchstaben darauf geschrieben war.

Da sprach er zu den Zwergen: »Lasst mir den Sarg, ich will euch geben, was ihr dafür haben wollt.« Aber die Zwerge antworteten: »Wir geben ihn nicht um alles Gold der Welt.« Da sprach er: »So schenkt ihn mir, denn ich kann nicht leben, ohne Schneewittchen zu sehen, ich will es ehren und hoch achten wie mein Liebstes.«

Wie er so sprach, empfanden die guten Zwerge Mitleid mit ihm und gaben ihm den Sarg. Der Königssohn ließ ihn nun von seinen Dienern auf den Schultern tragen. Da geschah es, dass sie über einen Strauch stolperten und von dem Stoß fuhr das giftige Apfelstück, das Schneewittchen abgebissen hatte, aus dem Hals. Und nicht lange, so öffnete es die Augen, hob den Deckel vom Sarg in die Höhe, richtete sich auf und war wieder lebendig.

»Ach Gott, wo bin ich?«, rief es. Der Königssohn sagte voll Freude: »Du bist bei mir«, und erzählte, was sich zugetragen hatte, und sprach: »Ich habe dich lieber als alles auf der Welt, komm mit zu meines Vaters Schloss, du sollst meine Gemahlin werden.« Da war ihm Schneewittchen gut und ging mit ihm und ihre Hochzeit ward mit großer Pracht und Herrlichkeit angeordnet.

Zu dem Fest wurde aber auch Schneewittchens böse Stiefmutter eingeladen. Wie sie sich nun mit schönen Kleidern angetan hatte, trat sie vor den Spiegel und fragte:

*»Spieglein, Spieglein an der Wand,*
*wer ist die Schönste im ganzen Land?«*
*Da antwortete der Spiegel:*
*»Frau Königin, Ihr seid die Schönste hier,*
*aber die junge Königin ist tausendmal schöner als Ihr.«*

Da stieß das böse Weib einen Fluch aus, und es ward ihr so Angst, so Angst, dass sie sich nicht zu lassen wusste. Sie wollte zuerst gar nicht auf die Hochzeit kommen, doch ließ es ihr keine Ruhe, sie musste fort und die junge Königin sehen. Und wie sie in den Saal trat, erkannte sie Schneewittchen, und vor Angst und Schrecken stand sie da und konnte sich nicht regen. Da zersprangen der Zauberspiegel und ihr böses Herz in tausend Stücke, sodass sie tot zur Erde fiel.

Schneewittchen aber lebte mit dem Königssohn glücklich und in Frieden, und wenn sie nicht gestorben sind, dann leben sie noch heute.

## ~ *Beipackzettel* ~

Alle in Ihrer Familie sind zur Großzügigkeit erzogen worden, sind liebenswürdig und freigiebig. Gerne kommen Gäste ins Haus, und der Freundeskreis ist groß. Nur Ihr Kind schlägt diesbezüglich völlig aus der Art. Kommen Verwandte zu Besuch, schließt es sich im Zimmer ein, damit die anderen Kinder nicht mit seinem Computer spielen können. Bringt die Tante eine große Tüte Bonbons mit, will es nichts abgeben, obwohl genug für alle da ist.

Nehmen Sie sich einen Nachmittag frei und lesen sie gemeinsam das Märchen von *Schneewittchen*. Diskutieren Sie mit Ihrem Kind, ob Schneewittchen und die Königin hätten friedlich miteinander leben können, wenn die Königin nicht so neidisch gewesen wäre. Fragen Sie nach, warum Ihr Kind nie teilen will, und machen Sie ihm klar, dass es genauso verbiestert, unglücklich und einsam wird wie die Königin, wenn es immer nur an sich denkt und mit niemandem sein Glück teilen möchte.

# Unser Kind fühlt sich in der neuen Patchworkfamilie nicht wohl

Zu oft nur ist es ein frommer Wunsch, dass eine Ehe hält, »bis dass der Tod euch scheide«. So lange wollen viele nicht warten. Rund 200 000 Paare lassen sich jährlich allein in Deutschland scheiden. Und aus so manchem Kind wird ein »Scheidungskind«. Diese sind oft die wahren Opfer einer kaputten Beziehung, weil sie entweder den Vater oder die Mutter verlieren und sich selbst dafür noch die Schuld geben. Ein Schmerz, den manche ihr Leben lang mit sich herumtragen.

Da kann es schon segensreich sein, wenn zum Beispiel eine Single-Frau mit Kind einen Single-Mann mit Kind kennenlernt und sich beide für eine gemeinsame Zukunft entscheiden. Dann entsteht eine sogenannte Patchworkfamilie. Ein sympathischer Begriff für eine allerdings durchaus problematische Beziehungssituation, wie dieses Beispiel zeigt:

Da waren zum einen Saskia und ihr Vater Boris. Saskias Mutter war auf die schiefe Bahn geraten, dealte mit Drogen und landete für ein paar Jahre im Gefängnis. Nach der Scheidung bekam ihr Vater das alleinige Sorgerecht zugesprochen.

Da waren zum anderen Aline, Kira und ihre Mutter Christiane. Ihr Mann hatte sich einfach aus dem Staub gemacht. War plötzlich fort, unauffindbar. Hinterließ seiner Familie das schöne Haus und gut gefüllte Konten. Er hatte mit der Regulierung einen Anwalt beauftragt, auch mit der Scheidung. Wenigstens das hatte er vor seinem Abtauchen geregelt.

Nun also wurden Boris und Christiane ein Paar, und da lag es nahe, dass Saskia und ihr Vater in das geräumige Haus der anderen zogen. Aline und Kira waren außer sich, als sie davon hörten. »Warum bleiben die denn nicht in ihrer eigenen Wohnung?«, fragte Kira und Aline mutmaßte: »Die wollen sich doch nur bei uns einnisten!«

Saskia musste sehr schnell einsehen, dass sie im neuen Heim nicht gern gesehen war. Die beiden »Hausherrinnen« wiesen ihr die Abstellkammer als

Zimmer zu. »Was erwartet die denn? Sollen wir vielleicht unsere Zimmer räumen, damit sie sich hier breitmachen kann?«, giftete Aline.

Boris und Christiane waren so mit sich und ihrer neuen Liebe beschäftigt, dass sie sich um den Konflikt nicht kümmerten, ihn sogar nicht einmal wahrnahmen.

Kira und Aline ließen Saskia völlig außen vor, redeten nur schlecht über sie und verhöhnten sie. »Was will man schon von einer erwarten, deren Mutter im Knast sitzt«, meine Aline im Beisein von Saskia. Die hätte jetzt sagen können: »Wenn ich euch ansehe, wundert es mich nicht, dass euer Vater einfach abgehauen ist …« Aber das sagte sie nicht. Dafür war sie einfach nicht böse genug, eher ein Mensch, der sich nach Harmonie sehnt.

Christiane war es schließlich, die merkte, dass Saskia irgendetwas belastete. »Komm«, sagte sie da zu der Kleinen, »lass uns mal zusammen ein bisschen shoppen gehen, nur du und ich. Dann kaufen wir dir ein paar Sachen, die dir gefallen – und danach gehen wir zum Italiener. Wir machen uns eben einen richtigen Frauennachmittag …«

Da freute sich Saskia. Sie fanden ein paar Jeans, T-Shirts und leichte Leinen-Treter. Toll sah sie aus, die junge Dame. Dann ging's zum Italiener. Da konnte man draußen sitzen und die Sonne genießen. Als Christiane sie fragte, warum es denn immer so frostig zugehe zwischen Aline, Kira und ihr, wollte Saskia nicht so recht raus mit der Sprache. Sie war ja keine Petze wie die beiden anderen. Sie nahm sie sogar noch in Schutz und meinte: »Das ist nun mal ihr Zuhause. Und Papa und ich sind doch nur dazugekommen …«

Christiane war ganz gerührt von Saskias Sicht und beschloss, dass es so nicht weitergehen konnte. Wieder daheim, sagte sie zu ihren Töchtern: »Wir müssen reden!« Aline und Kira ahnten schon, dass das nichts Gutes bedeuten sollte.

Christiane wies ihre Töchter in die Schranken und ließ alles raus, was sie ihnen zu sagen hatte: »Ich erwarte von euch, dass ihr Saskia akzeptiert und sie nicht wie einen Eindringling behandelt. Und sie kann auch nichts dafür, dass ihre Mutter im Knast sitzt. Wie ihr nichts dafürkönnt, dass euer Vater einfach weggerannt ist aus unserem Leben. Außerdem sollt ihr wissen: Ich liebe den Boris, und er liebt mich. Wir planen eine gemeinsame Zukunft, und vielleicht werden wir auch heiraten. Merkt euch, dass es nicht nur immer um euer Glück geht, es geht auch um meins. Und was Saskia angeht: Die ist absolut fair, spricht über andere nie schlecht. Sie mag euch, obwohl ihr so zickig zu ihr seid. Also: Wir gehören jetzt alle zusammen, denkt bitte mal darüber nach.«

Puh, das hatte gesessen! Und es schrie regelrecht nach einer neuen Orientierung. Und: Es klappte! Nach und nach wurde aus zwei plus eins eine richtige Drei! Das war Christianes Werk. Darauf ist sie heute noch stolz. Ist auch schön, wenn jemand einen klaren Kopf behält. Das scheint offenbar eine Frauen-Domäne zu sein …

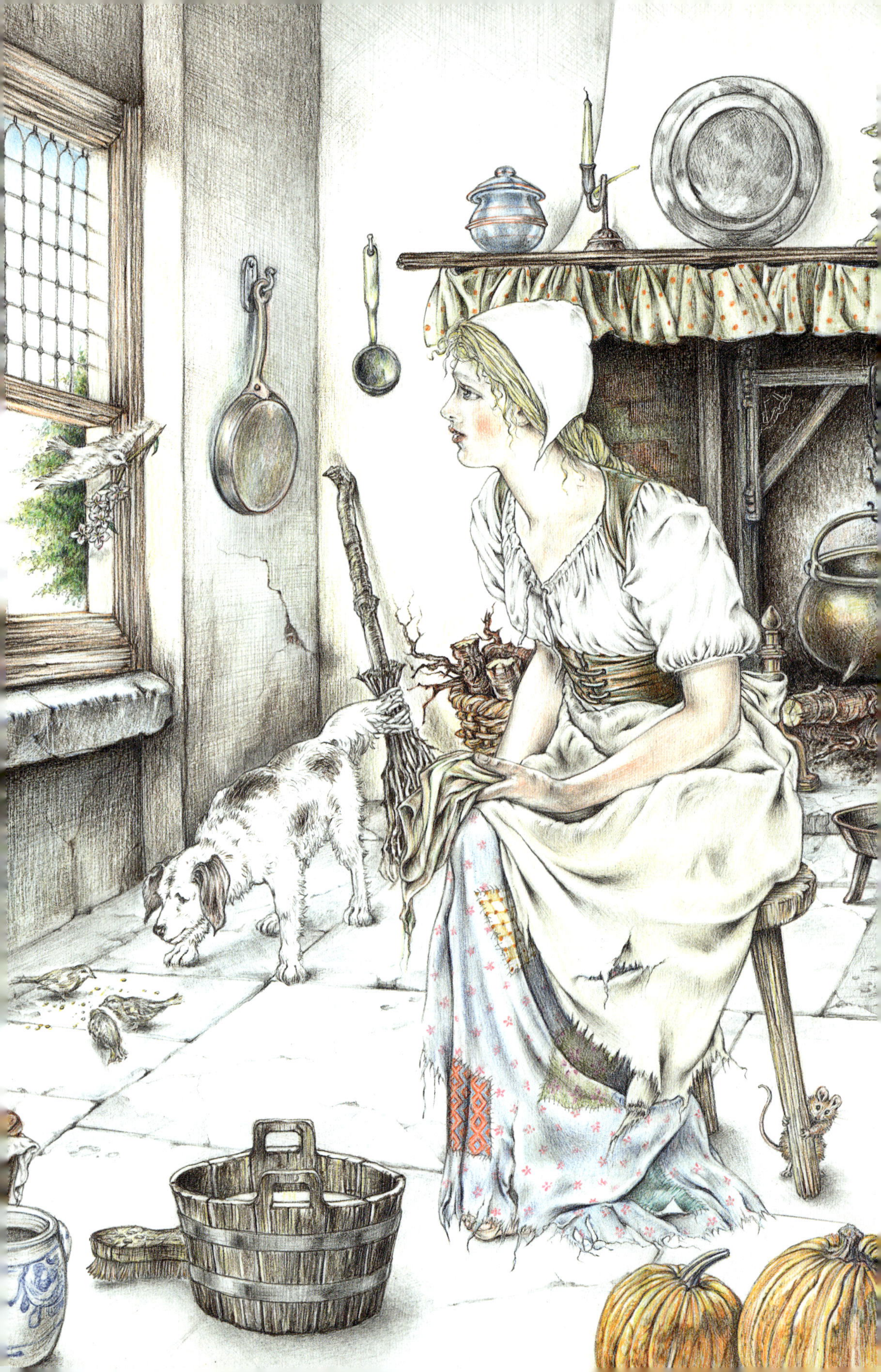

# ASCHENPUTTEL

Einem reichen Manne, dem wurde seine Frau krank, und als sie fühlte, dass ihr Ende nahte, rief sie ihr einziges Töchterlein zu sich ans Bett und sprach: »Liebes Kind, bleibe fromm und gut, so wird dir der liebe Gott immer beistehen, und ich will vom Himmel auf dich herabblicken und will um dich sein.« Darauf tat sie die Augen zu und starb. Das Mädchen ging jeden Tag hinaus zu dem Grabe der Mutter und weinte, und blieb fromm und gut. Als der Winter kam, deckte der Schnee ein weißes Tüchlein auf das Grab, und als die Sonne im Frühjahr es wieder herabgezogen hatte, nahm sich der Mann eine andere Frau.

Die Frau hatte zwei Töchter mit ins Haus gebracht, die schön und weiß von Angesicht waren, aber garstig und schwarz von Herzen. Da ging eine schlimme Zeit für das arme Stiefkind an. »Die dumme Gans soll nicht bei uns in der Stube sitzen«, sprachen sie, »wer Brot essen will, muss es verdienen. Hinaus mit der Küchenmagd.« Sie nahmen ihm seine schönen Kleider weg, zogen ihm einen grauen alten Kittel an und gaben ihm hölzerne Schuhe. »Seht einmal die stolze Prinzessin, wie sie geputzt ist«, riefen sie, lachten und führten es in die Küche.

Da musste es von morgens bis abends schwere Arbeit tun und früh vor Tag aufstehen, Wasser tragen, Feuer anmachen, kochen und waschen. Obendrein taten ihm die Schwestern alles ersinnliche Herzeleid an, verspotteten es und schütteten ihm die Erbsen und Linsen in die Asche, sodass es sitzen und sie wieder auslesen musste. Abends, wenn es sich müde gearbeitet hatte, hatte es kein Bett, sondern musste sich neben den Herd in die Asche legen. Und weil es darum immer staubig und schmutzig aussah, nannten sie es Aschenputtel.

Es trug sich zu, dass der Vater einmal zum Markt ziehen wollte. Da fragte er die beiden Stieftöchter, was er ihnen mitbringen sollte. »Schöne Kleider«, sagte die eine, »Perlen und Edelsteine« die zweite. »Aber du, Aschenputtel«, sprach er, »was willst du haben?« »Vater, das erste Reis, das Euch auf Eurem Heimweg an den Hut stößt, das brecht für mich ab.« Er kaufte nun für die beiden Stiefschwestern schöne Kleider, Perlen und Edelsteine, und auf dem Rückweg, als er durch einen grünen Busch ritt, streifte ihn ein Haselreis und stieß ihm den Hut ab. Da brach er das Reis ab und nahm es mit.

Als er nach Haus kam, gab er den Stieftöchtern, was sie sich gewünscht hatten, und dem Aschenputtel gab er das Reis von dem Haselbusch. Aschenputtel dankte ihm, ging zu seiner Mutter Grab und pflanzte das Reis darauf, und weinte so sehr, dass die Tränen darauf niederfielen und es begossen. Es wuchs aber und ward ein schöner Baum. Aschenputtel ging alle Tage dreimal darunter, weinte und betete, und allemal kam ein weißes Vöglein auf den Baum, und wenn es einen Wunsch aussprach, so warf ihm das Vöglein herab, was es sich gewünscht hatte.

Es begab sich aber, dass der König ein Fest ausrief, das drei Tage dauern sollte und wozu alle schönen Jungfrauen im Lande eingeladen wurden, damit sich sein Sohn eine Braut aussuchen möchte. Die zwei Stiefschwestern, als sie hörten, dass auch sie dabei erscheinen sollten, waren guter Dinge, riefen Aschenputtel und sprachen: »Kämm uns die Haare, bürste uns die Schuhe und mache uns die Schnallen fest, wir gehen zur Hochzeit auf des Königs Schloss.«

Aschenputtel gehorchte, weinte aber, weil es auch gern zum Tanz mitgegangen wäre, und bat die Stiefmutter, sie möchte es ihm erlauben. »Du, Aschenputtel«, sprach sie, »bist voll Staub und Schmutz und willst zur Hochzeit? Du hast keine Kleider und Schuhe und willst tanzen.« Als es aber mit Bitten anhielt, sprach sie endlich: »Da habe ich dir eine Schüssel Linsen in die Asche geschüttet, wenn du die Linsen in zwei Stunden wieder ausgelesen hast, so sollst du mitgehen.« Das Mädchen ging durch die Hintertür in den Garten und rief:

*»Ihr zahmen Täubchen, ihr Turteltäubchen,*
*all ihr Vöglein unter dem Himmel, kommt und helft mir lesen,*
*die guten ins Töpfchen,*
*die schlechten ins Kröpfchen.«*

Da kamen zum Küchenfenster zwei weiße Täubchen herein und danach die Turteltäubchen, und endlich schwirrten und schwärmten alle Vöglein unter dem Himmel herein und ließen sich um die Asche nieder. Und die Täubchen nickten mit den Köpfchen und fingen an *pick, pick, pick, pick,* und da fingen die übrigen auch an *pick, pick, pick, pick,* und lasen alle guten Körnlein in die Schüssel. Kaum war eine Stunde herum, so waren sie schon fertig und flogen alle wieder hinaus. Da brachte das Mädchen die Schüssel der Stiefmutter, freute sich und glaubte, es dürfte nun mit auf die Hochzeit gehen.

Aber sie sprach: »Nein, Aschenputtel, du hast keine Kleider und kannst nicht tanzen, du wirst nur ausgelacht.« Als es nun weinte, sprach sie: »Wenn du mir zwei Schüsseln voll Linsen in einer Stunde aus der Asche rein lesen kannst, so sollst du mitgehen«, und dachte: »Das kann es ja nimmermehr.« Als sie die zwei Schüsseln Linsen in die Asche geschüttet hatte, ging das Mädchen durch die Hintertür nach dem Garten und rief:

*»Ihr zahmen Täubchen, ihr Turteltäubchen,*
*all ihr Vöglein unter dem Himmel, kommt und helft mit lesen,*
*die guten ins Töpfchen,*
*die schlechten ins Kröpfchen.«*

Da kamen zum Küchenfenster zwei weiße Täubchen herein und danach die Turteltäubchen, und endlich schwirrten und schwärmten alle Vögel unter dem Himmel herein und ließen sich um die Asche nieder. Und die Täubchen nickten mit ihren Köpfchen und fingen an *pick, pick, pick, pick,* und da fingen die übrigen auch an *pick, pick, pick, pick,* und lasen alle guten Körner in die Schüsseln. Und ehe eine halbe Stunde herum war, waren sie schon fertig und flogen alle wieder hinaus. Da trug das Mädchen die Schüsseln zu der Stiefmutter, freute sich und glaubte, nun dürfte es mit auf das Fest gehen. Aber sie sprach: »Es hilft dir alles nichts, du kommst nicht mit, denn du hast keine

Kleider und kannst nicht tanzen; wir müssten uns deiner schämen.« Darauf kehrte sie ihm den Rücken zu und eilte mit ihren zwei stolzen Töchtern davon.

Als nun niemand mehr daheim war, ging Aschenputtel zu seiner Mutter Grab unter den Haselbaum und rief:

*»Bäumchen, rüttel dich und schüttel dich,*
*wirf Gold und Silber über mich.«*

Da warf ihm der Vogel ein golden und silbern Kleid herunter und mit Seide und Silber ausgestickte Pantoffeln. In aller Eile zog es das Kleid an und ging zum Fest. Seine Schwestern aber und die Stiefmutter kannten es nicht und meinten, es müsse eine fremde Königstochter sein, so schön sah es in dem goldenen Kleide aus. An Aschenputtel dachten sie gar nicht und glaubten, es säße daheim im Schmutz und suche die Linsen aus der Asche. Der Königssohn kam ihm entgegen, nahm es bei der Hand und tanzte mit ihm. Er wollte auch sonst mit niemandem anderes tanzen. Er ließ seine Hand nicht los und wenn ein anderer kam, es aufzufordern, sprach er: »Das ist meine Tänzerin.« Es tanzte, bis es Abend war, da wollte es nach Haus gehen. Der Königssohn aber sprach: »Ich gehe mit und begleite dich«, denn er wollte sehen, wem das schöne Mädchen angehörte. Sie entwischte ihm aber und sprang in das Taubenhaus. Nun wartete der Königssohn, bis der Vater kam, und sagte ihm, das fremde Mädchen wär in das Taubenhaus gesprungen. Der Alte dachte: »Sollte es Aschenputtel sein?« Und sie mussten ihm Axt und Hacken bringen, damit er das Taubenhaus entzweischlagen konnte, aber es war niemand darin. Und als sie ins Haus kamen, lag Aschenputtel in seinen schmutzigen Kleidern in der Asche, und ein trübes Öl-Lämpchen brannte im Schornstein. Denn Aschenputtel war geschwind aus dem Taubenhaus hinten herabgesprungen und war zu dem Haselbäumchen gelaufen: Da hatte es die schönen Kleider ausgezogen und aufs Grab gelegt, und der Vogel hatte sie wieder weggenommen, und dann hatte es sich in seinem grauen Kittelchen in die Küche zur Asche gesetzt.

Am andern Tag, als das Fest von Neuem anhub und die Eltern und Stiefschwestern wieder fort waren, ging Aschenputtel zu dem Haselbaum und sprach:

*»Bäumchen, rüttel dich und schüttel dich,
wirf Gold und Silber über mich.«*

Da warf der Vogel ein noch viel stolzeres Kleid herab als am vorigen Tag. Und als es mit diesem Kleide auf der Hochzeit erschien, erstaunte jedermann über seine Schönheit. Der Königssohn aber hatte gewartet, bis es kam, nahm es gleich bei der Hand und tanzte nur allein mit ihm. Wenn die andern kamen und es aufforderten, sprach er: »Das ist meine Tänzerin.« Als es nun Abend war, wollte es fort und der Königssohn ging ihm nach und wollte sehen, in welches Haus es ging, aber es sprang ihm fort und in den Garten hinter dem Haus. Darin stand ein schöner großer Baum, an dem die herrlichsten Birnen hingen, es kletterte so behänd wie ein Eichhörnchen zwischen die Äste und der Königssohn wusste nicht, wo es hingekommen war. Er wartete aber, bis der Vater kam, und sprach zu ihm: »Das fremde Mädchen ist mir entwischt, und ich glaube, es ist auf den Birnbaum gesprungen.« Der Vater dachte: »Sollte es Aschenputtel sein?«, ließ sich die Axt holen und hieb den Baum um, aber es war niemand darauf. Und als sie in die Küche kamen, lag Aschenputtel da in der Asche, wie sonst auch, denn es war auf der andern Seite vom Baum herabgesprungen, hatte dem Vogel auf dem Haselbäumchen die schönen Kleider wiedergebracht und sein graues Kittelchen angezogen.

Am dritten Tag, als die Eltern und Schwestern fort waren, ging Aschenputtel wieder zu seiner Mutter Grab und sprach zu dem Bäumchen:

*»Bäumchen, rüttel dich und schüttel dich,
wirf Gold und Silber über mich.«*

Nun warf ihm der Vogel ein Kleid herab, das war so prächtig und glänzend, wie es noch keins gehabt hatte, und die Pantoffeln waren ganz golden. Als es in diesem Kleid zum Fest kam, wussten sie alle nicht, was sie vor Verwunderung sagen sollten. Der Königssohn tanzte ganz allein mit ihm, und wenn es einer aufforderte, sprach er: »Das ist meine Tänzerin.«

Als es nun Abend war, wollte Aschenputtel fort, und der Königssohn wollte es begleiten, aber es entsprang ihm so geschwind, dass er nicht folgen konnte. Der Königssohn aber hatte eine List gebraucht und hatte die ganze Treppe mit Pech bestreichen lassen: Da war, als es hinabsprang, der linke Pantoffel des Mädchens hängen geblieben. Der Königssohn hob ihn auf, und er war klein und zierlich und ganz golden.

Am nächsten Morgen ging er damit zu dem Mann und sagte zu ihm: »Keine andere soll meine Gemahlin werden als die, an deren Fuß dieser goldene Schuh passt.« Da freuten sich die beiden Schwestern, denn sie hatten schöne Füße. Die älteste ging mit dem Schuh in die Kammer und wollte ihn anprobieren, und die Mutter stand dabei. Aber sie konnte mit der großen Zehe nicht hineinkommen, und der Schuh war ihr zu klein, da reichte ihr die Mutter ein Messer und sprach: »Hau die Zehe ab, wenn du Königin bist, so brauchst du nicht mehr zu Fuß zu gehen.« Das Mädchen hieb die Zehe ab, zwängte den Fuß in den Schuh, verbiss den Schmerz und ging hinaus zum Königssohn. Da nahm er sie als seine Braut aufs Pferd und ritt mit ihr fort. Sie mussten aber an dem Grabe vorbei, da saßen die zwei Täubchen auf dem Haselbäumchen und riefen:

*»Rucke di guck, rucke di guck,*
*Blut ist im Schuck.*
*Der Schuck ist zu klein,*
*die rechte Braut sitzt noch daheim.«*

Da blickte er auf ihren Fuß und sah, wie das Blut herausquoll. Er wendete sein Pferd um, brachte die falsche Braut wieder nach Hause und sagte, das wäre nicht die rechte, die andere Schwester solle den Schuh anziehen. Da ging diese in die Kammer und kam mit den Zehen glücklich in den Schuh, aber die Ferse war zu groß. Da reichte ihr die Mutter ein Messer und sprach: »Hau ein Stück von der Ferse ab, wenn du Königin bist, brauchst du nicht mehr zu Fuß zu gehen.« Das Mädchen hieb ein Stück von der Ferse ab, zwängte den Fuß in den Schuh, verbiss den Schmerz und ging hinaus zum Königssohn. Da nahm er sie als seine Braut aufs Pferd und ritt mit ihr fort. Als sie an dem Haselbäumchen vorbeikamen, saßen die zwei Täubchen darauf und riefen:

*»Rucke di guck, rucke di guck,*
*Blut ist im Schuck.*
*Der Schuck ist zu klein,*
*die rechte Braut sitzt noch daheim.«*

Er blickte nieder auf ihren Fuß und sah, wie das Blut aus dem Schuh quoll und an den weißen Strümpfen ganz rot heraufgestiegen war. Da wendete er sein Pferd und brachte die falsche Braut wieder nach Haus. »Das ist auch nicht die rechte«, sprach er, »habt Ihr keine andere Tochter?« »Nein«, sagte der Mann, »nur von meiner verstorbenen Frau ist noch ein kleines unbedeutendes Aschenputtel da; das kann unmöglich die Braut sein.« Der Königssohn sprach, er sollte es heraufschicken, die Mutter aber antwortete: »Ach nein, das ist viel zu schmutzig, das darf sich nicht sehen lassen.« Er wollte es aber durchaus haben, und Aschenputtel musste gerufen werden. Da wusch es sich erst Hände und Angesicht rein, ging dann hin und neigte sich vor dem Königssohn, der ihm den goldenen Schuh reichte. Dann setzte es sich auf einen Schemel, zog den Fuß aus dem schweren Holzschuh und steckte ihn in den Pantoffel, der war wie angegossen. Und als es sich in die Höhe richtete und der König ihm ins Gesicht sah, so erkannte er das schöne Mädchen, das mit ihm getanzt hatte, und rief: »Das ist die rechte Braut.« Die Stiefmutter und die beiden Schwestern erschraken und wurden bleich vor Ärger. Er aber nahm Aschenputtel aufs Pferd und ritt mit ihm fort. Als sie an dem Haselbäumchen vorbeikamen, riefen die zwei weißen Täubchen:

*»Rucke di guck, rucke di guck,*
*kein Blut ist im Schuck.*
*Der Schuck ist nicht zu klein,*
*die rechte Braut, die führt er heim.«*

Und als sie das gerufen hatten, kamen sie beide herabgeflogen und setzten sich dem Aschenputtel auf die Schultern, eine rechts, die andere links, und blieben da sitzen.

## ~ *Beipackzettel* ~

Endlich haben Sie den richtigen Partner fürs Leben gefunden. Nach langer schwerer »alleinstehender« Lebensbewältigung mit Kind, endlich ein Mensch, dem es genauso ging wie Ihnen und der zudem noch gleichaltrige Kinder mit in die neue Beziehung bringt.

Trotz Ihres persönlichen Glücks können Sie nicht automatisch davon ausgehen, dass Ihr Kind genauso empfindet. Sollten Sie Veränderungen bemerken, dann nehmen Sie sich Zeit und lesen mit ihm zusammen das Märchen vom *Aschenputtel*. Es eignet sich hervorragend, um derlei Probleme anzusprechen. Ermuntern Sie Ihr Kind, ohne Angst und freiheraus seine Meinung zu sagen. Sollten Probleme zutage treten, dann tun Sie diese nicht damit ab, dass sich schon alles von alleine regeln wird, sondern gehen Sie gemeinsam mit Ihrem neuen Partner die Probleme offensiv an. Nur so haben alle Beteiligten eine reelle Chance auf einen gelungenen Neuanfang.

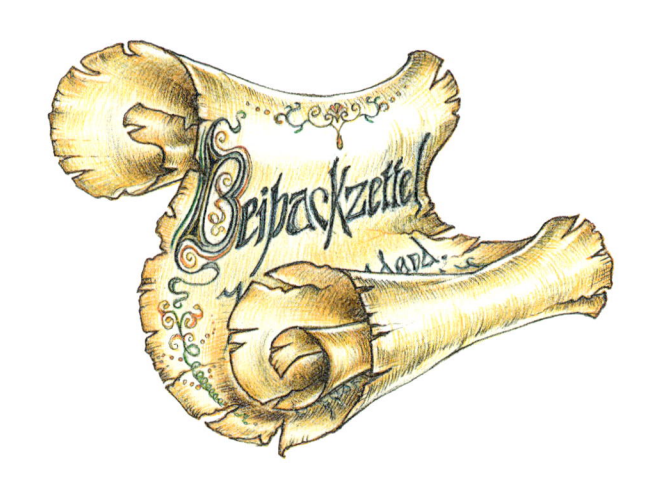

# Unser Kind ist hochbegabt, hat aber Scheu, dies seinen Freunden zu zeigen

Ach, was freuen sich Eltern doch, wenn ihr Kind so richtig pfiffig ist. Da fällt ein bisschen Glanz auch auf sie ab. Aber natürlich müssen sie darauf achten, wie sich der Nachwuchs so entwickelt. Ist er von den schulischen Leistungen und vom Wissen her weiter als andere Kinder im gleichen Alter, könnte es ein hochbegabtes Kind sein.

Hochbegabte Kinder sind, bei all der Bewunderung, die sie erfahren, oft auch Problemkinder. Es fängt damit an, dass die Familie sie bewundert. »Was haben wir doch für ein schlaues Kind«, freuen sich die Eltern. Und Oma erzählt es stolz jedem Nachbarn und Bekannten: »Mein Enkel! Ein richtiges Genie …« Echt nervig!

Manuel war so ein »Genie«. Natürlich Klassenbester in den ersten Schuljahren. Freunde hatte er nicht, den Klassenkameraden war er fast unheimlich. Mit diesem »Streber« wollte niemand was zu tun haben.

Dann plötzlich war es in der 4. Klasse mit den Traum-Zensuren wie abgerissen. Ein Rätsel! Wirklich ein Rätsel? Eher nicht. Manuel ließ sich absichtlich hängen, um mit den anderen auf einem Niveau zu sein. Aber damit nicht genug. Es gab richtigen Ärger und einen Tadel obendrein, als er sich dabei erwischen ließ, das Türschloss vom Lehrerzimmer mit einem Schnellkleber vollzukleistern. Dadurch war die Tür gar nicht mehr aufzuschließen, und die Lehrer mussten draußen bleiben. Der Hausmeister brauchte zwei Stunden lang, um das Problem zu lösen.

»Nun sag uns doch mal, Manuel«, fragte der Rektor, »warum musst denn gerade *du* dich zum Klassenclown machen?«

Da zuckte der Übeltäter nur mit den Schultern. Aber die Antwort war ja im Grunde auch klar: Manuel wollte seinen Mitschülern imponieren, ihnen sagen: Schaut mal her, was ich mich traue!

Nun setzten sich die Lehrer mit den Eltern und einer Kinderpsychologin an einen Tisch und berieten, wie sie den »Fall Manuel« lösen könnten. Und was bei Konferenzen ja nicht immer der Fall ist, traf hier ein: Es wurde eine Lösung gefunden. Und die sah so aus:

Die Psychologin wurde in den Unterricht gebeten, um das Thema der Hochbegabten anzusprechen. Manuels Name fiel dabei nicht. Und so bekamen die Schüler mit, was es mit den Hochbegabten so auf sich hat. »Es gibt keine normalen und unnormalen Kinder«, erklärte die Expertin, »ein hochbegabtes Kind kann nichts dafür, dass es weiter ist als andere. Es sind Menschen wie du und ich, und es gibt auch keinen Grund, auf sie neidisch zu sein oder sie für arrogant zu halten …« Dann durften alle ihren eigenen IQ-Test machen und das Ergebnis für sich behalten. Nur die mit hohem IQ »outeten« sich. Manuel übrigens nicht.

Das hatte offenbar gesessen! Es dauerte einige Monate, dann war Manuel von den meisten akzeptiert – und seine Leistungen in der Schule zogen wieder an. Einigen gab er sogar Nachhilfe. Dieser »schnelle Brüter« erwies sich als cooler Typ. Wie schön, dass er mal den Unsinn mit der Tür vom Lehrerzimmer gemacht hatte. Sonst hätte sich niemand um seine Befindlichkeit gekümmert.

# DIE KLUGE BAUERNTOCHTER

Es war einmal ein armer Bauer, der hatte kein Land, nur ein kleines Häuschen und eine einzige Tochter. Da sprach die Tochter: »Wir sollten den Herrn König um ein Stückchen Brachland bitten.« Da der König ihre Armut hörte, schenkte er ihnen auch ein Eckchen Rasen, den hackten sie und ihr Vater um und wollten ein wenig Korn und derart Frucht darauf säen.

Als sie den Acker beinah herumhatten, so fanden sie in der Erde einen Mörser von purem Gold. »Höre«, sagte der Vater zu dem Mädchen, »weil unser Herr König so gnädig gewesen ist und uns diesen Acker geschenkt hat, so müssen wir ihm den Mörser dafür geben.« Die Tochter aber wollte es nicht bewilligen und sagte: »Vater, wenn wir den Mörser haben und haben den Stößel nicht, dann müssen wir auch den Stößel herbeischaffen, darum schweigt lieber still.« Er wollt ihr aber nicht gehorchen, nahm den Mörser, trug ihn zum Herrn König und sagte, den hätte er gefunden in der Heide, ob er ihn als eine Verehrung annehmen wollte.

Der König nahm den Mörser und fragte, ob er nichts mehr gefunden hätte. »Nein«, antwortete der Bauer. Da sagte der König, er solle nun auch den Stößel herbeischaffen. Der Bauer sprach, den hätten sie nicht gefunden, aber das half ihm so viel, als hätt er es in den Wind gesagt. Er ward ins Gefängnis geworfen und sollte so lange da sitzen, bis er den Stößel herbeigeschafft hätte. Die Bedienten mussten ihm täglich Wasser und Brot bringen, was man so in dem Gefängnis kriegt. Da hörten sie, wie der Mann in einem fort schrie: »Ach, hätt ich meiner Tochter gehört! Ach, ach, hätt ich auf meine Tochter gehört!«

Da gingen die Bedienten zum König und erzählten, dass der Gefangene immerfort schrie: »Ach, hätt ich doch meiner Tochter gehört!«, und wollte nicht essen und nicht trinken. Da befahl er den Bedienten, sie sollten den Gefangenen vor ihn bringen, und da fragte ihn der Herr König, warum er also fort schrie »Ach, hätt ich meiner Tochter gehört!«.

»Was hat Eure Tochter denn gesagt?«

»Ja, sie hat gesprochen, ich sollte den Mörser nicht bringen, sonst müsst ich auch den Stößel schaffen.«

»Habt Ihr so eine kluge Tochter, so lasst sie einmal herkommen.«

Also musste sie vor den König kommen, der fragte sie, ob sie denn so klug wäre, und sagte, er wollte ihr ein Rätsel aufgeben, wenn sie das treffen könnte, dann wollte er sie heiraten. Da sprach sie gleich Ja, sie wollt's erraten. Da sagte der König: »Komm zu mir, nicht gekleidet, nicht nackend, nicht geritten, nicht gefahren, nicht in dem Weg, nicht außer dem Weg, und wenn du das kannst, will ich dich heiraten.« Da ging sie hin, zog sich splinternackend aus, da war sie nicht gekleidet, nahm ein großes Fischgarn und setzte sich hinein und wickelte es ganz um sich herum, da war sie nicht nackend. Dann borgte sie einen Esel fürs Geld und band dem Esel das Fischgarn an den Schwanz, darin er sie fortschleppen musste, was nicht geritten und nicht gefahren war. Der Esel musste sie aber in der Fahrrinne schleppen, sodass sie nur mit der großen Zehe auf die Erde kam, und das war nicht in dem Weg und nicht außer dem Wege. Und wie sie so daherkam, sagte der König, sie hätte das Rätsel getroffen und es wäre alles erfüllt. Da ließ er ihren Vater aus dem Gefängnis und nahm sie zur Gemahlin und befahl ihr das ganze königliche Gut an.

Nun waren etliche Jahre herum, als der Herr König einmal auf die Parade zog, da trug es sich zu, dass Bauern mit ihren Wagen vor dem Schloss hielten, die hatten Holz verkauft. Etliche hatten Ochsen vorgespannt, und etliche Pferde. Da war ein Bauer, der hatte drei Pferde, davon kriegte eins ein junges Füllen, das lief weg und legte sich mitten zwischen zwei Ochsen, die vor dem Wagen waren. Als nun die Bauern zusammenkamen, fingen sie an sich zu zanken, zu schmeißen und zu lärmen und der Ochsenbauer wollte das Füllen behalten und sagte, die Ochsen hätten's gehabt. Der andere sagte Nein, seine Pferde hätten's gehabt, und es wäre sein.

Der Zank kam vor den König, und er tat den Ausspruch, wo das Füllen gelegen hätte, da sollte es bleiben. Und also bekam es der Ochsenbauer, dem es doch nicht gehörte. Da ging der andere weg, weinte und lamentierte über sein Füllen. Nun hatte er gehört, dass die Frau Königin so gnädig wäre, weil sie auch von armen Bauersleuten gekommen wäre. Er ging zu ihr und bat sie, ob sie ihm nicht helfen könnte, dass er sein Füllen wiederbekäme. Da sagte sie: »Ja, wenn Ihr mir versprecht, dass Ihr mich nicht verraten wollt, so will ich's Euch sagen. Morgen früh, wenn der König auf der Wachtparade ist, so stellt Euch mitten in die Straße hin, wo er vorbeikommen muss, nehmt ein großes Fischgarn und tut, als fischtet Ihr, und fischt also fort und schüttet das Garn aus, als wenn Ihrs voll hättet.« Sie sagte ihm auch, was er antworten sollte, wenn er vom König gefragt würde.

Also stand der Bauer am andern Tag da und fischte auf einem trockenen Platz. Wie der König vorbeikam und das sah, schickte er seinen Laufer hin, der sollte fragen, was der närrische Mann vorhätte. Da gab er zur Antwort: »Ich fische.« Fragte der Laufer, wie er fischen könnte, es wäre ja kein Wasser da. Da sagte der Bauer: »So gut als zwei Ochsen können ein Füllen kriegen, so gut kann ich auch auf dem trockenen Platz fischen.«

Der Laufer ging hin und brachte dem König die Antwort, da ließ er den Bauer vor sich kommen und sagte ihm, das hätte er sich nicht selbst ausgedacht, von wem er das hätte, er solle es gleich bekennen. Der Bauer aber wollt's nicht tun und sagte immer: Gott bewahre, er hätt es von sich. Sie legten ihn aber auf ein Gebund Stroh und schlugen und drangsalierten ihn so lange, bis er's bekannte, dass er's von der Frau Königin hätte.

Als der König nach Haus kam, sagte er zu seiner Frau: »Warum bist du so falsch mit mir, ich will dich nicht mehr zur Gemahlin: Deine Zeit ist um, geh wieder hin, woher du gekommen bist, in dein Bauernhäuschen.« Doch erlaubte er ihr eins, sie sollte sich das Liebste und Beste mitnehmen, was sie wüsste, und das sollte ihr Abschied sein. Sie sagte: »Ja, lieber Mann, wenn du es so befiehlst, will ich es auch tun«, und fiel über ihn her und küsste ihn und sprach, sie wollte Abschied von ihm nehmen. Dann ließ sie einen starken Schlaftrunk kommen, um Abschied mit ihm zu trinken. Der König tat einen großen Zug, sie aber trank nur ein wenig. Da geriet er bald in einen tiefen Schlaf, und als sie das sah, rief sie einen Bedienten und nahm ein schönes weißes Linnentuch und wickelte ihn da hinein. Die Bedienten mussten ihn in einen Wagen vor die Türe tragen, und sie fuhr ihn heim in ihr Häuschen.

Da legte sie ihn in ihr Bettchen, und er schlief Tag und Nacht in einem fort und als er aufwachte, sah er sich um und sagte: »Ach Gott, wo bin ich denn?« Er rief nach seinen Bedienten, aber es war keiner da. Endlich kam seine Frau vors Bett und sagte: »Lieber Herr König, Ihr habt mir befohlen, ich sollte das Liebste und Beste aus dem Schloss mitnehmen, nun hab ich nichts Besseres und Lieberes als dich, da hab ich dich mitgenommen.« Dem König stiegen die Tränen in die Augen, und er sagte: »Liebe Frau, du sollst mein sein und ich dein«, und nahm sie wieder mit ins königliche Schloss und ließ sich aufs Neue mit ihr vermählen. Und wenn sie nicht gestorben sind, werden sie ja wohl noch auf den heutigen Tag leben.

## ~ *Beipackzettel* ~

Die meisten Menschen, die nicht gerade die Veranlagung zum »Bestimmer« haben, der überall den Ton angeben möchte, schwimmen lieber mit dem Strom, um nicht aufzufallen. Hochbegabte Kinder haben es in so einem Fall besonders schwer. Ob sie es wollen oder nicht, sie vollbringen Höchstleistungen, sei es in Mathematik und Musik, oder sie sind ihrer Altersgruppe verbal haushoch überlegen. Sie fallen auf.

Diese Kinder sind oft nicht stolz darauf, sondern möchten sich von ihren Freunden nicht absetzen und versuchen, ihr Anderssein zu verbergen. Wenn Ihr Kind hochbegabt ist, dann ermuntern Sie es, sein Licht nicht unter den Scheffel zu stellen, sondern sich mit seiner Begabung auseinanderzusetzen und dazu zu stehen. Wie *die kluge Bauerntochter* beherzt ihre intellektuelle Überlegenheit einsetzt, um ihre Liebe zu retten, wird Ihr Kind feststellen, dass wahre Freunde seine Begabungen neidlos schätzen werden.

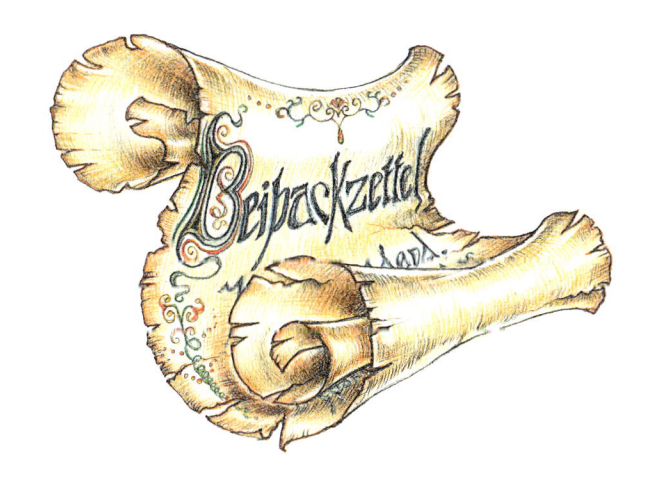

# Unser Kind ist zu ehrgeizig und kann nicht abschalten

»Fleiß ist die Wurzel aller Hässlichkeit« – diese Erkenntnis von Oscar Wilde gilt als die Lebensmaxime der Faulen. Und wirklich: Wohldosiertes Nichtstun schenkt unerwarteten Reichtum in unserer neurotischen und von Termindruck geprägten Zeit.

Man muss eben Prioritäten setzen im Leben. Zwei Menschen, die das gemacht haben, sind Petra und Siegfried. Als sie sich kennenlernten, war schnell klar, dass sie gut zusammenpassen. Beide waren im Arbeitsleben eher zurückhaltend. Da war kein Streben, kein Wunsch, die Karriereleiter hochzuklettern. Was sie verdienten, reichte für den Lebensunterhalt. Und wenn was übrig war, gaben sie es fürs Kulturleben aus. Sie interessierten sich für Kino, Theater, für Ausstellungen, und sie besuchten Lesungen. Das war ihr Hobby. Dafür verreisten sie nicht und gaben auch kein Geld für ein teures Auto oder andere Statussymbole aus. Ihr Alltag war absolut frei von Stress. Mit völligem Unverständnis beobachteten sie ihre Freunde, die wie Hamster im Laufrad durchs Leben strampelten und sich dabei kaputt machten.

Nach der Hochzeit kam auch mal Bewegung ins Spiel. Und neun Monate später war der kleine David da. Doch der entwickelte sich leider nicht so, wie es sich die Eltern erhofft hatten.

David schlug völlig aus der Art und wurde ein richtiger Aktivomat. Schon morgens um fünf sprang er aus dem Bett, um Zeitungen auszuteilen. Danach freute er sich regelrecht, wenn er in die Schule ging. Brachte erstaunliche Schulnoten mit nach Hause. Wenn er mal in einem Aufsatz nur eine »2« schrieb, war das für ihn schon eine Pleite. Er war dann sehr unglücklich und machte sich Vorwürfe. Eine »2« war für ihn wie eine »6«. Der Junge interessierte sich eigentlich für alles, las in jeder freien Minute Bücher. Mark Twain hatte es ihm angetan und als er zwölf war, hatte er schon Tolstois Klassiker *Krieg und Frieden* verschlungen.

Alles, was er lernen konnte, sog er auf wie ein Schwamm. Aber sein Eifer machte ihn auch einsam, denn für Freunde nahm er sich keine Zeit. Auch der Dialog mit den Eltern verstummte nach und nach. Man sah sich gerade mal beim Essen, dann verschwand David wieder in seinem Zimmer. Er musste lernen! Im Grunde lebten sie nicht miteinander, sondern nebeneinander. Das hatte allmählich Folgen: David wurde zunehmend ungehalten, nervös und hektisch. Ein Nervenbündel. Und das bei Eltern, deren Leitmotiv die Ruhe war. Was war da mit den Genen los?

Petra und Siegfried sahen, dass ihr Sohn verzweifelte, weil er sich ständig selbst überforderte. Dann kam es zu einem familiären »Entschleunigungs-Gespräch«. Um ihn wieder zu einem normalen Pensum zurückzubringen, beschlossen die Eltern gemeinsame Aktivitäten. Sie waren ganz schön überrascht, als David einem Kochkurs für Familien an der Volkshochschule zustimmte. Da hatten alle zusammen ihren Spaß, und Davids Kartoffelsuppe ist noch heute in aller Munde (das kann man ganz wörtlich nehmen).

Damit nicht genug: Einmal in der Woche gingen sie zum Squash. Danach ist man ja völlig ausgelaugt und braucht erst einmal eine Erfrischung. Das war eine gute Chance für die Eltern, ihrem Sohn klarzumachen, dass sie ihn ja wegen seiner emsigen Lernerei durchaus bewundern … »Wirklich?«, fragte David überrascht und hörte seinem Vater aufmerksam zu. »Natürlich muss man viel vom Leben wissen«, sagte er, »aber zum Leben gehört nicht nur das Streben …« Da fiel Petra ihrem Mann mit ungewollter Komik ins Wort: »Dein Papa weiß, wovon er spricht!«, sagte sie. Aber der ließ sich nicht aus dem Konzept bringen und führte weiter aus: »Wir alle dürfen den Blick fürs Schöne nicht verlieren. Man kann so viele tolle Dinge machen, und die werden sogar noch schöner, wenn man sie zusammen macht!«

MORGENSTUND HAT GOLD IM MUND

# DER FAULE HEINZ

Heinz war faul, und obgleich er weiter nichts zu tun hatte, als seine Ziege täglich auf die Weide zu treiben, so seufzte er dennoch, wenn er nach vollbrachtem Tagewerk abends nach Hause kam. »Es ist in Wahrheit eine schwere Last«, sagte er, »und ein mühseliges Geschäft, so eine Ziege jahraus, jahrein bis in den späten Herbst ins Feld zu treiben. Und wenn man sich noch dabei hinlegen und schlafen könnte! Aber nein, da muss man die Augen aufhaben, damit sie die jungen Bäume nicht beschädigt, durch die Hecke in einen Garten dringt oder gar davonläuft. Wie soll da einer zur Ruhe kommen und seines Lebens froh werden!« Er setzte sich, sammelte seine Gedanken und überlegte, wie er seine Schultern von dieser Bürde frei machen könnte. Lange war alles Nachsinnen vergeblich, plötzlich fiel's ihm wie Schuppen von den Augen. »Ich weiß, was ich tue«, rief er aus, »ich heirate die dicke Trine, die hat auch eine Ziege und kann meine mit austreiben, so brauche ich mich nicht länger zu quälen.«

Heinz erhob sich also, setzte seine müden Glieder in Bewegung, ging quer über die Straße, denn weiter war der Weg nicht, wo die Eltern der dicken Trine wohnten, und hielt um ihre arbeitsame und tugendreiche Tochter an. Die Eltern besannen sich nicht lange, »Gleich und Gleich gesellt sich gern«, meinten sie und willigten ein. Nun ward die dicke Trine Heinzens Frau und trieb die beiden Ziegen aus. Heinz hatte gute Tage und brauchte sich von keiner andern Arbeit zu erholen als von seiner eigenen Faulheit. Nur dann und wann ging er mit hinaus und sagte: »Es geschieht bloß, damit mir die Ruhe hernach desto besser schmeckt: man verliert sonst alles Gefühl dafür.«

Aber die dicke Trine war nicht minder faul. »Lieber Heinz«, sprach sie eines Tages, »warum sollen wir uns das Leben ohne Not sauer machen und unsere beste Jugendzeit verkümmern? Ist es nicht besser, wir geben die beiden Ziegen, die jeden Morgen einen mit ihrem Meckern im besten Schlafe stören, unserm Nachbarn, und der gibt uns einen Bienenstock dafür? Den Bienenstock stellen wir an einen sonnigen Platz hinter das Haus und bekümmern uns weiter nicht darum. Die Bienen brauchen nicht gehütet und nicht ins Feld getrieben zu werden. Sie fliegen aus, finden den Weg nach Haus von selbst wieder und sammeln Honig, ohne dass es uns die geringste Mühe macht.«

»Du hast wie eine verständige Frau gesprochen«, antwortete Heinz, »deinen Vorschlag wollen wir ohne Zaudern ausführen: außerdem schmeckt und nährt der Honig besser als die Ziegenmilch und lässt sich auch länger aufbewahren.«

Der Nachbar gab für die beiden Ziegen gerne einen Bienenstock. Die Bienen flogen unermüdlich vom frühen Morgen bis zum späten Abend aus und ein und füllten den Stock mit dem schönsten Honig, sodass Heinz im Herbst einen ganzen Krug voll herausnehmen konnte.

Sie stellten den Krug auf ein Brett, das oben an der Wand in ihrer Schlafkammer befestigt war, und weil sie fürchteten, er könnte ihnen gestohlen werden oder die Mäuse könnten darübergeraten, so holte Trine einen starken Haselstock herbei und legte ihn neben ihr Bett, damit sie ihn, ohne unnötigerweise aufzustehen, mit der Hand erreichen und die ungebetenen Gäste von dem Bette aus verjagen könnte.

Der faule Heinz verließ das Bett nicht gerne vor Mittag: »Wer früh aufsteht«, sprach er, »sein Gut verzehrt.« Eines Morgens, als er so am hellen Tage noch in den Federn lag und von dem langen Schlaf ausruhte, sprach er zu seiner Frau: »Die Weiber lieben die Süßigkeit und du naschest von dem Honig. Es ist besser, ehe er von dir allein ausgegessen wird, dass wir dafür eine Gans mit einem jungen Gänslein erhandeln.«

»Aber nicht eher«, erwiderte Trine, »als bis wir ein Kind haben, das sie hütet. Soll ich mich etwa mit den jungen Gänsen plagen und meine Kräfte dabei unnötigerweise zusetzen?«

»Meinst du«, sagte Heinz, »der Junge werde Gänse hüten? Heutzutage gehorchen die Kinder nicht mehr. Sie tun nach ihrem eigenen Willen, weil sie sich klüger dünken als die Eltern, gerade wie jener Knecht, der die Kuh suchen sollte und drei Amseln nachjagte.«

»O«, antwortete Trine, »dem soll es schlecht bekommen, wenn er nicht tut, was ich sage. Einen Stock will ich nehmen und mit ungezählten Schlägen ihm die Haut gerben. Siehst du, Heinz«, rief sie in ihrem Eifer und fasste den Stock, mit dem sie die Mäuse verjagen wollte, »siehst du, so will ich auf ihn losschlagen.«

Sie holte aus, traf aber unglücklicherweise den Honigkrug über dem Bette. Der Krug sprang wider die Wand und fiel in Scherben herab, und der schöne Honig floss auf den Boden. »Da liegt nun die Gans mit dem jungen Gänslein«, sagte Heinz, »und braucht nicht gehütet zu werden. Aber ein Glück ist es, dass mir der Krug nicht auf den Kopf gefallen ist, wir haben alle Ursache, mit unserm Schicksal zufrieden zu sein.« Und da er in einer Scherbe noch etwas Honig bemerkte, so langte er danach und sprach ganz vergnügt: »Das Restchen, Frau, wollen wir uns noch schmecken lassen und dann nach dem gehabten Schrecken ein wenig ausruhen, was tuts, wenn wir etwas später als gewöhnlich aufstehen, der Tag ist doch noch lang genug.«

»Ja«, antwortete Trine, »man kommt immer noch zu rechter Zeit. Weißt du, die Schnecke war einmal zur Hochzeit eingeladen, machte sich auf den Weg, kam aber zur Kindstaufe an. Vor dem Hause stürzte sie noch über den Zaun und sagte: ›Eilen tut nicht gut.‹«

## ~ Beipackzettel ~

Eltern von faulen Kindern werden Sie um Ihr ehrgeiziges Schulkind beneiden. Doch für ein Kind ist nicht nur das Aufsaugen von Wissen wichtig. Kinderseelen benötigen ebenso entspannende Impulse. Sie brauchen dringend schöne Erlebnisse mit ihren Eltern außerhalb der Schule. Vermitteln Sie Ihrem Kind, dass es nicht nur geliebt wird, weil es gute Noten nach Hause bringt. Wer sich nur über seine Noten definiert und nichts anderes hat, kann bei der ersten Niederlage aus der Bahn geworfen werden.

Lesen Sie mit Ihrem Kind die Geschichte vom *faulen Heinz*. Freuen Sie sich an Trines und seinem einfachen Glück. Sprechen Sie über dieses völlig andere Lebenskonzept und lachen Sie gemeinsam darüber. »Sich regen bringt Segen« sollte wie alles im Leben nicht übertrieben werden. Zeigen Sie Ihrem Kind, dass es außerhalb der Schule noch viel Schönes zu entdecken gibt.

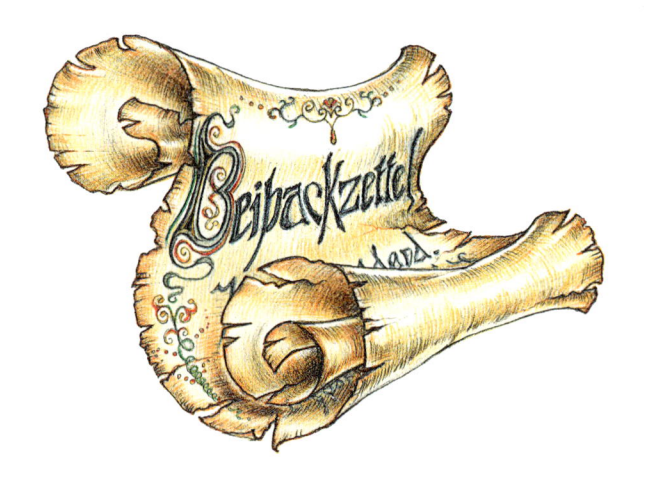

# Unser Kind chattet zu viel im Internet

Viele glauben ja noch, dass Einbrecher nur durch Türen und Fenster ins Haus kommen können. Aber so ist es heute nicht mehr. Auch Eindringlinge gehen mit der Zeit und lassen sich neue hinterhältige Tricks einfallen. Und das ist sogar ziemlich einfach: Wer Böses im Sinn hat, kommt auch durch den Computer. In diesem Ding lauern Gefahren, die man nicht unterschätzen darf.

Wenn Simones Mutter abends noch mal einkaufen ging, sagte sie zu ihr immer: »Ich bin dann mal weg. Habe Schlüssel dabei. Wenn jemand klingelt, machst du nicht die Tür auf, mein Schatz!«

Simone zog bei dieser üblichen Ansprache nur die Augenbrauen hoch und erwiderte genervt: »Mama, ich bin zwölf und kein kleines Kind mehr …«

Dann war die Mutter weg und Simone machte den Computer an. Im Internet hatte sie ein gleichaltriges Mädchen kennengelernt und mit ihr über alles Mögliche gechattet. Sie hieß Leonie und wohnte nur fünf Kilometer von Simone entfernt, wie sich herausstellte. Simone schaltete die Webcam ein, so konnte Leonie sie »live« sehen. »Meine Webcam ist gerade kaputt«, schrieb Leonie, »du kannst mich leider nicht sehen. Aber wir könnten uns doch mal verabreden. Mein Onkel Harry macht ganz tolle Fotos. Ich bin mit ihm am Sonnabend verabredet, da will er mich fotografieren. Komm doch einfach vorbei, dann macht er auch von dir ein paar schöne Bilder.«

Klar, dachte Simone, da geh ich hin. Lerne ich Leonie kennen, und neue Porträts krieg ich auch noch. Dann verabredeten sie sich. Und als die Mama vom Einkaufen zurückkam und fragte: »Na, alles in Ordnung?«, nickte Simone nur.

Das Treffen am Sonnabend verlief allerdings ganz anders als erwartet. Da kam ein Typ auf sie zu und meinte: »Ich bin der Harry, Leonies Onkel. Du musst die Simone sein. Leonie musste ganz plötzlich mit ihrem Vater zur Oma fahren, die ist gestürzt und braucht dringend Hilfe. Ich hätte bei dir abgesagt, aber ich weiß ja nicht, wie du zu erreichen bist. Und umsonst solltest du nun auch nicht kommen, das wär doch blöd für dich gewesen.«

Simone fand das ganz nett, aber enttäuscht war sie trotzdem. Dann schlug

Harry vor, in einer Waldlichtung ein paar Fotos zu machen. Aber plötzlich forderte er, sie solle sich doch ein bisschen ausziehen. »Ist ja ziemlich heiß heute …«

Da zögerte Simone zuerst und machte dann doch den obersten Knopf ihrer Bluse auf. Harry lachte. »Musst du ja nicht«, meinte er, »ein paar schöne Fotos hab ich ja von dir schon im Kasten.« Endlich Ende des Shootings, dachte Simone. In diesem Augenblick drückte Harry sie ganz fest an sich, küsste sie und begrapschte sie am Po. Simone befreite sich und lief schreiend davon, direkt in die Arme einer jungen Frau, die mit ihrem Hund spazieren ging. Die rief über Handy die Polizei. Aber Harry war über alle Berge.

Die Freundin Leonie gab es gar nicht, wie sich herausstellte. Das war Harrys »Geschöpf«, um an Mädchen heranzukommen.

Die Eltern waren froh, dass ihre Tochter alles halbwegs gut überstanden hatte. Sie machten ihr auch keine Vorwürfe. Eine solche Hinterhältigkeit hätten sie ja selbst nicht für möglich gehalten. Simone weiß jetzt: Immer wachsam sein! Das Böse kann auch durch ein kleines Elektrokabel kommen.

# DER WOLF UND DIE SIEBEN JUNGEN GEISSLEIN

Es war einmal eine alte Geiß, die hatte sieben junge Geißlein. Sie hatte sie so lieb, wie eine Mutter ihre Kinder lieb hat. Eines Tages wollte sie in den Wald gehen und Futter holen. Da rief sie alle sieben herbei und sprach: »Liebe Kinder, ich muss hinaus in den Wald. Seid inzwischen brav, sperrt die Türe gut zu und nehmt euch in Acht vor dem Wolf! Denn wenn er hereinkommt, frisst er euch mit Haut und Haaren. Der Bösewicht verstellt sich oft, aber an seiner rauen Stimme und an seinen schwarzen Pfoten werdet ihr ihn gleich erkennen.«

Die Geißlein sagten: »Liebe Mutter, wir wollen uns schon in Acht nehmen, du kannst ohne Sorge fortgehen.« Da meckerte die Alte und machte sich getrost auf den Weg.

Es dauerte nicht lange, da klopfte jemand an die Haustür und rief: »Macht auf, ihr lieben Kinder, eure Mutter ist da und hat jedem von euch etwas Schönes mitgebracht!« Aber die Geißlein hörten an der rauen Stimme, dass es der Wolf war. »Wir machen nicht auf«, riefen sie, »du bist nicht unsere Mutter. Die hat eine feine und liebliche Stimme, deine Stimme aber ist rau. Du bist der Wolf!«

Da ging der Wolf fort zum Krämer und kaufte sich ein großes Stück Kreide. Er fraß es auf und machte damit seine Stimme fein. Dann kam er zurück, klopfte an die Haustür und rief: »Macht auf, ihr lieben Kinder, eure Mutter ist da und hat jedem von euch etwas Schönes mitgebracht!«

Aber der Wolf hatte seine schwarze Pfote auf das Fensterbrett gelegt. Das sahen die Kinder und riefen: »Wir machen nicht auf! Unsere Mutter hat keine schwarzen Pfoten wie du. Du bist der Wolf!« Sie sprangen hin und verriegelten die Tür noch einmal.

Da lief der Wolf zum Bäcker und sprach: »Ich habe mir den Fuß gestoßen, streich mir Teig darüber!« Als ihm der Bäcker die Pfote bestrichen hatte, lief er zum Müller und sprach: »Streu mir weißes Mehl auf meine Pfote!« Der Müller dachte, der Wolf wolle jemanden betrügen, und weigerte sich. Der Wolf aber sprach: »Wenn du es nicht tust, fresse ich dich!« Da fürchtete sich der Müller und machte ihm die Pfote weiß.

Nun ging der Bösewicht zum dritten Mal zur Haustür, klopfte an und sprach: »Macht auf, ihr lieben Kinder, euer Mütterchen ist da und hat jedem von euch etwas aus dem Wald mitgebracht!« Die Geißlein riefen: »Zeig uns erst deine Pfote, damit wir wissen, dass du unser liebes Mütterchen bist.« Da legte der Wolf die Pfote auf das Fensterbrett. Als die Geißlein sahen, dass sie weiß war, glaubten sie, es wäre alles wahr, was er sagte, und öffneten die Tür.

Wer aber hereinkam, war der Wolf! Die Geißlein erschraken und wollten sich verstecken: Das eine sprang unter den Tisch, das zweite ins Bett, das dritte in den Ofen, das vierte in die Küche, das fünfte in den Schrank, das sechste unter die Waschschüssel und das siebente in den Kasten der Wanduhr. Aber der Wolf fand sie und verschluckte eines nach dem anderen. Nur das jüngste in dem Uhrkasten, das fand er nicht. Als der Wolf satt war, trollte er sich fort, legte sich draußen auf der grünen Wiese unter einen Baum und fing an zu schlafen.

Nicht lange danach kam die alte Geiß aus dem Walde wieder heim. Ach, was musste sie da erblicken! Die Haustür stand sperrangelweit offen, Tisch, Stühle und Bänke waren umgeworfen, die Waschschüssel lag in Scherben, Decken und Polster waren aus dem Bett gezogen. Sie suchte ihre Kinder, aber nirgends waren sie zu finden. Sie rief sie nacheinander bei ihren Namen, aber niemand antwortete. Endlich, als sie das jüngste rief, antwortete eine feine Stimme: »Liebe Mutter, ich stecke im Uhrkasten!«

Da holte die Mutter das junge Geißlein aus seinem Versteck heraus, und es erzählte ihr, dass der Wolf gekommen wäre und die anderen alle gefressen hätte. Ihr könnt euch denken, wie da die alte Geiß über ihre armen Kinder geweint hat!

Endlich ging sie in ihrem Jammer hinaus, und das jüngste Geißlein lief mit ihr. Als sie auf die Wiese kamen, lag der Wolf noch immer unter dem Baum und schnarchte, dass die Äste zitterten. Die alte Geiß betrachtete ihn von allen Seiten und sah, dass sich etwas in seinem vollen Bauch regte und zappelte. Ach, Gott, dachte sie, sollten meine armen Kinder, die er zum Nachtmahl hinuntergewürgt hat, noch am Leben sein?

Sie schickte das Geißlein nach Hause, um Schere, Nadel und Zwirn zu holen. Dann schnitt die alte Geiß dem Bösewicht den Bauch auf. Kaum hatte sie den ersten Schnitt getan, da streckte auch schon ein Geißlein das Köpfchen heraus. Und als sie weiterschnitt, sprangen nacheinander alle sechs nach draußen. Alle waren heil und gesund, denn der Wolf hatte sie in seiner Gier ganz hinuntergeschluckt.

Das war eine Freude! Da herzten sie ihre liebe Mutter und hüpften vergnügt auf der Wiese herum. Die Alte aber sprach: »Jetzt geht und sucht große Steine, damit wollen wir dem bösen Tier den Bauch füllen, solange es noch im Schlafe liegt.« Da schleppten die sieben Geißlein in aller Eile Steine herbei und stopften ihm so viele in den Bauch, als sie nur hineinbringen konnten. Dann nähte ihn die Alte in aller Geschwindigkeit wieder zu, sodass der Wolf nichts merkte und sich nicht einmal regte.

Als er endlich ausgeschlafen war, machte er sich auf die Beine. Und weil ihm die Steine im Magen großen Durst verursachten, wollte er zu einem Brunnen gehen und trinken. Als er aber anfing zu laufen, stießen die Steine in seinem Bauch aneinander und wackelten. Da rief er: »Was rumpelt und pumpelt in meinem Bauch herum? Ich meinte, es wären sechs Geißelein, doch sind's lauter Wackerstein.« Und als er an den Brunnen kam und sich über das Wasser bückte und trinken wollte, da zogen ihn die schweren Steine hinein, und er musste jämmerlich ersaufen.

Als die sieben Geißlein das sahen, kamen sie eilig herbeigelaufen und riefen laut: »Der Wolf ist tot! Der Wolf ist tot!« Und sie fassten einander an den Händen und tanzten mit ihrer Mutter vor Freude um den Brunnen herum.

## ~ *Beipackzettel* ~

Das Internet bietet eine der perfidesten Möglichkeiten, in Kinderzimmer einzudringen. Das Märchen vom *Wolf und den sieben jungen Geißlein* eignet sich sehr gut, um Ihren Kindern die Gefahren deutlich zu machen. Mutter Geiß weist ihre Sprösslinge auf alle möglichen Erkennungszeichen des Bösen hin und stellt klare Regeln auf, wem die Tür geöffnet werden darf und wem nicht. Trotzdem verschafft sich der Wolf Zutritt, denn für ihn als Erwachsenen ist es eine Kleinigkeit, die Kinder auszutricksen. Wie im Märchen die Geißlein, können die Kinder im Internet ihr Gegenüber nicht sehen und nie genau wissen, auf wen sie sich einlassen.

Lesen Sie das Märchen gemeinsam mit Ihren Kindern. Sprechen Sie mit ihnen über deren Kontakte im Internet. Versäumen Sie es niemals, sich über mögliche Treffen zu informieren, und begleiten Sie Ihre Schützlinge unbedingt zum ersten persönlichen Kennenlernen.

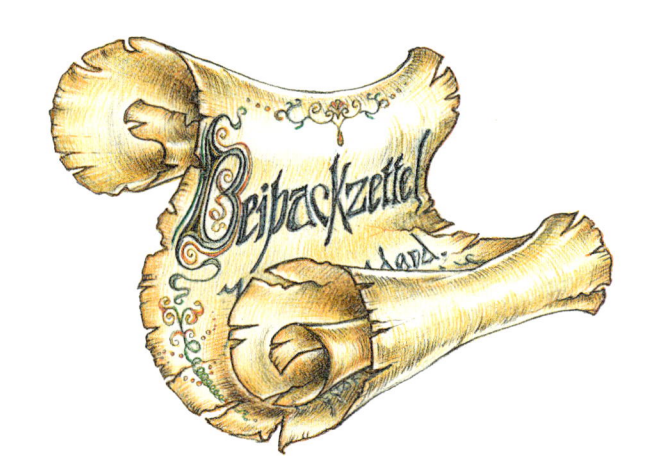

# Unsere Kinder kümmern sich schlecht um ihre Haustiere

Eigentlich hatte Herr Schmidt sich mit seinem Schicksal schon abgefunden. Der Mischlingsrüde döste in seiner Tierheim-Zelle vor sich hin und träumte von den besseren Zeiten, die er mal erlebt hatte – vom Spiel mit anderen Hunden am See, von dem Erfrischungsbad, von Frauchens liebevollen Streicheleinheiten und den leckeren Hundedrops, die er immer als Belohnung bekam, wenn er brav zur Stelle war.

»Das war ein verdammt schönes Leben damals«, dachte sich Herr Schmidt. Bis zu jenem Tag, als Frauchen heiratete. Der Mann mochte keine Hunde, auch Herrn Schmidt nicht. Er trat ihn mit den Füßen, vergaß, ihm den Wassernapf zu füllen, und wenn Herr Schmidt mal ein »hundliches« Bedürfnis verspürte, nahm der neue Hausherr davon keine Notiz. Besonders enttäuscht war Herr Schmidt aber von seinem Freund Lutze, Frauchens Sohn. Der war lange sein bester Spielgefährte. Aber Lutze spielte jetzt nur noch am Computer, und wenn Herr Schmidt zu ihm kam, beachtete er ihn kaum. Das machte ihn sehr traurig. Seine Menschen waren zwar da, aber nicht für ihn. Hundeseelenallein fühlte er sich.

Als Frauchen dann abends von der Arbeit kam, wunderte sie sich, dass ihr kleiner Hundeliebling so traurig in der Ecke lag. Dann fragte sie ihren Mann, aber der sagte nur: »Alles in Ordnung, keine Probleme, mein Schatz! Mit Herrn Schmidt ist alles okay.«

Von wegen! Am nächsten Tag ging es weiter wie gehabt. Irgendwann hatte er – und in diesem Fall kann man das ja wirklich sagen – die Schnauze voll. Er büxte aus, schlug sich durch den Dschungel der Großstadt. Das war auch nicht einfach, aber immer noch besser als bei dem Ekel zu Hause. Aber Mitleid hatte er auch. Mit seinem Frauchen: »So einen hat sie nun wirklich nicht verdient«, dachte sich Herr Schmidt.

Hunde – und all die »Kollegen« wie Katzen, Hamster, Piepmätze usw. – haben nämlich ihr Herz nicht nur zum Schlagen. Sie können damit fühlen, sich freuen und auch leiden. Tiere haben eine Seele. Und sie wollen respektiert werden. Das vergessen die Menschen manchmal, wenn sie in hektischen Zeiten nur an sich denken.

Eines Tages entdeckten ihn zwei Männer in Uniform und brachten ihn ins nächste Tierheim. Während Herr Schmidt dort über den Hundegott und die Welt nachdachte, konnte er nicht ahnen, dass der »größte, beste, leckerste Hundeknochen seines Lebens« schon auf ihn wartete …

Da kam ein junges Paar mit zwei Kindern. Als sie Herrn Schmidt sahen, waren sie alle aus dem Häuschen. »Ist der süüüüüß!«, sagte der Mann. »Stimmt«, meinte die Frau, »das ist ein ganz Lieber. Der hat Charakter.« Das kleine Mädchen fragte: »Mama, darf der mit zu mir ins Bett?« Und der Junge sagte: »Aber nur, wenn ich immer mit ihm Gassi gehen und danach mit ihm bei uns im Garten spielen kann!«

Herr Schmidt fühlte sich gebauchpinselt. Er baute sich auf wie ein stolzer Hirsch und guckte so treu wie ein Bernhardiner.

Von diesem Zeitpunkt an gehörte er zur Familie. Nun ist er sicher der glücklichste Hund der Welt. Man muss sich die Menschen schon ganz genau ansehen, bevor man sich für sie entscheidet. Er hat alles richtig gemacht. Und wir merken uns: »Von Herrn Schmidt lernen heißt, fürs Leben lernen!«

# DAS WALDHAUS

Ein armer Holzhauer lebte mit seiner Frau und drei Töchtern in einer kleinen Hütte an dem Rande eines einsamen Waldes. Eines Morgens, als er wieder an seine Arbeit wollte, sagte er zu seiner Frau: »Lass mir ein Mittagsbrot von dem ältesten Mädchen hinaus in den Wald bringen, ich werde sonst nicht fertig. Und damit es sich nicht verirrt«, setzte er hinzu, »so will ich einen Beutel mit Hirse mitnehmen und die Körner auf den Weg streuen.«

Als nun die Sonne mitten über dem Walde stand, machte sich das Mädchen mit einem Topf voll Suppe auf den Weg. Aber die Feld- und Waldsperlinge, die Lerchen und Finken, Amseln und Zeisige hatten die Hirse schon längst aufgepickt, und das Mädchen konnte die Spur nicht finden. Da ging es auf gut Glück immer fort, bis die Sonne sank und die Nacht einbrach. Die Bäume rauschten in der Dunkelheit, die Eulen schnarrten, und es fing an, ihm angst zu werden. Da erblickte es in der Ferne ein Licht, das zwischen den Bäumen blinkte. Dort sollten wohl Leute wohnen, dachte es, die mich über Nacht behalten, und ging auf das Licht zu.

Nicht lange, so kam es an ein Haus, dessen Fenster erleuchtet waren. Es klopfte an, und eine raue Stimme rief von drinnen: »Herein!« Das Mädchen trat in die dunkle Diele und pochte an die Stubentür. »Nur herein«, rief die Stimme, und als es öffnete, saß da ein alter, eisgrauer Mann an dem Tisch, hatte das Gesicht auf die beiden Hände gestützt, und sein weißer Bart floss über den Tisch herab fast bis auf die Erde. Am Ofen aber lagen drei Tiere, ein Hühnchen, ein Hähnchen und eine bunt gescheckte Kuh.

Das Mädchen erzählte dem Alten sein Schicksal und bat um ein Nachtlager. Da sprach der Mann:

*»Schön Hühnchen,
schön Hähnchen
und du bunt gescheckte Kuh,
was sagst du dazu?«*

»Duks!«, antworteten die Tiere, und das musste wohl heißen »wir sind es zufrieden«, denn der Alte sprach weiter: »Hier ist Hülle und Fülle, geh hinaus an den Herd und koch uns ein Abendessen.« Das Mädchen fand in der Küche Überfluss an allem und kochte eine gute Speise, aber an die Tiere dachte es nicht.

Es trug die volle Schüssel auf den Tisch, setzte sich zu dem grauen Mann, aß und stillte seinen Hunger. Als es satt war, sprach es: »Aber jetzt bin ich müde, wo ist ein Bett, in das ich mich legen und schlafen kann?« Die Tiere antworteten:

*»Du hast mit ihm gegessen,
du hast mit ihm getrunken,
du hast an uns gar nicht gedacht,
nun sieh auch, wo du bleibst die Nacht.«*

Da sprach der Alte: »Steig nur die Treppe hinauf, so wirst du eine Kammer mit zwei Betten finden, schüttle sie auf, und decke sie mit weißem Linnen, so will ich auch kommen und mich schlafen legen.« Das Mädchen stieg hinauf, und als es die Betten geschüttelt und frisch gedeckt hatte, da legte es sich in das eine, ohne weiter auf den Alten zu warten. Nach einiger Zeit aber kam der graue Mann, beleuchtete das Mädchen mit dem Licht und schüttelte den Kopf. Und als er sah, dass es fest eingeschlafen war, öffnete er eine Falltür und ließ es in den Keller sinken.

Der Holzhauer kam am späten Abend nach Haus und machte seiner Frau Vorwürfe, dass sie ihn den ganzen Tag habe hungern lassen. »Ich habe keine Schuld«, antwortete sie, »das Mädchen ist mit dem Mittagessen hinausgegangen, es muss sich verirrt haben; morgen wird es schon wiederkommen.« Vor Tag aber stand der Holzhauer auf, wollte in den Wald, verlangte, die zweite Tochter solle ihm diesmal das Essen bringen. »Ich will einen Beutel mit Linsen mitnehmen«, sagte er, »die Körner sind größer als Hirse, das Mädchen wird sie besser sehen und den Weg nicht verfehlen können.«

Zur Mittagszeit trug auch das Mädchen die Speise hinaus, aber die Linsen waren verschwunden: Die Waldvögel hatten sie, wie am vorigen Tag, aufgepickt und keine übrig gelassen. Das Mädchen irrte im Walde umher, bis es Nacht ward, da kam es ebenfalls zu dem Haus des Alten, ward hereingerufen und bat um Speise und Nachtlager. Der Mann mit dem weißen Bart fragte wieder die Tiere:

*»Schön Hühnchen,*
*schön Hähnchen*
*und du bunt gescheckte Kuh,*
*was sagst du dazu?«*

Die Tiere antworteten abermals: »Duks!«, und es geschah alles wie am vorigen Tag. Das Mädchen kochte eine gute Speise, aß und trank mit dem Alten und kümmerte sich nicht um die Tiere. Und als es sich nach seinem Nachtlager erkundigte, antworteten sie:

*»Du hast mit ihm gegessen,*
*du hast mit ihm getrunken,*
*du hast an uns gar nicht gedacht,*
*nun sieh auch, wo du bleibst die Nacht.«*

Als es eingeschlafen war, kam der Alte, betrachtete es mit Kopfschütteln und ließ es in den Keller hinab.

Am dritten Morgen sprach der Holzhacker zu seiner Frau: »Schick unser jüngstes Kind mit dem Essen hinaus, das ist immer gut und gehorsam gewesen, das wird auf dem rechten Weg bleiben und nicht wie seine Schwestern, die wilden Hummeln, herumschwärmen.« Die Mutter wollte nicht und sprach: »Soll ich mein liebstes Kind auch noch verlieren?«

»Sei ohne Sorge«, antwortete er, »das Mädchen verirrt sich nicht, es ist zu klug und verständig; zum Überfluss will ich Erbsen mitnehmen und ausstreuen, die sind noch größer als Linsen und werden ihm den Weg zeigen.«

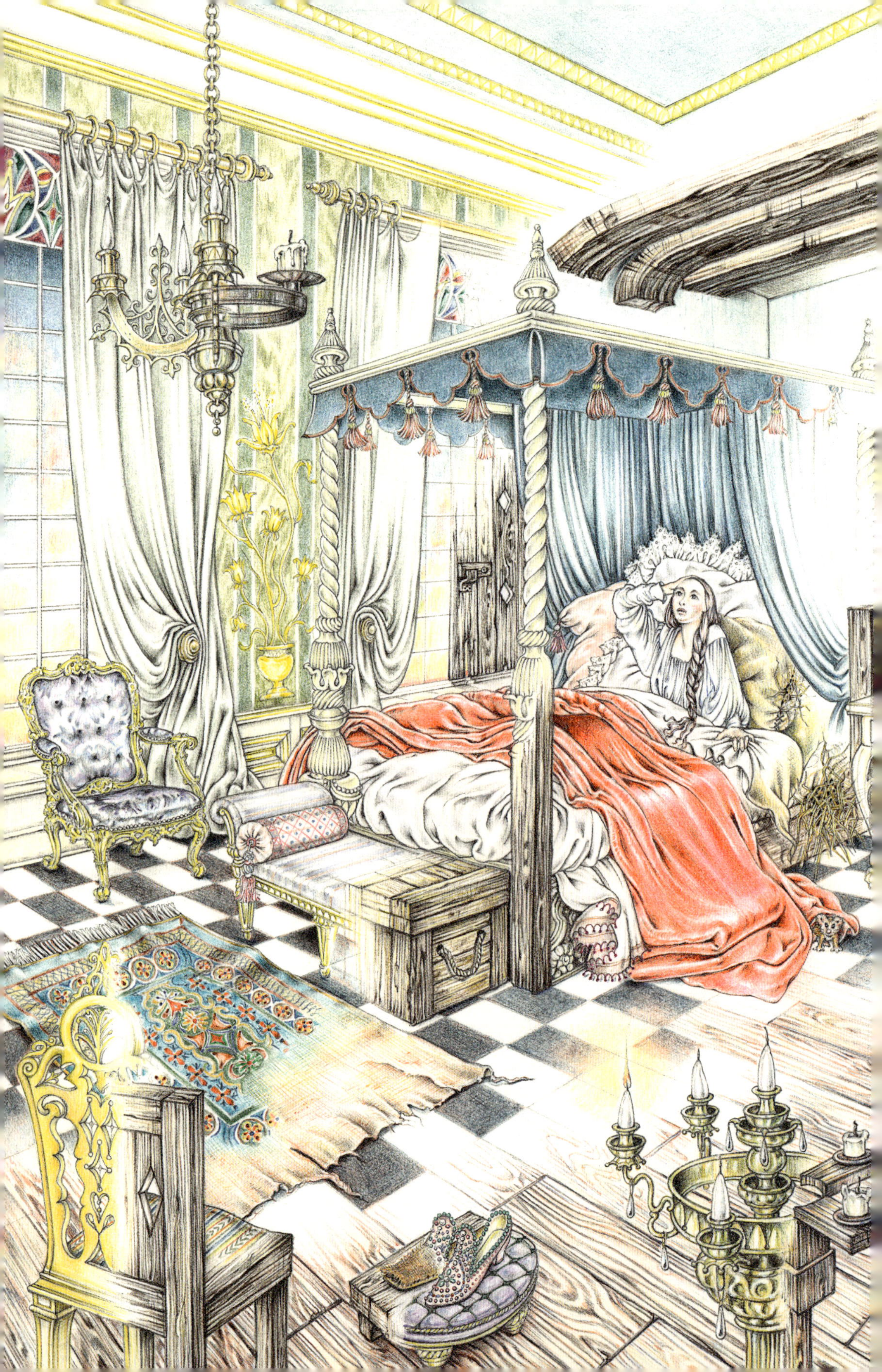

Aber als das Mädchen mit dem Korb am Arm hinauskam, so hatten die Waldtauben die Erbsen schon im Kropf, und es wusste nicht, wohin es sich wenden sollte. Es war voll Sorgen und dachte beständig daran, wie der arme Vater hungern und die gute Mutter jammern würde, wenn es ausbliebe. Endlich, als es finster ward, erblickte es das Lichtlein und kam an das Waldhaus. Es bat ganz freundlich, sie möchten es über Nacht beherbergen, und der Mann mit dem weißen Bart fragte wieder seine Tiere:

*»Schön Hühnchen,*
*schön Hähnchen*
*und du bunt gescheckte Kuh,*
*was sagst du dazu?«*

»Duks!«, sagten sie. Da trat das Mädchen an den Ofen, wo die Tiere lagen, und liebkoste Hühnchen und Hähnchen, indem es mit der Hand über die glatten Federn hinstrich, und die bunte Kuh kraulte es zwischen den Hörnern. Und als es auf Geheiß des Alten eine gute Suppe bereitet hatte und die Schüssel auf dem Tisch stand, so sprach es: »Soll ich mich sättigen, und die guten Tiere sollen nichts haben? Draußen ist die Hülle und Fülle, erst will ich für sie sorgen.«

Da ging es, holte Gerste und streute sie dem Hühnchen und Hähnchen vor und brachte der Kuh wohlriechendes Heu, einen ganzen Arm voll. »Lasst's euch schmecken, ihr lieben Tiere«, sagte es, »und wenn ihr durstig seid, sollt ihr auch einen frischen Trunk haben.« Dann trug es einen Eimer voll Wasser herein, und Hühnchen und Hähnchen sprangen auf den Rand, steckten den Schnabel hinein und hielten den Kopf dann in die Höhe, wie die Vögel trinken, und die bunte Kuh tat auch einen herzhaften Zug.

Als die Tiere gefüttert waren, setzte sich das Mädchen zu dem Alten an den Tisch und aß, was er ihm übrig gelassen hatte. Nicht lange, so fing das Hühnchen und Hähnchen an, das Köpfchen zwischen die Flügel zu stecken, und die bunte Kuh blinzelte mit den Augen. Da sprach das Mädchen: »Sollen wir uns nicht zur Ruhe begeben?«

*»Schön Hühnchen,
schön Hähnchen
und du bunt gescheckte Kuh,
was sagst du dazu?«*

Die Tiere antworteten:

*»Duks,
du hast mit uns gegessen,
du hast mit uns getrunken,
du hast uns alle wohlbedacht,
wir wünschen dir eine gute Nacht.«*

Da ging das Mädchen die Treppe hinauf, schüttelte die Federkissen und deckte frisches Linnen auf, und als es fertig war, kam der Alte und legte sich in das eine Bett, und sein weißer Bart reichte ihm bis an die Füße. Das Mädchen legte sich in das andere, tat sein Gebet und schlief ein. Es schlief ruhig bis Mitternacht, da ward es so unruhig in dem Hause, dass das Mädchen erwachte. Da fing es an, in den Ecken zu knittern und zu knattern, und die Türe sprang auf und schlug an die Wand; die Balken dröhnten, als wenn sie aus ihren Fugen gerissen würden, und es war, als wenn die Treppe herabstürzte, und endlich krachte es, als wenn das ganze Dach zusammenfiele.

Da es aber wieder still ward und dem Mädchen nichts zuleid geschah, so blieb es ruhig liegen und schlief wieder ein. Als es aber am Morgen bei hellem Sonnenschein aufwachte, was erblickten seine Augen? Es lag in einem großen Saal, und ringsumher glänzte alles in königlicher Pracht: An den Wänden wuchsen auf grünseidenem Grund goldene Blumen in die Höhe, das Bett war von Elfenbein und die Decke darauf von rotem Samt, und auf einem Stuhl daneben stand ein Paar mit Perlen bestickte Pantoffeln.

Das Mädchen glaubte, es wäre ein Traum, aber es traten drei reich gekleidete Diener herein und fragten, was es zu befehlen hätte. »Geht nur«, antwortete das Mädchen, »ich will gleich aufstehen und dem Alten eine Suppe kochen und dann auch schön Hühnchen, schön Hähnchen und die bunt gescheckte Kuh füttern.« Es dachte, der Alte wäre schon aufgestanden, und sah sich nach seinem Bette um, aber er lag nicht darin, sondern ein fremder Mann. Und als es ihn betrachtete und sah, dass er jung und schön war, erwachte er, richtete sich auf und sprach: »Ich bin ein Königssohn und war von einer bösen Hexe verwünscht worden, als ein alter, eisgrauer Mann in dem Wald zu leben, niemand durfte um mich sein als meine drei Diener in der Gestalt eines Hühnchens, eines Hähnchens und einer bunten Kuh. Und nicht eher sollte die Verwünschung aufhören, als bis ein Mädchen zu uns käme, so gut von Herzen, dass es nicht nur gegen die Menschen allein, sondern auch gegen die Tiere sich liebreich bezeigte, und das bist du gewesen, und heute um Mitternacht sind wir durch dich erlöst und das alte Waldhaus ist wieder in meinen königlichen Palast verwandelt worden.«

Und als sie aufgestanden waren, sagte der Königssohn den drei Dienern, sie sollten hinausfahren und Vater und Mutter des Mädchens zur Hochzeit herbeiholen. »Aber wo sind meine zwei Schwestern?«, fragte das Mädchen. »Die habe ich in den Keller gesperrt, und morgen sollen sie in den Wald geführt werden und sollen bei dem Köhler so lange als Mägde dienen, bis sie sich gebessert haben und auch die armen Tiere nicht hungern lassen.«

## ～ *Beipackzettel* ～

Sehnlichst hatten sich Ihre Kinder ein Haustier gewünscht, hoch und heilig versprochen, sich immer darum zu kümmern; so lange genervt, bis sie das ersehnte Tier bekamen. Mittlerweile hält sich die Begeisterung in Grenzen und alles droht wieder an Ihnen hängen zu bleiben.

Setzen Sie sich mit Ihren Kindern gemütlich zusammen, holen Sie auch das Haustier in Ihre Mitte und lesen Sie alle gemeinsam das Märchen vom *Waldhaus*. Fordern Sie Ihre Kinder auf, sich vorzustellen, wie es ihnen gefiele, wenn Sie sich als Eltern plötzlich aus Faulheit nicht mehr um sie kümmerten. Fragen Sie, ob das nicht ziemlich gemein und ungerecht wäre. Lassen Sie Ihre Kinder im Gespräch selbst entdecken, dass man Verantwortung, die man für Menschen und Tiere übernommen hat, nicht einfach aus einer Laune heraus über Bord werfen kann. Denn Verantwortung zu übernehmen bedeutet, anderen Vertrauen zu schenken und Respekt zu zollen.

# Unsere Töchter möchten genauso leben wie ihre deutschen Freundinnen, aber unsere Familientradition lässt das nicht zu

Die kleine Tülün war eine waschechte Berlinerin aus Kreuzberg. Ihre Großeltern kamen bereits Anfang der 1960er-Jahre aus der Türkei nach West-Berlin. Hier gab es Arbeit – und schnell hatte sich ein ganzes Wohnviertel mit türkischen Landsleuten gebildet. Auch Tülüns Eltern wuchsen in Deutschland auf. Erhalten blieb in all den Jahrzehnten die Verbundenheit mit der türkischen Heimat. Traditionen und Moralbegriffe haben auch heute noch ihren Platz.

Der süßen Tülün, inzwischen zwölf Jahre alt, ging es wie ihren anderen türkischstämmigen Mitschülerinnen. Sie trugen ein Kopftuch und hatten sich an hässliche und dumme Bemerkungen im Alltag ohnehin schon gewöhnt.

Tülüns Eltern und ihre Großeltern waren ganz besonders aufmerksam, wenn sie befürchteten, dass gegen Moral und Glauben verstoßen werden könnte.

Als die erste Klassenreise nach Süddeutschland anstand, verboten die Eltern ihrer Tochter, daran teilzunehmen. »Wer weiß, was dabei alles passieren kann«, meinten die Eltern sinngemäß. Das brachte ihnen zwar Ärger mit der Schulleitung ein, aber es blieb dabei: Tülün musste zu Hause bleiben. Zwei Wochen lang ging sie in die Parallelklasse, während ihre Klassenkameraden die Blumeninsel Mainau und auch das berühmte Schloss Neuschwanstein in Augenschein nehmen konnten.

Die Kleine fühlte sich regelrecht ausgegrenzt. Nicht von den anderen, sondern von den eigenen Eltern, die in diesen Tagen keine große Freude an ihrer Tochter hatten. Tülün war traurig. Ja, traurig und sauer.

Als die Klasse endlich wieder zurück war, blieben nur noch ein paar Tage bis zu den Sommerferien. Großer Jubel bei den Kids, als ihnen die Lehrerin sagte, dass der Unterricht morgen im Freibad stattfinden würde und dass alle an ihre Badesachen denken sollten. Nur Tülün freute sich über diese Information nicht. Sie ahnte schon …

Natürlich: Die Eltern untersagten ihr, sich »nackt« den anderen zu zeigen, und da half auch der Hinweis nicht, dass sie ja nicht nackt, sondern im Badeanzug herumlaufen würde, wie alle anderen Mädchen auch.

»Du gehst da nicht hin«, bestimmte der Vater. So blieb Tülün also zu Hause. Sie wurde immer verbitterter, zunehmend wortkarg und wirkte sehr, sehr niedergeschlagen. Das entging natürlich der Klassenlehrerin nicht, und als sie sich allein mit ihrer Schülerin unterhielt, ließ Tülün alles aus sich heraus, was sie so sehr bedrückte.

Da musste es ein Gespräch mit den Eltern geben, beschloss die Lehrerin und bestellte sie in die Schule, was sie missmutig und ungehalten befolgten.

Die Lehrerin hatte sich alles zurechtgepackt, was sie den Eltern sagen wollte, und ihre Ausführungen gerieten fast zu einem Vortrag:

»Wenn Sie Ihre Tochter weiterhin von der Gesellschaft abschotten, in der sie lebt, tun Sie ihr keinen Gefallen«, sagte sie. »Sie muss ja ihre türkischen Wurzeln weder leugnen noch verstecken, aber sie ist nun mal in Berlin geboren, hier aufgewachsen. Deutschland ist ihre Heimat. Und wenn Sie das nicht einsehen, werden Sie Ihre Tochter vielleicht eines Tages ganz verlieren. Das wollen Sie doch nicht, oder?«

Da guckten sich die Eltern, Cem und Leyla, ganz betroffen an. Und die Lehrerin nutzte die Chance und legte nach: »Ihre Tochter ist doch ein ganz schlaues Mädchen. Sie interessiert sich für Erdkunde, kennt Tiere und Blumen wie kein anderer in der Klasse. Sie macht im Unterricht gut mit und ist an allem interessiert. Sie könnte aufs Gymnasium, später vielleicht sogar einmal studieren …«

Da guckten die Eltern dann doch recht stolz, als wollten sie sagen: »Ja, unsere Tochter eben!« Aber die Lehrerin holte sie gleich wieder in die Realität zurück: »Sie dürfen ihr natürlich die Chance nicht nehmen und sie nicht isolieren«, warnte sie und legte nach: »Sie beide stehen doch selbst voll im Berufsleben, sind integriert, haben hier Freunde und Bekannte gefunden. Das sollten Sie Tülün auch ermöglichen. Die Zeiten, in denen ein Mädchen später mal ausschließlich eine Mutterrolle ausübt, sind vorbei, nicht nur in Deutschland.«

Das hatte offenbar gesessen. Cem und Leyla waren sprachlos, aber wirkten einsichtig. Aus Liebe zu Tülün haben die beiden die richtigen Schlüsse gezogen.

In einem Brief an die Lehrerin berichtete Tülün ein paar Jahre später stolz, dass sie ein Lehramt-Studium in den Fächern Geografie und Sport aufgenommen habe.

# RAPUNZEL

Es waren einmal ein Mann und eine Frau, die wünschten sich schon lange vergeblich ein Kind. Endlich machte sich die Frau gute Hoffnung, der liebe Gott werde ihren Wunsch erfüllen. Die Leute hatte in ihrem Hinterhaus ein kleines Fenster, daraus konnte man in einen prächtigen Garten sehen, der voll der schönsten Blumen und Kräuter stand. Er war aber von einer hohen Mauer umgeben und niemand wagte hineinzugehen, weil er einer Zauberin gehörte, die große Macht hatte und von aller Welt gefürchtet ward.

Eines Tags stand die Frau an diesem Fenster und sah in den Garten hinab. Da erblickte sie ein Beet, das mit den schönsten Rapunzeln bepflanzt war, und die sahen so frisch und grün aus, dass sie das größte Verlangen empfand, von den Rapunzeln zu essen. Das Verlangen nahm jeden Tag zu, und da sie wusste, dass sie keine davon bekommen konnte, so wurde sie ganz mager, sah blass und elend aus. Da erschrak der Mann und fragte: »Was fehlt dir, liebe Frau?« »Ach«, antwortete sie, »wenn ich keine Rapunzeln aus dem Garten hinter unserm Hause zu essen kriege, so sterbe ich.« Der Mann, der sie lieb hatte, dachte: »Eh du deine Frau sterben lässest, holst du ihr von den Rapunzeln, es mag kosten, was es will.«

In der Abenddämmerung stieg er also über die Mauer in den Garten der Zauberin, stach in aller Eile eine Handvoll Rapunzeln und brachte sie seiner Frau. Sie machte sich sogleich Salat daraus und aß sie voller Begierde auf. Sie hatten ihr aber so gut geschmeckt, dass sie den andern Tag noch dreimal so viel Lust bekam. Sollte sie Ruhe haben, so musste der Mann noch einmal in den Garten steigen. Er machte sich also in der Abenddämmerung wieder hinab. Als er aber die Mauer herabgeklettert war, erschrak er gewaltig, denn er sah die Zauberin vor sich stehen. »Wie kannst du es wagen«, sprach sie mit zornigem Blick, in meinen Garten zu steigen und wie ein Dieb mir meine Rapunzeln zu stehlen? Das soll dir schlecht bekommen!« »Ach«, antwortete er, »lasst Gnade vor Recht ergehen, ich habe mich nur aus Not dazu entschlossen. Meine Frau hat Eure Rapunzeln aus dem Fenster erblickt und empfindet ein so großes Gelüsten danach, dass sie sterben würde, wenn sie nicht davon zu essen bekommt.« Da ließ die Zauberin in ihrem Zorne nach und sprach zu ihm: »Verhält es sich so, wie du sagst, so will ich dir gestatten, Rapunzeln mitzunehmen, so viel du willst; allein ich mache eine Bedingung: Du musst mir das Kind geben, das deine Frau zur Welt bringen wird. Es soll ihm gut gehen, und ich will für es sorgen wie eine Mutter.« Der Mann sagte in der Angst alles zu, und als die Frau in die Wochen kam, so erschien sogleich die Zauberin, gab dem Kinde den Namen Rapunzel und nahm es mit sich fort.

Rapunzel ward das schönste Kind unter der Sonne. Als es zwölf Jahre alt war, schloss es die Zauberin in einen Turm, der in einem Walde lag und weder Treppe noch Türe hatte. Nur ganz oben war ein kleines Fensterchen. Wenn die Zauberin hineinwollte, so stellte sie sich unten hin und rief:

*»Rapunzel, Rapunzel,*
*lass mir dein Haar herunter!«*

Rapunzel hatte lange, prächtige Haare, fein wie gesponnen Gold. Wenn sie nun die Stimme der Zauberin vernahm, so band sie ihre Zöpfe los, wickelte sie oben um einen Fensterhaken, und dann fielen die Haare zwanzig Ellen tief herunter, und die Zauberin stieg daran hinauf.

Nach ein paar Jahren trug es sich zu, dass der Sohn des Königs durch den Wald ritt und an dem Turm vorüberkam. Da hörte er einen Gesang, der war so lieblich, dass er stillhielt und horchte. Das war Rapunzel, die in ihrer Einsamkeit sich die Zeit damit vertrieb, ihre süße Stimme erschallen zu lassen. Der Königssohn wollte zu ihr hinaufsteigen und suchte nach einer Türe des Turms: Aber es war keine zu finden. So ritt er heim. Doch der Gesang hatte ihm so sehr das Herz gerührt, dass er jeden Tag hinaus in den Wald ging und zuhörte. Als er einmal so hinter einem Baum stand, sah er, dass eine Zauberin herankam, und hörte, wie sie hinaufrief:

*»Rapunzel, Rapunzel,
lass mir dein Haar herunter!«*

Da ließ Rapunzel die Haarflechten herab, und die Zauberin stieg zu ihr hinauf.

»Ist das die Leiter, auf welcher man hinaufkommt, so will ich auch einmal mein Glück versuchen.« Und den folgenden Tag, als es anfing dunkel zu werden, ging er zu dem Turme und rief:

*»Rapunzel, Rapunzel,
lass mir dein Haar herunter!«*

Alsbald fielen die Haare herab, und der Königssohn stieg hinauf.

Anfangs erschrak Rapunzel gewaltig, als ein Mann zu ihr hereinkam, wie ihre Augen noch nie einen erblickt hatten. Doch der Königssohn fing an, ganz freundlich mit ihr zu reden, und erzählte ihr, dass von ihrem Gesang sein Herz so sehr sei bewegt worden, dass es ihm keine Ruhe gelassen und er sie selbst habe sehen müssen. Da verlor Rapunzel ihre Angst, und als er sie fragte, ob sie ihn zum Manne nehmen wollte, und sie sah, dass er jung und schön war, so dachte sie: »Der wird mich lieber haben als die alte Frau Gotel«, sagte »Ja«, und legte ihre Hand in seine Hand. Sie sprach: »Ich will gerne mit dir gehen, aber ich weiß nicht, wie ich herabkommen kann. Wenn du kommst, so bring jedes Mal einen Strang Seide mit, daraus will ich eine Leiter flechten, und wenn die fertig ist, so steige ich hinunter, und du nimmst mich auf dein Pferd.«

Sie verabredeten, dass er bis dahin alle Abende zu ihr kommen sollte, denn bei Tag kam die Alte. Die Zauberin merkte auch nichts davon, bis einmal Rapunzel anfing und zu ihr sagte: »Sagt mir doch, Frau Gotel, wie kommt es nur, dass es mir viel schwerer fällt, sie heraufzuziehen, als den jungen Königssohn, der ist in einem Augenblick bei mir?«

»Ach du gottloses Kind!«, rief die Zauberin, »was muss ich von dir hören; ich dachte, ich hätte dich von aller Welt geschieden, und du hast mich doch betrogen!«

In ihrem Zorn packte sie die schönen Haare der Rapunzel, schlug sie ein paarmal um ihre linke Hand, griff eine Schere mit der rechten, und, ritsch, ratsch, waren sie abgeschnitten, und die schönen Flechten lagen auf der Erde. Und sie war so unbarmherzig, dass sie die arme Rapunzel in eine Wüstenei brachte, wo sie in großem Jammer und Elend leben musste.

Denselben Tag aber, wo sie Rapunzel verstoßen hatte, machte abends die Zauberin die abgeschnittenen Flechten oben am Fensterhaken fest, und als der Königssohn kam und rief:

*»Rapunzel, Rapunzel,*
*lass mir dein Haar herunter!«*

so ließ sie die Haare hinab. Der Königssohn stieg hinauf, aber er fand oben nicht seine liebste Rapunzel, sondern die Zauberin, die ihn mit bösen und giftigen Blicken ansah. »Aha«, rief sie höhnisch, »du willst die Frau Liebste holen, aber der schöne Vogel sitzt nicht mehr im Nest und singt nicht mehr, die Katze hat ihn geholt und wird dir auch noch die Augen auskratzen. Für dich ist Rapunzel verloren, du wirst sie nie wieder erblicken!«

Der Königssohn geriet außer sich vor Schmerzen, und in der Verzweiflung sprang er den Turm hinab. Das Leben brachte er davon, aber die Dornen, in die er fiel, zerstachen ihm die Augen. Da irrte er blind im Wald umher, aß nichts als Wurzeln und Beeren und tat nichts als jammern und weinen über den Verlust seiner liebsten Frau. So wanderte er einige Jahre im Elend umher und geriet endlich in die Wüstenei, wo Rapunzel mit den Zwillingen, die sie geboren hatte, einem Knaben und einem Mädchen, kümmerlich lebte. Er vernahm eine Stimme, und sie deuchte ihm so bekannt. Da ging er darauf zu und wie er herankam, erkannte ihn Rapunzel und fiel ihm um den Hals und weinte. Zwei von ihren Tränen aber benetzten seine Augen, da wurden sie wieder klar, und er konnte damit sehen wie einst. Er führte sie in sein Reich, wo er mit Freude empfangen ward, und sie lebten noch lange glücklich und vergnügt.

## ~ *Beipackzettel* ~

Ihre Familie lebt in der zweiten Generation in Deutschland. Die Kinder gehen auf deutsche Schulen und Ihre Töchter nehmen am regulären Unterricht teil. Sie sind gut in der Schule und werden eines Tages das Gymnasium und eine Universität besuchen. Die Töchter werden besonders behütet und dürfen deshalb nicht an allen schulischen Aktivitäten teilnehmen. Sie möchten, dass alle Ihre Kinder glücklich sind und es ihnen an nichts fehlt.

Lesen Sie gemeinsam mit Ihren Töchtern das Märchen von *Rapunzel*, fragen Sie nach, ob sie sich genauso eingeschlossen fühlen. Wenn das der Fall sein sollte, dann überdenken Sie Ihre Reglementierungen, denn wie im Märchen werden Sie Ihre Töchter nicht vom realen Leben abschirmen können. Wenn Sie die Bedürfnisse Ihrer Töchter nicht respektieren, werden sie Sie langfristig nicht mehr an ihrem Leben teilhaben lassen und eines Tages ausbrechen, wie Rapunzel, um ihre eigenen Wege zu gehen – ohne Sie.

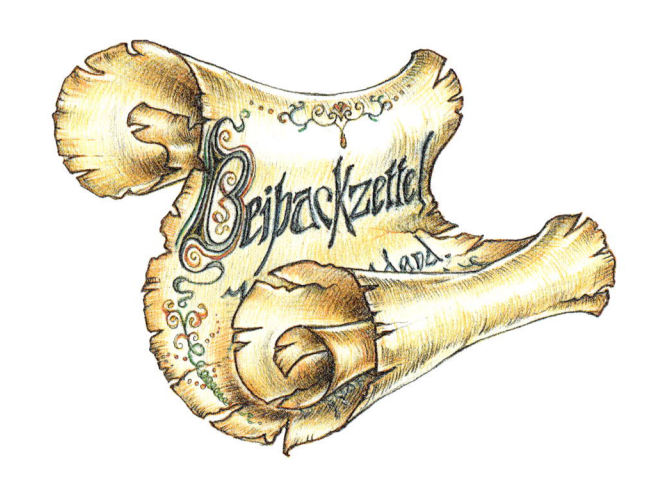

# Unsere Kinder schätzen unser gutes Alltagsleben gering

Beschaulich geht es zu in der Lüneburger Heide. Sogar im bekannten *Heidepark Soltau*, der ja als ein kleines Disneyland gilt und mit seinen Attraktionen Touristen von überall her anlockt. Mara, Lucia und Johanna waren da Stammgäste. Die Geschwister (9, 12 und 14 Jahre alt) wohnten ganz in der Nähe am Rande des sehr übersichtlichen Ortes Bispingen. Die drei Mädchen hatten schwere Zeiten zu überstehen, als ihre Mutter mit nur 36 Jahren an Krebs starb. Ihr Vater Thomas erzog die Kinder allein. Er galt als hoffnungsvoller Aquarell-Maler, der die Stimmung der Heide-Landschaft wunderbar ausdrücken konnte.

Doch leider kam der Künstler kaum noch zum Malen, die Einkünfte brachen ein. Alles schien sich gegen diese Familie verschworen zu haben. Idyllisch war immerhin die Umgebung ihres kleinen Häuschens. Ein Paradies für Kinder. Da war der riesige Garten, der direkt an den Wald grenzte. Da war die kleine Pferdekoppel der Nachbarn, wo sich die Mädchen besonders wohlfühlten. Es gab auch ein Baumhaus, in dem die Kinder im Sommer auch mal übernachten durften. Eine Tischtennisplatte war da und ein abgestecktes Feld zum Federballspielen. Und nicht weit entfernt war auch das wunderbar gelegene Freibad. In einem schöneren Umfeld konnte man gar nicht aufwachsen.

Aber wie das so ist in dem Alter es entstanden neue Begehrlichkeiten bei den Kids. Ein Smartphone, ein MP3-Player, ein Notebook – und das nach Möglichkeit für jeden. Die trendigsten Klamotten sollten es doch auch sein. Überhaupt entwickelte sich das Bedürfnis, sich mal woanders umzuschauen, wo es eben ein bisschen cooler zuging als daheim. Nur immer Landschaft war ja doch etwas sehr wenig, dachten sie.

Aber all die Wünsche waren schon finanziell vom Vater nicht zu erfüllen. Ohne Moos nichts los ... Eines Tages bekam er allerdings einen unverhofften Riesenauftrag. Er sollte die Eingangshalle eines großen Buchverlags in Berlin künstlerisch gestalten. Da waren Lesungen, Buchvorstellungen und andere

Events geplant. Und Thomas sollte darüber hinaus als künstlerischer Berater des Unternehmens tätig sein. Das konnte er sich nicht entgehen lassen. Endlich mal mit seiner Kunst Geld verdienen, und das nicht zu knapp.

Die Kinder waren von der Idee sofort begeistert: Großstadt, Abenteuer, pulsierendes Leben! So einen Trubel hatten sie noch nicht erlebt. So viele lustige Typen aus aller Welt. Der ganze Irrsinn der Metropole wurde ihnen wie ein roter Teppich ausgerollt.

Es wurde ein Aufbruch in eine andere Welt. Die Vierer-Bande zog in eine große Penthouse-Wohnung am Potsdamer Platz. Und neue Freunde in der Schule gab es auch. Nach knapp zwei Jahren war die Euphorie allerdings gedämpft. Fehlte da was?

An Maras 11. Geburtstag unterhielten sich die Geschwister über ihr Leben »früher«. Und sehnsüchtig sprachen sie über die Pferdekoppel, über ihr Versteck im Wald und über die vielen Spiele mit Freunden. Die Heide-Kinder, die jetzt Großstadt-Kinder geworden waren, wurden richtig nostalgisch. Johanna, unter den Schwestern quasi die »Erwachsene«, brachte es auf den Punkt: »Komisch. Alles, was für uns damals selbstverständlich war, ist heute was Besonderes …« Das traf den Nerv der Schwestern, und auch Papa Thomas nickte stumm und machte sich so seine Gedanken.

Geld war ja jetzt genug da, es mangelte nicht an Aufträgen. Wäre das nicht eigentlich der richtige Zeitpunkt, um mal wieder umzuziehen?

# PRINZESSIN MÄUSEHAUT

Ein König hatte drei Töchter. Von denen wollte er wissen, welche ihn am liebsten hätte. Er ließ sie vor sich kommen und fragte sie. Die älteste sprach, sie habe ihn lieber als das ganze Königreich, die zweite, als alle Edelsteine und Perlen auf der Welt, die dritte aber sagte, sie habe ihn lieber als das Salz.

Der König ward aufgebracht, dass sie ihre Liebe zu ihm mit einer so geringen Sache vergleiche, übergab sie einem Diener und befahl, er solle sie in den Wald führen und töten.

Wie sie in den Wald gekommen waren, bat die Prinzessin den Diener um ihr Leben. Dieser war ihr treu und hätte sie doch niemals getötet, er sagte auch, er wolle mit ihr gehen und allen ihren Befehlen folgen. Die Prinzessin verlangte aber nichts als ein Kleid von Mäusehaut, und als er ihr das geholt, wickelte sie sich hinein und ging fort.

Sie ging geradezu an den Hof eines benachbarten Königs, gab sich für einen Mann aus und bat den König, dass er sie in seine Dienste nehme. Der König sagte es zu, und sie sollte bei ihm die Aufwartung haben. Abends musste sie ihm die Stiefel ausziehen, die warf er ihr allemal an den Kopf.

Einmal fragte er, woher sie sei. »Aus dem Lande, wo man den Leuten die Stiefel nicht um den Kopf wirft.« Der König ward da aufmerksam. Eines Tages brachten ihm die anderen Diener einen Ring. Angeblich hätte Mäusehaut ihn verloren, der sei aber sehr kostbar, den müsse er gestohlen haben.

Der König ließ Mäusehaut vor sich kommen und fragte, woher der Ring sei. Da konnte sich Mäusehaut nicht länger verbergen, sie wickelte sich aus der Mäusehaut. Ihre goldgelben Haare quollen hervor, und sie trat heraus, so schön, dass der König gleich die Krone von seinem Kopf abnahm, ihr aufsetzte und sie für seine Gemahlin erklärte.

Zu der Hochzeit wurde auch der Vater der Mäusehaut eingeladen, der glaubte, seine Tochter sei schon längst tot, und erkannte sie nicht wieder. Auf der Tafel aber waren alle Speisen, die ihm vorgesetzt wurden, ungesalzen. Da ward er ärgerlich und sagte: »Ich will lieber nicht leben, als solche Speise essen!« Wie er das Wort ausgesprochen, sagte die Königin zu ihm: »Jetzt wollt Ihr nicht leben ohne Salz, und doch habt Ihr mich einmal wollen töten lassen, weil ich sagte, ich hätte Euch lieber als Salz!« Da erkannte er seine Tochter und küsste sie und bat sie um Verzeihung, und es war ihm lieber als sein Königreich und alle Edelsteine der Welt, dass er sie endlich wiedergefunden hatte.

## ~ *Beipackzettel* ~

In der Wohlstandsgesellschaft haben die meisten das Glück, gut leben zu können. Niemand muss Hunger leiden, alle haben ein Dach über dem Kopf und trotzdem wird sich ständig beklagt. Dieses Jammern gucken sich die Kinder ab und machen es nach. Sie finden, dass sie zu wenig Taschengeld bekommen, das Kinderzimmer zu klein ist und dass sie im Sommer mal woanders hinfahren wollen als immer nur ans Meer.

Erziehung setzt sich aus Liebe und Vorbild zusammen, wie wir von dem großen Pädagogen Friedrich Fröbel wissen. Also kontrollieren Sie sich selbst und jammern Sie nicht dauernd zu Hause vor Ihren Kindern. Laden Sie diese stattdessen zu einer Märchenstunde ein, bei der jeder seinen Lieblingspulli trägt, seine Lieblingssüßigkeit mitbringt und sein Lieblingskuscheltier. Setzen Sie sich zusammen und lesen Sie das Märchen von *Prinzessin Mäusehaut*. Sprechen Sie darüber, was jeder so alles Schönes hat und was Sie alles schon Tolles zusammen unternommen haben. Dann kommen Ihre Kinder vielleicht von alleine darauf, wie gut es ihnen in der Familiengemeinschaft geht, und freuen sich über ihr schönes Leben.

# Unser Kind will nicht mehr zum Klavierunterricht und verschweigt uns, warum

Die Gewalt ist ein finsterer Geselle, der sich gut tarnt und doch nur Böses im Schilde hat. Mehr noch: Er zeigt Hinwendung, gibt sich von seiner besten Seite, macht kleine Geschenke. So mancher denkt: »Das ist aber ein netter Mensch!«

Aber leider, man kann sich irren, und eines Tages muss man sich fragen, warum man nicht früher misstrauisch wurde, da es eigentlich genug Hinweise gegeben hatte. Aber diese Einsicht kann zu spät kommen.

Die kleine Katja war neun Jahre alt. Ein süßes Mädchen mit hübschem Gesicht und langen blonden Haaren. Wie so viele Mädchen liebte sie Pferde. Und sie spielte leidenschaftlich und sehr ordentlich Klavier. Die Eltern und Großeltern waren stolz auf ihr kleines Wunderkind. Jeden Freitag ging sie zum Klavierunterricht. Ihr Lehrer hieß Tom und war ein langjähriger Tennisfreund von Katjas Vater. Nicht nur deshalb ging die Kleine gern zum Unterricht, denn Tom war immer sehr nett zu ihr. Und nach der Klavierstunde lud er sie oft noch in die Eisdiele ein. Einmal, als es besonders heiß war, sagte er zu ihr: »Lass uns doch zum Baggersee fahren, da können wir uns beim Baden etwas erfrischen.« »Ich habe doch gar keinen Badeanzug mit«, meinte Katja, »lass uns doch lieber zum Reiterhof fahren, da bin ich oft mit meinen Eltern.« Aber dazu hatte Tom keine Lust.

Als sie das am Abend den Eltern erzählte, waren sie sehr überrascht. »Warum wollte Tom denn mit dir baden gehen?«, fragte Katjas Mutter, »der soll dir doch das Klavierspielen beibringen …« »Er wollte ihr eben eine Freude machen«, meinte der Vater, »wir haben doch ohnehin kaum Zeit.«

In den kommenden Wochen machte Katja keinen guten Eindruck. Sie wirkte unkonzentriert und zog sich mehr und mehr zurück. Wo war bloß ihr Lachen geblieben, fragten sich die Eltern.

Eines Tages sagte Katja, dass sie gar nicht mehr Klavier spielen möchte. Die Eltern waren schockiert, hatte ihre Tochter doch so viel Talent, und nun auf einmal das? Die Mutter suchte Rat bei einem benachbarten Psychologen. Sie verabredeten, dass er »einfach nur mal so« bei ihnen zu Hause vorbeikommen sollte, dann könnte er vielleicht mit Katja sprechen und herausfinden, was sie so bedrückte.

So geschah es. Der Psychologe fand tatsächlich einen Zugang zu der Kleinen. »Ach«, meinte sie, »der Tom macht in letzter Zeit immer so komische Sachen, die find ich richtig doof. Wenn ich gut spiele, dann küsst er mich zur Belohnung auf den Mund und streichelt meine Schenkel. Dann sagt er immer, dass das unser Geheimnis bleiben soll. Mama und Papa soll ich nichts davon erzählen, sonst wären die ganz böse mit mir …«

Nachdem alles zur Sprache gekommen war, machten sich die Eltern große Vorwürfe. Sie hätten der Ursache für Katjas Veränderung viel früher auf den Grund gehen müssen. Sie stellten Tom zur Rede, aber er stritt alles ab. Blieb unbehelligt und zog in eine andere Stadt. Aber es bleibt bis heute ein ungutes Gefühl …

Katja geht zu einer neuen Klavierlehrerin und hat mittlerweile ihre Freude am Klavierspiel wiedergefunden. Sie ist ein fröhliches Mädchen, wie zuvor.

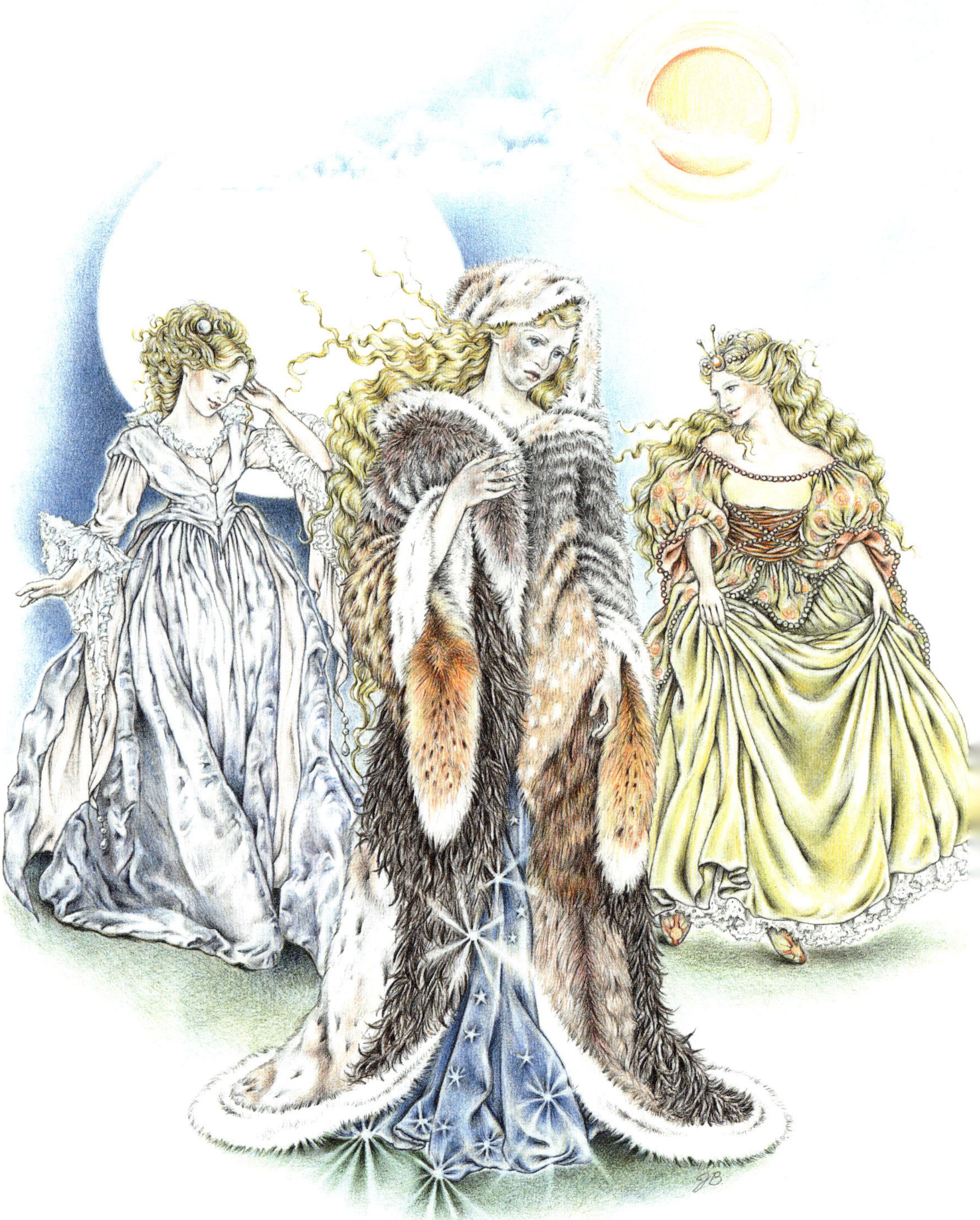

# ALLERLEIRAUH

Es war einmal ein König, der hatte eine Frau mit goldenen Haaren, sie war so schön, dass sich ihresgleichen nicht mehr auf Erden fand. Es geschah, dass sie krank lag, und als sie fühlte, dass sie bald sterben würde, rief sie den König und sprach: »Wenn du dich nach meinem Tode wieder vermählen willst, so nimm keine, die nicht ebenso schön ist, als ich es bin und die nicht ebensolche goldenen Haare hat wie ich. Das musst du mir versprechen.« Nachdem es ihr der König versprochen hatte, tat sie die Augen zu und starb.

Der König war lange Zeit nicht zu trösten und dachte nicht daran, eine neue Frau zu nehmen. Endlich sprachen seine Räte: »Es geht nicht anders, der König muss sich wieder vermählen, damit wir eine Königin haben.« Nun wurden Boten weit und breit umhergeschickt, eine Braut zu suchen, die an Schönheit der verstorbenen Königin ganz gleichkäme. Es war aber keine auf der ganzen Welt zu finden, und wenn man sie auch gefunden hätte, so war doch keine dabei, die solch goldene Haare gehabt hätte. Also kamen die Boten unverrichteter Dinge wieder heim.

Nun hatte der König eine Tochter, die war gerade so schön wie ihre verstorbene Mutter, und hatte auch solch goldenen Haare. Als sie herangewachsen war, sah sie der König einmal an und sah, dass sie in allem seiner verstorbenen Gemahlin glich, und fühlte plötzlich eine heftige Liebe zu ihr. Da sprach er zu seinen Räten: »Ich will meine Tochter heiraten, denn sie ist das Ebenbild meiner verstorbenen Frau, und sonst kann ich doch keine Braut finden, die ihr gleicht.« Als die Räte das hörten, erschraken sie und sprachen: »Gott hat verboten, dass der Vater seine eigene Tochter heiratet! Aus dieser Sünde kann nichts Gutes entspringen, und das Reich wird mit ins Verderben gezogen.«

Die Tochter erschrak noch mehr, als sie den Entschluss ihres Vaters vernahm, hoffte aber, ihn von seinem Vorhaben abzubringen. Sie sagte zu ihm: »Eh ich Euren Wunsch erfülle, muss ich erst drei Kleider haben: eins so golden wie die Sonne, eins so silbern wie der Mond, und eins so glänzend wie die Sterne. Ferner verlange ich einen Mantel von tausenderlei Pelz und Rauhwerk zusammengesetzt, und ein jedes Tier in Eurem Reich muss ein Stück von seiner Haut dazugeben.«

Sie dachte, das anzuschaffen sei ganz unmöglich und sie brächte damit ihren Vater von seinen bösen Gedanken ab. Der König ließ aber nicht ab, und die geschicktesten Jungfrauen in seinem Reiche mussten die drei Kleider weben, eins so golden wie die Sonne, eins so silbern wie der Mond und eins so glänzend wie die Sterne. Und seine Jäger mussten alle Tiere im ganzen Reiche auffangen und ihnen ein Stück von ihrer Haut abziehen, daraus ward ein Mantel von tausenderlei Rauhwerk gemacht. Endlich, als alles fertig war, ließ der König den Mantel herbeiholen, breitete ihn vor ihr aus und sprach: »Morgen soll die Hochzeit sein.«

Als nun die Königstochter sah, dass keine Hoffnung mehr war, ihres Vaters Herz umzuwenden, fasste sie den Entschluss zu fliehen. In der Nacht, während alles schlief, stand sie auf und nahm von ihren Kostbarkeiten dreierlei: einen goldenen Ring, ein goldenes Spinnrädchen und ein goldenes Haspelchen sowie die drei Kleider von Sonne, Mond und Sternen. Die tat sie in eine Nussschale, zog den Mantel von allerlei Rauhwerk an und machte sich Gesicht und Hände mit Ruß schwarz. Dann befahl sie sich Gott und ging fort und ging die ganze Nacht, bis sie in einen großen Wald kam. Und weil sie müde war, setzte sie sich in einen hohlen Baum und schlief ein.

Die Sonne ging auf, und sie schlief fort und schlief noch immer, als es schon hoher Tag war. Da trug es sich zu, dass ein König, dem dieser Wald gehörte, darin jagte. Als seine Hunde zu dem Baum kamen, schnupperten sie, liefen ringsherum und bellten. Da sprach der König zu seinen Jägern: »Seht doch, was sich dort für ein Wild versteckt hat.« Die Jäger folgten dem Befehl, und als sie wiederkamen, sprachen sie: »In dem hohlen Baum liegt ein wunderliches Tier, wie wir noch niemals eins gesehen haben: An seiner Haut ist tausenderlei Pelz, es liegt aber und schläft.«

Da sprach der König: »Seht zu, dass ihr es lebendig fangen könnt, dann bindet es auf den Wagen und nehmt es mit ins Schloss.« Als die Jäger das Mädchen berührten, erwachte es voll Schrecken und rief ihnen zu: »Ich bin ein armes Kind, von Vater und Mutter verlassen, erbarmt Euch mein und nehmt mich mit.« Da sprachen sie »Allerleirauh, du bist gut für die Küche, komm nur mit, da kannst du die Asche zusammenkehren.«

Also setzten sie es auf den Wagen und fuhren heim in das königliche Schloss. Dort wiesen sie ihm ein Ställchen unter der Treppe an, wo kein Tageslicht hinkam, und sagten: »Rauhtierchen, da kannst du wohnen und schlafen.« Dann ward es in die Küche geschickt, da trug es Holz und Wasser, schürte das Feuer, rupfte das Federvieh, putzte das Gemüse, kehrte die Asche und tat alle schlechte Arbeit.

Da lebte Allerleirauh lange Zeit recht armselig. Ach, du schöne Königstochter, wie soll's mit dir noch werden! Es geschah aber einmal, dass ein Fest im Schloss gefeiert ward, da sprach sie zum Koch: »Darf ich ein wenig hinaufgehen und zusehen? Ich will mich außen vor die Türe stellen.« Der Koch antwortete: »Ja, geh nur hin, aber in einer halben Stunde musst du wieder hier sein und die Asche zusammentragen.«

Da nahm sie ihr Öllämpchen, ging in ihr Ställchen, zog den Pelzrock aus und wusch sich den Ruß vom Gesicht und den Händen ab, sodass ihre volle Schönheit wieder an den Tag kam. Dann machte sie die Nuss auf und holte ihr Kleid hervor, das wie die Sonne glänzte. Und wie das geschehen war, ging sie hinauf zum Fest, und alle traten ihr aus dem Weg, denn niemand erkannte sie, und alle meinten nicht anders, als dass es eine Königstochter wäre. Der König aber kam ihr entgegen, reichte ihr die Hand, tanzte mit ihr und dachte in seinem Herzen: »So schön haben meine Augen noch keine gesehen.« Als der Tanz zu Ende war, verneigte sie sich, und wie sich der König umsah, war sie verschwunden, und niemand wusste, wohin. Die Wächter, die vor dem Schlosse standen, wurden gerufen und ausgefragt, aber niemand hatte sie gesehen.

Sie war aber in ihr Ställchen gelaufen, hatte geschwind ihr Kleid ausgezogen, Gesicht und Hände schwarz gemacht und den Pelzmantel umgetan und war wieder Allerleirauh. Als sie nun in die Küche kam und an ihre Arbeit gehen und die Asche zusammenkehren wollte, sprach der Koch: »Lass gut sein bis morgen und koche mir da die Suppe für den König, ich will auch einmal ein bisschen oben zugucken, aber lass mir kein Haar hineinfallen, sonst kriegst du in Zukunft nichts mehr zu essen.«

Da ging der Koch fort, und Allerleirauh kochte die Suppe für den König, und kochte eine Brotsuppe, so gut sie es konnte, und wie sie fertig war, holte es in dem Ställchen seinen goldenen Ring und legte ihn in die Schüssel, in welcher die Suppe angerichtet ward. Als der Tanz zu Ende war, ließ sich der König die Suppe bringen und aß sie, und sie schmeckte ihm so gut, dass er meinte, niemals eine bessere Suppe gegessen zu haben. Wie er aber auf den Grund kam, sah er da einen goldenen Ring liegen und konnte nicht begreifen, wie er dahin geraten war.

Da befahl er, der Koch sollte vor ihn kommen. Der Koch erschrak, wie er den Befehl hörte, und sprach zu Allerleirauh: »Gewiss hast du ein Haar in die Suppe fallen lassen; wenn's wahr ist, so kriegst du Schläge.« Als er vor den König kam, fragte dieser, wer die Suppe gekocht hätte. Da antwortete der Koch: »Ich habe sie gekocht.« Der König aber sprach: »Das ist nicht wahr, denn sie war auf andere Art und viel besser gekocht als sonst.« Da antwortete er: »Ich muss gestehen, dass ich sie nicht gekocht habe, sondern das Rauhtierchen.« Da sprach der König: »Geh und bringe es zu mir.«

Als Allerleirauh vor ihm stand, fragte der König: »Wer bist du?«

»Ich bin ein armes Kind, das keinen Vater und keine Mutter mehr hat.«

Er fragte weiter: »Wozu bist du in meinem Schloss?«

Da antwortete es: »Ich bin zu nichts gut, als dass mir die Stiefel um den Kopf geworfen werden.«

Als er weiter fragte, wo es den Ring herhatte, der in der Suppe war, antwortete es: »Von dem Ring weiß ich nichts.« Also konnte der König nichts erfahren und musste es wieder fortschicken.

Über eine Zeit lud der König wieder ein zum rauschenden Fest, da bat Allerleirauh den Koch wie beim vorigen Mal um Erlaubnis, zusehen zu dürfen. Er antwortete: »Ja, aber komm in einer halben Stunde wieder und koch dem König die Brotsuppe, die er so gerne isst.« Da lief es in sein Ställchen, wusch sich geschwind und nahm aus der Nuss das Kleid, das so silbern war wie der Mond, und tat es an. Dann ging es hinauf und glich einer Königstochter, und der König trat ihr entgegen und freute sich, dass er sie wiedersah. Und weil eben der Tanz anhub, so tanzten sie zusammen. Als aber der

Tanz zu Ende war, verschwand sie wieder so schnell, dass der König nicht bemerken konnte, wo sie hinging.

Sie sprang aber in ihr Ställchen und machte sich wieder zum Rauhtierchen und ging in die Küche, um die Brotsuppe zu kochen. Als der Koch oben war, holte es das goldene Spinnrad und tat es in die Schüssel, sodass die Suppe darüber angerichtet wurde. Danach ward sie dem König gebracht. Der aß sie, und sie schmeckte ihm so gut wie beim vorigen Mal, und er ließ den Koch kommen. Der musste auch diesmal gestehen, dass Allerleirauh die Suppe gekocht hätte. Allerleirauh wurde wieder vor den König geholt, aber sie antwortete, dass sie nur dazu da wäre, dass ihr die Stiefel an den Kopf geworfen würden und dass sie von dem goldenen Spinnrädchen gar nichts wüsste.

Als der König zum dritten Mal ein Fest anstellte, da ging es nicht anders als die vorigen Male. Der Koch sprach zwar: »Du bist eine Hexe, Rauhtierchen, und tust immer etwas in die Suppe, wovon sie so gut wird und dem König besser schmeckt, als was ich koche!« Doch weil es so bat, so ließ er es auf die bestimmte Zeit hingehen. Nun zog es das Kleid an, das wie die Sterne glänzte, und trat damit in den Saal. Der König tanzte wieder mit der schönen Jungfrau und meinte, dass sie noch niemals so schön gewesen sei. Und während er tanzte, steckte er ihr, ohne dass sie es merkte, einen goldenen Ring an den Finger und hatte befohlen, dass der Tanz recht lang währen sollte.

Wie er zu Ende war, wollte er sie an den Händen festhalten, aber sie riss sich los und sprang so geschwind unter die Leute, dass sie vor seinen Augen verschwand. Sie lief, was sie konnte, in ihr Ställchen unter der Treppe. Weil sie aber zu lange und über eine halbe Stunde geblieben war, so konnte sie das schöne Kleid nicht ausziehen, sondern warf nur den Mantel von Pelz darüber. Und in der Eile machte sie sich auch nicht ganz rußig, sodass ein Finger weiß blieb.

Allerleirauh lief nun in die Küche, kochte dem König die Brotsuppe und legte, wie der Koch fort war, den goldenen Haspel hinein. Der König, als er den Haspel auf dem Grunde fand, ließ Allerleirauh rufen. Da erblickte er den weißen Finger und sah den Ring, den er ihr beim Tanzen angesteckt hatte. Da ergriff er sie an der Hand und hielt sie fest, und als sie sich losmachen und fortspringen wollte, tat sich der Pelzmantel ein wenig auf, und das Sternenkleid schimmerte hervor.

Der König fasste den Mantel und riss ihn ab. Da kamen die goldenen Haare hervor und sie stand da in voller Pracht und konnte sich nicht länger verbergen. Und als sie Ruß und Asche aus ihrem Gesicht gewischt hatte, da war sie schöner, als man noch jemanden auf Erden gesehen hatte. Der König aber sprach: »Du bist meine liebe Braut, und wir scheiden nimmermehr voneinander.« Darauf ward die Hochzeit gefeiert, und sie lebten vergnügt bis an ihren Tod.

## ~ *Beipackzettel* ~

Unfassbar, aber wahr: Werden Kinder sexuell missbraucht, sind die Täter oft im Umkreis der eigenen Familie zu suchen. Tatsächlich finden 80 Prozent aller sexuellen Missbrauchsfälle im sozialen Umfeld statt. Im Märchen *Allerleirauh* ist die begehrte Königstochter schon groß und kann eigene Entscheidungen treffen, um sich zu wehren. Doch viele Kinder im realen Leben sind klein und schutzlos. Die Täter suggerieren ihnen eine Mitschuld und bauen auf die Angst und die Scham, sich den Eltern anzuvertrauen.

Sobald Sie bemerken, dass Ihr Kind nur noch widerwillig zu einer sonst heiß geliebten Aktivität bereit ist, nehmen Sie sich Zeit und organisieren Sie eine gemütliche Märchenstunde auf dem Sofa. Lesen Sie gemeinsam *Allerleirauh* und sprechen Sie mit Ihrem Kind über das Märchen. Fragen Sie behutsam, aber beharrlich immer wieder nach dem Grund seiner Verweigerung für die einst so geliebte Tätigkeit. Versichern Sie Ihrem Kind eindringlich, dass es kein Vertrauensbruch ist, ein belastendes Geheimnis weiterzuerzählen.

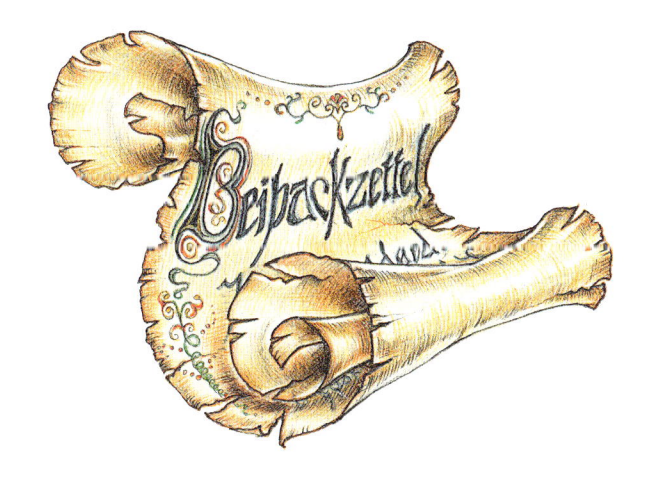

# Unsere Kinder streiten zu viel miteinander

Was bloß hatten sich die Eltern dabei gedacht, ihren beiden Töchtern so unterschiedliche Namen zu geben wie Anabelle und Ruth? Anabelle klingt schon so lieblich, ganz im Gegensatz zu Ruth.

Anabelle war 13, ihre Schwester Ruth zwölf Jahre alt. Anabelle war eine kleine Schönheit, eine Beauty, wie man so sagt. Sie hatte langes blondes Haar und ein strahlendes Lächeln. Ganz anders ihre Schwester. Sie blickte meistens mürrisch drein, hatte kurzes Strubbelhaar und spielte am liebsten mit den Jungs Fußball.

Unterschiedlicher konnten Schwestern kaum sein. Anabelle liebte Barbiepuppen: Barbie bei der Märchenhochzeit, Barbie in der Kutsche, Barbie im Cabrio, Barbie mit Kleidung zum Wechseln und so weiter. Irgendwie wirkte sie selbst wie ein Barbiepüppchen. Ganz anders Ruth, die mochte die Glitzerwelt überhaupt nicht. Ihre Leidenschaft war das Angeln. Über die richtigen Köder konnte sie Vorträge halten. Ihre Schwester interessierte das nicht, sie fand das »abartig«!

Es verging kein Tag, an dem sich die Schwestern nicht zofften. Über was? Über alles!

»Was machst du denn so lange im Badezimmer? Du bist doch schön genug«, stichelte Ruth.

»Und du könntest dich den ganzen Tag im Badezimmer einschließen – schöner würdest du auch nicht werden«, giftete Anabelle zurück.

Es war ganz schlimm. Beide hatten den Auftrag von den Eltern, sich um den Müll zu kümmern. »Müll ist Männersache, also deine …«, zickte Anabelle. Und Ruth konterte: »Einverstanden, aber als Erstes trete ich deinen Barbie-Dreck in die Tonne. Eine ist hässlicher als die andere. Und so was sammelst du!«

»Untersteh dich!«, entrüstete sich Anabelle, »schmeiß lieber deine ekelhaften Würmer weg, die du zum Angeln brauchst, die stinken doch schon …«

Beide stoben auseinander und knallten die Türen ihrer Zimmer zu. Als die Eltern nach Hause kamen, stand der Müll immer noch da. Es rappelte in der Kiste. Daraufhin rissen sich die lieben Kleinen kurz zusammen, waren wie Engelchen und brachten beide die Müllsäcke raus. Aber draußen ging es weiter mit den Beschimpfungen.

Wenn die Familie mal bei Freunden eingeladen war, fragten die Gastgeber schon vorher am Telefon: »Eure Töchter werden doch sicher zu Hause bleiben wollen …?« Und das hieß eigentlich: Verschont uns von den beiden Giftnudeln, die sind ja nicht zu ertragen.

So weit war es schon gekommen. Und im Haus rührten die Streitmäuse keinen Finger, nicht mal in den eigenen Zimmern, die wie Schlachtfelder aussahen. Irgendwie fühlten sie sich für die selbstverständlichen Dinge des Alltags überhaupt nicht zuständig. Einer wird's schon machen … Sie selbst waren stinkfaul und hatten doch genug zu tun: Das ständige Streiten war ihre Hauptbeschäftigung.

Das wollten sich die Eltern (erstaunlich spät) nicht mehr bieten lassen. Und sie setzten die Töchter unter Druck. Der Papa hob an zur ultimativen Rede: »Eure Streitereien sind nicht mehr zu ertragen. Reißt euch zusammen, sprecht miteinander, ohne gleich übereinander herzufallen. Und das Haus verlasst ihr nur noch, wenn ihr eure Aufgaben erfüllt habt. Geburtstagspartys bei Freunden, Disco-Besuche, Rumhängen in der Eisdiele, Computerspiele bis der Arzt kommt – all das könnt ihr vergessen …«

Ruth und Anabelle machten Gesichter, als wären sie gerade durch eine Prüfung gefallen! Aber ein Anlass, sich nun auch mal um den Haushalt zu kümmern, war das immer noch nicht. Da griff die Mutter zu einer List: »Eine gute und eine schlechte Nachricht hab ich für euch …« Da waren die Schwestern doch sehr neugierig, vor allem auf die gute Nachricht.

»Ihr braucht in Zukunft keinen Handschlag mehr machen. Wir nehmen uns eine Putzhilfe …« Anabelle und Ruth konnten es gar nicht glauben. »Und die schlechte Nachricht?«, fragte Ruth. Darauf die Mutter: »Um diese zu bezahlen, streichen wir euch das Taschengeld. So trägt jede von euch etwas dazu bei, dass es hier nicht aussieht wie bei Hempels unterm Sofa.«

Sichtbare Betroffenheit! Jetzt gab es wirklich nur noch eine Chance: gemeinsam gegen die Androhung der Eltern! Putzen statt meckern. Die Ansprache verpuffte nicht. Ein kaum für möglich gehaltener Wandel vollzog sich. Und das aufgrund der erwähnten »feindlichen Übernahme« durch eine Putzhilfe sogar von einem Tag auf den anderen.

Nur zwei Tage später kamen die Eltern von der Arbeit nach Hause und trauten ihren Augen nicht: Im Garten spielten die Töchter friedlich und fröhlich zusammen Federball. »Hol sofort die Kamera«, rief die Mutter ihrem Mann zu, »das müssen wir für die Ewigkeit festhalten …«

Dann erst das Haus! Spiegelblank geputzt! Geschirrspüler ausgeräumt! Die Kinderzimmer ließen wieder eine Grundstruktur erkennen! »So etwas«, dachte die Mutter, »gibt es nur in Märchen …«

# SCHNEEWEISSCHEN UND ROSENROT

Eine arme Witwe, die lebte einsam in einem Hüttchen, und vor dem Hüttchen war ein Garten, darin standen zwei Rosenbäumchen, davon trug das eine weiße, das andere rote Rosen. Und sie hatte zwei Kinder, die glichen den beiden Rosenbäumchen, und das eine hieß Schneeweißchen, das andere Rosenrot. Sie waren aber so fromm und gut, so arbeitsam und unverdrossen, als je zwei Kinder auf der Welt gewesen sind: Schneeweißchen war nur stiller und sanfter als Rosenrot.

Rosenrot sprang lieber in den Wiesen und Feldern umher, suchte Blumen und fing Sommervögel; Schneeweißchen aber saß daheim bei der Mutter, half ihr im Hauswesen oder las ihr vor, wenn nichts zu tun war. Die beiden Kinder hatten einander so lieb, dass sie sich immer an den Händen fassten, sooft sie zusammen ausgingen; und wenn Schneeweißchen sagte: »Wir wollen uns nicht verlassen«, so antwortete Rosenrot: »Solange wir leben, nicht«, und die Mutter setzte hinzu: »Was das eine hat, soll's mit dem andern teilen.«

Oft liefen sie im Walde allein umher und sammelten rote Beeren, aber kein Tier tat ihnen etwas zuleide, sondern sie kamen vertraulich herbei. Das Häschen fraß ein Kohlblatt aus ihren Händen, das Reh graste an ihrer Seite, der Hirsch sprang ganz lustig vorbei, und die Vögel blieben auf den Ästen sitzen und sangen die schönsten Lieder. Kein Unfall traf sie – wenn sie sich im Walde verspätet hatten und die Nacht sie überfiel, so legten sie sich nebeneinander auf das Moos und schliefen, bis der Morgen kam, und die Mutter wusste das und hatte ihretwegen keine Sorge.

Einmal, als sie im Walde übernachtet hatten und das Morgenrot sie aufweckte, da sahen sie ein schönes Kind in einem weißen, glänzenden Kleidchen neben ihrem Lager sitzen. Es stand auf und blickte sie ganz freundlich an, sprach aber nichts und ging in den Wald hinein. Und als sie sich umsahen, so hatten sie ganz nahe bei einem Abgrunde geschlafen und wären gewiss hineingefallen, wenn sie in der Dunkelheit noch ein paar Schritte weitergegangen wären. Die Mutter aber sagte ihnen, das müsse der Engel gewesen sein, der gute Kinder bewache.

Schneeweißchen und Rosenrot hielten das Hüttchen der Mutter so reinlich, dass es eine Freude war, hineinzuschauen. Im Sommer besorgte Rosenrot das Haus und stellte der Mutter jeden Morgen, ehe sie aufwachte, einen Blumenstrauß vors Bett, darin war von jedem Bäumchen eine Rose. Im Winter zündete Schneeweißchen das Feuer an und hing den Kessel an den Feuerhaken, und der Kessel war von Messing, glänzte aber wie Gold, so rein war er gescheuert. Abends, wenn die Flocken fielen, sagte die Mutter: »Geh, Schneeweißchen, und schieb den Riegel vor«, und dann setzten sie sich an den Herd, und die Mutter nahm die Brille und las aus einem großen Buche vor und die beiden Mädchen hörten zu, saßen und spannen; neben ihnen lag ein Lämmchen auf dem Boden, und hinter ihnen auf einer Stange saß ein weißes Täubchen und hatte seinen Kopf unter den Flügel gesteckt.

Eines Abends, als sie so vertraulich beisammensaßen, klopfte jemand an die Türe, als wollte er eingelassen sein. Die Mutter sprach: »Geschwind, Rosenrot, mach auf, es wird ein Wanderer sein, der Obdach sucht.« Rosenrot ging und schob den Riegel weg und dachte, es wäre ein armer Mann, aber der war es nicht, es war ein Bär, der seinen dicken schwarzen Kopf zur Türe hereinstreckte. Rosenrot schrie laut und sprang zurück. Das Lämmchen blökte, das Täubchen flatterte auf, und Schneeweißchen versteckte sich hinter der Mutter Bett. Der Bär aber fing an zu sprechen und sagte: »Fürchtet euch nicht, ich tue euch nichts zuleide. Ich bin halb erfroren und will mich nur ein wenig bei euch wärmen.«

»Du armer Bär«, sprach die Mutter, »leg dich ans Feuer und gib nur acht, dass dir dein Pelz nicht brennt.« Dann rief sie: »Schneeweißchen, Rosenrot, kommt hervor, der Bär tut euch nichts, er meint es ehrlich.«

Da kamen sie beide heran, und nach und nach näherten sich auch das Lämmchen und Täubchen und hatten keine Furcht vor ihm. Der Bär sprach:

»Ihr Kinder, klopft mir den Schnee ein wenig aus dem Pelzwerk«, und sie holten den Besen und kehrten dem Bär das Fell rein; er aber streckte sich ans Feuer und brummte ganz vergnügt und behaglich. Nicht lange, so wurden sie ganz vertraut und trieben Schabernack mit dem unbeholfenen Gast. Sie zausten ihm das Fell mit den Händen, setzten ihre Füßchen auf seinen Rücken und walkten ihn hin und her, oder sie nahmen eine Haselrute und schlugen auf ihn los, und wenn er brummte, so lachten sie. Der Bär ließ sich's aber gerne gefallen, nur wenn sie's gar zu arg trieben, rief er: »Lasst mich am Leben, ihr Kinder! Schneeweißchen, Rosenrot, schlägst dir den Freier tot.«

Als Schlafenszeit war und die andern zu Bett gingen, sagte die Mutter zu dem Bär: »Du kannst in Gottes Namen da am Herde liegen bleiben, so bist du vor der Kälte und dem bösen Wetter geschützt.« Sobald der Tag graute, ließen ihn die beiden Kinder hinaus, und er trabte über den Schnee in den Wald hinein. Von nun an kam der Bär jeden Abend zu der bestimmten Stunde, legte sich an den Herd und erlaubte den Kindern, Kurzweil mit ihm zu treiben, so viel sie wollten. Und sie waren so gewöhnt an ihn, dass die Türe nicht eher zugeriegelt ward, als bis der schwarze Gesell nach Hause gekommen war.

Als das Frühjahr nahte und draußen alles grün war, sagte der Bär eines Morgens zu Schneeweißchen: »Nun muss ich fort und darf den ganzen Sommer nicht wiederkommen.«

»Wo gehst du denn hin, lieber Bär?«, fragte Schneeweißchen.

»Ich muss in den Wald und meine Schätze vor den bösen Zwergen hüten. Im Winter, wenn die Erde hart gefroren ist, müssen sie wohl unten bleiben und können sich nicht durcharbeiten, aber jetzt, wenn die Sonne die Erde aufgetaut und erwärmt hat, da brechen sie durch, steigen herauf, suchen und stehlen. Was einmal in ihren Händen ist und in ihren Höhlen liegt, das kommt so leicht nicht wieder an des Tages Licht.«

Schneeweißchen war ganz traurig über den Abschied, und als es ihm die Türe aufriegelte und der Bär sich hinausdrängte, blieb er an dem Türhaken hängen, und ein Stück seiner Haut riss auf, und da war es Schneeweißchen, als hätte es Gold durchschimmern sehen, aber es war seiner Sache nicht gewiss. Der Bär lief eilig fort und war bald hinter den Bäumen verschwunden.

Nach einiger Zeit schickte die Mutter die Kinder in den Wald, Reisig zu sammeln. Da fanden sie draußen einen großen Baum, der lag gefällt auf dem Boden, und an dem Stamme sprang zwischen dem Gras etwas auf und ab, sie konnten aber nicht erkennen, was es war. Als sie näher kamen, sahen sie einen Zwerg mit einem alten, verwelkten Gesicht und einem ellenlangen, schneeweißen Bart. Das Ende des Bartes war in eine Spalte des Baums eingeklemmt, und der Kleine sprang hin und her wie ein Hündchen an einem Seil und wusste nicht, wie er sich helfen sollte. Er glotzte die Mädchen mit seinen roten feurigen Augen an und schrie: »Was steht ihr da! Könnt ihr nicht herbeieilen und mir Beistand leisten?«

»Wie ist das passiert, kleines Männchen?«, fragte Rosenrot.

»Dumme, neugierige Gans«, antwortete der Zwerg, »den Baum habe ich mir spalten wollen, um kleines Holz in der Küche zu haben. Bei den dicken Klötzen verbrennt gleich das bisschen Speise, das unsereiner braucht, der nicht so viel hinunterschlingt wie ihr grobes, gieriges Volk. Ich hatte den Keil schon glücklich hineingetrieben, und es wäre alles nach Wunsch gegangen, aber das verwünschte Holz war zu glatt und sprang unversehens heraus, und der Baum fuhr so geschwind zusammen, dass ich meinen schönen weißen Bart nicht mehr herausziehen konnte. Nun steckt er drin, und ich kann nicht fort.«

Die Kinder gaben sich alle Mühe, aber sie konnten den Bart nicht herausziehen, er steckte zu fest. »Ich will laufen und Leute herbeiholen«, sagte Rosenrot. »Wahnsinnige Schafsköpfe«, schnarrte der Zwerg, »wer wird gleich Leute herbeirufen, ihr seid mir schon um zwei zu viel! Fällt euch nicht Besseres ein?«

»Sei nur nicht ungeduldig«, sagte Schneeweißchen, »ich will schon Rat schaffen«, holte sein Scherchen aus der Tasche und schnitt das Ende des Bartes ab.

Sobald der Zwerg sich frei fühlte, griff er nach einem Sack, der zwischen den Wurzeln des Baums steckte und mit Gold gefüllt war, hob ihn heraus und brummte vor sich hin: »Ungehobeltes Volk, schneidet mir ein Stück von meinem stolzen Barte ab! Lohn's euch der Kuckuck!« Damit schwang er seinen Sack auf den Rücken und ging fort, ohne die Kinder noch einmal anzusehen.

Einige Zeit danach wollten Schneeweißchen und Rosenrot Fische angeln.

Als sie nahe bei dem Bach waren, sahen sie, dass etwas wie eine große Heuschrecke auf das Wasser zuhüpfte, als wollte es hineinspringen. Sie liefen heran und erkannten den Zwerg. »Wo willst du hin?«, fragte Rosenrot, »du willst doch nicht ins Wasser?«

»Solch ein Narr bin ich nicht«, schrie der Zwerg, »seht ihr nicht, dass der verwünschte Fisch mich hineinziehen will?«

Der Kleine hatte dagesessen und geangelt, und unglücklicherweise hatte der Wind seinen Bart mit der Angelschnur verflochten. Als gleich darauf ein großer Fisch anbiss, fehlten dem schwachen Geschöpf die Kräfte, ihn herauszuziehen. Der Fisch behielt die Oberhand und riss den Zwerg zu sich hin. Zwar hielt er sich an allen Halmen und Binsen fest, aber das half nicht viel, er musste den Bewegungen des Fisches folgen und war in beständiger Gefahr, ins Wasser gezogen zu werden.

Die Mädchen kamen zu rechter Zeit, hielten ihn fest und versuchten, den Bart von der Schnur loszumachen, aber vergebens, Bart und Schnur waren fest ineinander verwirrt. Es blieb nichts übrig, als das Scherchen hervorzuholen und den Bart abzuschneiden, wobei ein kleiner Teil desselben verloren ging. Als der Zwerg das sah, schrie er sie an: »Ist das eine Art, ihr Kröten, einem das Gesicht zu schänden? Nicht genug, dass ihr mir den Bart unten abgestutzt habt, jetzt schneidet ihr mir den besten Teil davon ab: Ich darf mich vor den Meinigen gar nicht mehr sehen lassen!« Dann holte er einen Sack Perlen, der im Schilf lag, und ohne ein Wort des Dankes schleppte er ihn fort und verschwand hinter einem Stein.

Es trug sich zu, dass bald hernach die Mutter die beiden Mädchen in die Stadt schickte, Zwirn, Nadeln, Schnüre und Bänder einzukaufen. Der Weg führte sie über eine Heide, auf der hier und da mächtige Felsenstücke zerstreut lagen. Da sahen sie einen großen Vogel in der Luft schweben, der langsam über ihnen kreiste, sich immer tiefer herabsenkte und endlich, nicht weit bei einem Felsen, niederstieß. Gleich darauf hörten sie einen durchdringenden, jämmerlichen Schrei. Sie liefen herzu und sahen mit Schrecken, dass der Adler ihren alten Bekannten, den Zwerg, gepackt hatte und ihn forttragen wollte. Die mitleidigen Kinder hielten gleich das Männchen fest und zerrten sich so lange mit dem Adler herum, bis er seine Beute fahren ließ. Als der Zwerg sich von dem ersten Schrecken erholt hatte, schrie er mit seiner kreischenden Stimme: »Konntet ihr nicht säuberlicher mit mir umgehen? Gerissen habt ihr an meinem dünnen Röckchen, dass es überall zerfetzt und durchlöchert ist, unbeholfenes und läppisches Gesindel, das ihr seid!« Dann nahm er einen Sack mit Edelsteinen und schlüpfte wieder unter den Felsen in seine Höhle.

Die Mädchen waren an seinen Undank schon gewöhnt, setzten ihren Weg fort und verrichteten ihr Geschäft in der Stadt. Als sie beim Heimweg wieder auf die Heide kamen, überraschten sie den Zwerg, der auf einem reinlichen Plätzchen seinen Sack mit Edelsteinen ausgeschüttet und nicht gedacht hatte, dass so spät noch jemand daherkommen würde. Die Abendsonne schien über die glänzenden Steine, sie schimmerten und leuchteten so prächtig in allen Farben, dass die Kinder stehen blieben und sie betrachteten. »Was steht ihr da und haltet Maulaffen feil!«, schrie der Zwerg, und sein aschgraues Gesicht ward zinnoberrot vor Zorn. Er wollte mit seinen Scheltworten fortfahren, als sich ein lautes Brummen hören ließ und ein schwarzer Bär aus dem Walde herbeitrabte. Erschrocken sprang der Zwerg auf, aber er konnte nicht mehr zu seinem Schlupfwinkel gelangen, der Bär war schon in seiner Nähe. Da rief er in Herzensangst: »Lieber Herr Bär, verschont mich, ich will Euch alle meine Schätze geben, sehet, die schönen Edelsteine, die da liegen. Schenkt mir das Leben, was habt Ihr an mir kleinem, schmächtigem Kerl? Ihr spürt mich kaum zwischen den Zähnen! Da, packt die beiden gottlosen Mädchen, das sind für Euch zarte Bissen, fett wie junge Wachteln, die fresst in Gottes Namen.« Der Bär kümmerte sich nicht um seine Worte, gab dem boshaften Geschöpf einen einzigen Schlag mit der Tatze, und es regte sich nicht mehr.

Die Mädchen waren fortgesprungen, aber der Bär rief ihnen nach: »Schneeweißchen und Rosenrot, fürchtet euch nicht, wartet, ich will mit euch gehen.« Da erkannten sie seine Stimme und blieben stehen, und als der Bär bei ihnen war, fiel plötzlich die Bärenhaut ab, und er stand da als ein schöner Mann und war ganz in Gold gekleidet. »Ich bin eines Königs Sohn«, sprach er, »und war von dem gottlosen Zwerg, der mir meine Schätze gestohlen hatte, verwünscht, als ein wilder Bär in dem Walde zu leben, bis ich durch seinen Tod erlöst würde. Jetzt hat er seine wohlverdiente Strafe empfangen.«

Schneeweißchen ward mit ihm vermählt und Rosenrot mit seinem Bruder, und sie teilten die großen Schätze miteinander, die der Zwerg in seiner Höhle zusammengetragen hatte. Die alte Mutter lebte noch lange Jahre ruhig und glücklich bei ihren Kindern. Die zwei Rosenbäumchen aber nahm sie mit, und sie standen vor ihrem Fenster und trugen jedes Jahr die schönsten Rosen, weiß und rot.

## ~ *Beipackzettel* ~

Das Märchen *Schneeweißchen und Rosenrot* erzählt von zwei Schwestern, die zusammenhalten und sich gegenseitig helfen. Obwohl beide sehr unterschiedlich sind, lieben sie sich. Das Märchen zeigt eine intakte Familie, in der alle mitarbeiten und sich achten. Das hat zur Folge, dass ein harmonisches Zusammenleben möglich ist und die Kinder sehr selbstständig und frei agieren dürfen.

Das Märchen eignet sich hervorragend, um die Eintracht der Märchen-Familie den ewigen Zankereien Ihrer Kinder gegenüberzustellen. Sprechen Sie mit ihnen über ein respektvolles Miteinander und beziehen Sie Ihre Kinder aktiv in die täglich anfallenden Hausarbeiten ein. Teilen Sie ihnen Aufgaben zu, die sie gemeinsam und eigenverantwortlich erledigen müssen. So werden kollektive Ziele geschaffen und sie lernen, gut miteinander auszukommen.

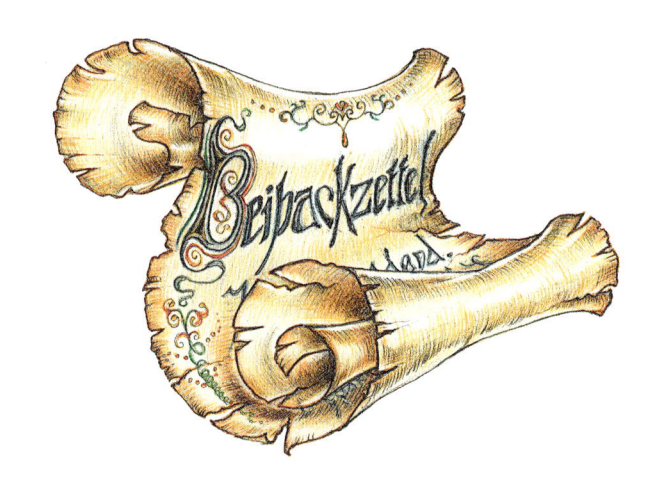

# Unser Kind hat ein Handicap und wir haben Angst, dass es im Leben nicht zurechtkommt

Das Ehepaar Devantier war sehr glücklich, als ihr erstes Kind auf die Welt kam. Viele Jahre hatten sie auf Nachwuchs warten müssen. Und nun war endlich ihr erstes Baby da. Ein Mädchen, nett anzusehen und, wie die Bayern sagen, »pumperlgsund«. Die Eltern gaben ihr den Namen Sandra.

Die Kleine entwickelte sich prächtig, konnte schon sehr früh durch die Wohnung krabbeln, und als sie dann eines Tages »Papppa« sagte und etwas später dann auch »Mammma«, da waren die Eltern ganz gerührt. Ein ausgesprochen mobiles Kind sollte da heranwachsen, auch im Kopf. Und immer guter Dinge war sie, selbst wenn sie mal mit hohem Fieber im Bett lag. Ihr Frohsinn war in jeder Lebenslage ungebrochen. Ein Sonnenschein.

Niemand konnte ahnen, welches Schicksal Sandra noch bevorstehen sollte. Sie war damals in der 9. Klasse. Es geschah an einem eiskalten Januartag bei einer Busfahrt von der Schule nach Hause. Auf spiegelglatter Straße kam der Bus ins Schleudern und prallte gegen einen Baum. Der Fahrer und an die 20 Fahrgäste, die im Bus saßen, wurden zum Teil schwer verletzt. Zu ihnen gehörte auch Sandra, die beim Aufprall die Besinnung verloren hatte. Die Feuerwehr musste sie aus dem Bus befreien. Zu diesem Zeitpunkt wussten die Retter nicht, dass Sandra an der Wirbelsäule verletzt und kein Fall für einen üblichen Transport ins Krankenhaus war. Dabei wurden wichtige Nerven eingeklemmt.

Eines Tages eröffneten die Ärzte den Devantiers, dass ihre Tochter eine bleibende Lähmung der Beine zurückbehalten würde. Und dann sagte ein Arzt ihnen den furchtbaren Satz, den sie nicht hören und glauben wollten: »Ihre Tochter wird ihr Leben lang im Rollstuhl sitzen müssen.« Verzweiflung und Tränen ohne Ende. Wie sollten sie diese bittere Diagnose bloß ihrer Tochter beibringen?

Als es dazu kam und sie herumdrucksten, half ihnen ausgerechnet Sandra: »Ich weiß schon, was ihr mir sagen wollt …« Ein paar Wochen haderte sie mit ihrem Schicksal. Die Eltern ließen die Wohnung inzwischen behindertengerecht umbauen, aber es war klar: Nichts würde sein wie zuvor. Alle Pläne waren zunichte gemacht worden. Wie bloß würde man es schaffen, Perspektiven zu entwickeln, wie sollte überhaupt alles weitergehen?

Als Sandra aus dem Krankenhaus kam, waren alle überrascht über ihre Stimmungslage. Sie hatte sich längst entschieden, den unvermeidbaren Kampf anzunehmen und sich mit ihrem Leben zu arrangieren. »Immerhin lebe ich«, tröstete sie ihre Eltern. Die fragten sich, woher sie bloß diesen starken Willen nahm.

»Der Rollstuhl gehört jetzt zu deinem Leben«, sagte der Vater, »jetzt müssen wir das Beste daraus machen …«

Und genau das hat sie getan! Sie schaffte das Abitur und studierte Computer-Design. Bereits vor dem Unfall war es ihr Wunsch gewesen, eines Tages mal für eine Werbeagentur zu arbeiten. An Fantasie mangelte es ihr ja nicht.

Sie schloss sich einer Behinderten-Sportgruppe an und entdeckte ihre Liebe fürs Bogenschießen. Da traf sie andere »Rollis«, und es entwickelten sich neue Freundschaften. Und als sie die Vereinsmeisterschaft gewann, wurde gefeiert. Sie hatte einfach den Bogen raus, wie man so sagt – im Sport wie im Leben überhaupt.

Von Sandra, die ihre Behinderung akzeptiert hat, werden wir vielleicht noch etwas hören. Wer das Leuchten in ihren Augen sieht, wenn man über die nächsten Paralympics spricht, kann schon ahnen, was sie vorhat …

# DAUMESDICK

Es war ein armer Bauersmann, der saß abends beim Herd und schürte das Feuer, und die Frau saß und spann. Da sprach er: »Wie ist es traurig, dass wir keine Kinder haben! Es ist so still bei uns, und in den andern Häusern geht es so laut und lustig zu.«

»Ja«, antwortete die Frau und seufzte, »wenn wir nur ein einziges hätten, und wenn es auch ganz klein wäre, nur Daumes groß, so wollt ich schon zufrieden sein. Wir hätten es doch von Herzen lieb.«

Nun geschah es, dass die Frau kränklich ward und nach sieben Monaten ein Kind gebar, das zwar an allen Gliedern vollkommen, aber nicht länger als ein Daumen war. Da sprachen sie: »Es ist, wie wir es gewünscht haben, und es soll unser liebes Kind sein«, und nannten es nach seiner Gestalt Daumesdick.

Sie ließen es nicht an Nahrung fehlen, aber das Kind ward nicht größer, sondern blieb, wie es in der ersten Stunde gewesen war. Doch schaute es verständig aus den Augen und zeigte sich bald als ein kluges und behendes Ding, dem alles glückte, was es anfing.

Der Bauer machte sich einmal fertig, in den Wald zu gehen, um Holz zu fällen. Da sprach er so vor sich hin: »Nun wollt ich, dass einer da wäre, der mir den Wagen nachbrächte.«

»O Vater«, rief Daumesdick, »den Wagen will ich schon bringen, verlasst Euch drauf, er soll zur bestimmten Zeit im Walde sein.«

Da lachte der Mann und sprach: »Wie sollte das zugehen, du bist viel zu klein, um das Pferd mit dem Zügel zu leiten.«

»Das macht nichts, Vater, wenn nur die Mutter anspannen will, dann setze ich mich dem Pferd ins Ohr und rufe ihm zu, wie es gehen soll.«

»Nun«, antwortete der Vater, »einmal wollen wir's versuchen.«

Als die Stunde kam, spannte die Mutter an und setzte den Daumesdick dem Pferd ins Ohr. Da rief der Kleine, wie das Pferd gehen sollte: »Jüh und joh! Hott und har!« Da ging es ganz ordentlich, wie bei einem Meister, und der Wagen fuhr den rechten Weg nach dem Walde.

Es trug sich zu, als er eben um eine Ecke bog und der Kleine »har, har!« rief, dass zwei fremde Männer daherkamen. »Schau«, sprach der eine, »was ist das? Da fährt ein Wagen, und ein Fuhrmann ruft die Befehle und ist doch nicht zu sehen.«

»Das geht nicht mit rechten Dingen zu«, sagte der andere, »wir wollen dem Karren folgen und sehen, wo er anhält.«

Der Wagen aber fuhr vollends in den Wald hinein und richtig zu dem Platze, wo das Holz gehauen ward. Als Daumesdick seinen Vater erblickte, rief er ihm zu: »Siehst du, Vater, da bin ich mit dem Wagen, nun hol mich herunter.« Der Vater fasste das Pferd mit der Linken und holte mit der Rechten sein Söhnlein aus dem Ohr, das sich ganz lustig auf einen Strohhalm niedersetzte.

Als die beiden fremden Männer den Daumesdick erblickten, wussten sie nicht, was sie vor Verwunderung sagen sollten. Da nahm der eine den andern beiseite und sprach: »Höre, der kleine Kerl könnte unser Glück machen, wenn wir ihn in einer großen Stadt für Geld sehen ließen. Wir wollen ihn kaufen.« Sie gingen zu dem Bauer und sprachen: »Verkauft uns den kleinen Mann, er soll's gut bei uns haben.« »Nein«, antwortete der Vater, »er ist mein Herzblatt, den ich für alles Gold in der Welt nicht verkaufe!« Daumesdick aber, als er von dem Handel hörte, kroch an den Rockfalten seines Vaters hinauf, stellte sich ihm auf die Schulter und sagte ihm ins Ohr: »Vater, gib mich nur hin, ich will schon wieder zu dir kommen.« Da gab ihn der Vater für ein schönes Stück Geld den beiden Männern hin.

»Wo willst du sitzen?«, sprachen sie zu ihm. »Ach, setzt mich nur auf den Rand von Eurem Hut, da kann ich auf und ab spazieren und die Gegend betrachten und falle doch nicht herunter.« Sie taten ihm den Willen, und als Daumesdick Abschied von seinem Vater genommen hatte, machten sie sich mit ihm fort. Sie gingen, bis es dämmerig ward, da sprach der Kleine: »Hebt mich einmal herunter, ich muss mal.«

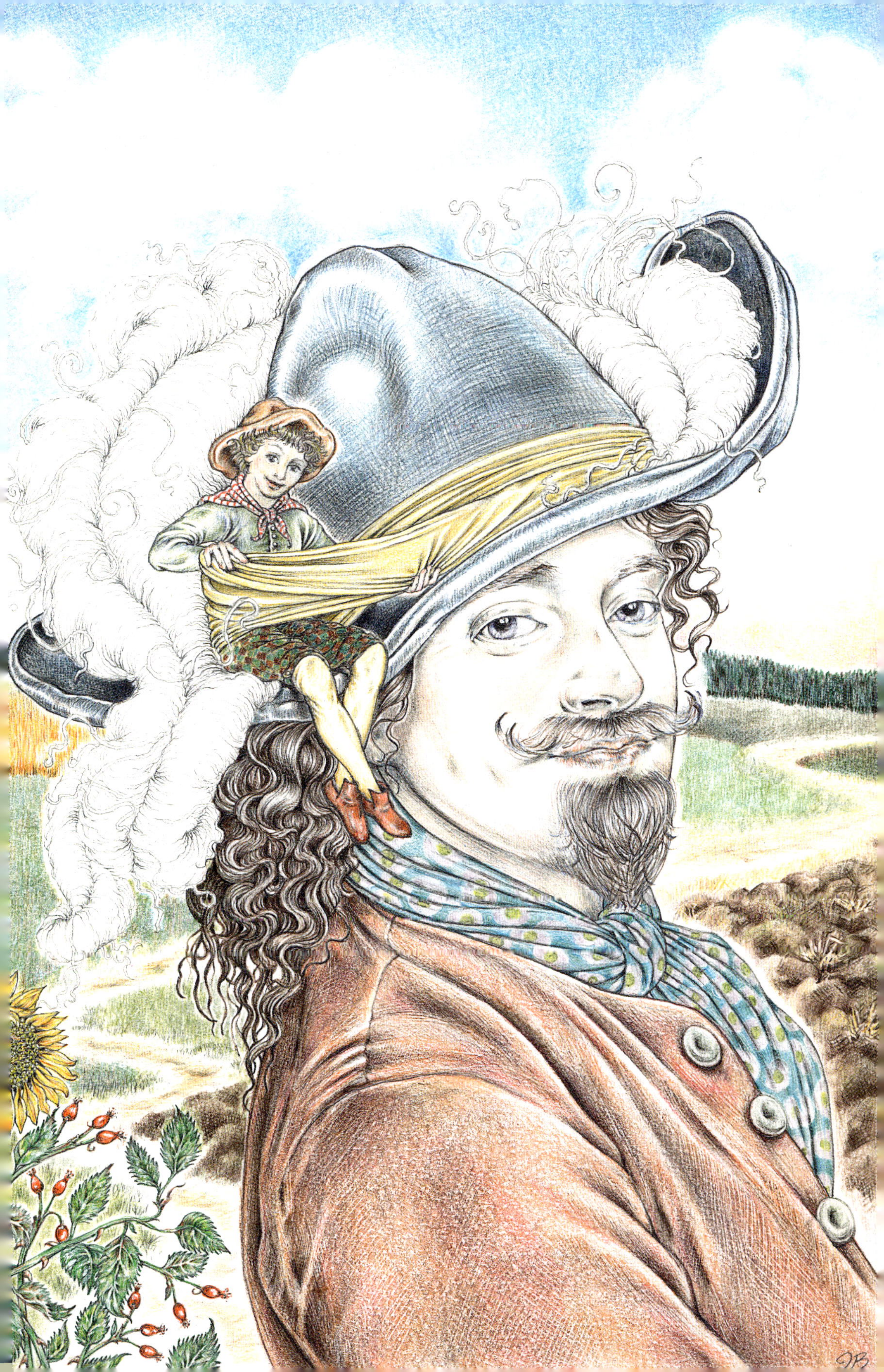

»Bleib nur droben«, sprach der Mann, auf dessen Kopf er saß, »ich will mir nichts draus machen, die Vögel lassen mir auch manchmal was drauf fallen.«

»Nein«, sprach Daumesdick, »ich weiß, was sich schickt: Hebt mich nur geschwind herab.«

Der Mann nahm den Hut ab und setzte den Kleinen auf einen Acker am Weg, da sprang und kroch er ein wenig zwischen den Schollen hin und her und schlüpfte dann auf einmal in ein Mausloch, das er sich ausgesucht hatte. »Guten Abend, ihr Herren, geht nur ohne mich heim«, rief er ihnen zu und lachte sie aus. Sie liefen herbei und stachen mit Stöcken in das Mausloch, aber das war vergebliche Mühe, Daumesdick kroch immer weiter zurück; und da es bald ganz dunkel ward, so mussten sie mit Ärger und mit leerem Beutel wieder heimwandern.

Als Daumesdick merkte, dass sie fort waren, kroch er aus dem unterirdischen Gang wieder hervor. »Es ist hier auf dem Acker in der Finsternis so gefährlich«, sprach er, »wie leicht bricht einer Hals und Bein!« Zum Glück stieß er an ein leeres Schneckenhaus. »Gottlob«, sagte er, »da kann ich die Nacht sicher zubringen«, und setzte sich hinein.

Nicht lang, als er eben einschlafen wollte, so hörte er zwei Männer vorübergehen, davon sprach der eine: »Wie wollen wir's nur anfangen, dem reichen Pfarrer sein Geld und sein Silber zu stehlen?«

»Das könnt ich dir sagen«, rief Daumesdick dazwischen.

»Was war das?«, sprach der eine Dieb erschrocken, »ich hörte jemanden sprechen.«

Sie blieben stehen und horchten, da sprach Daumesdick wieder: »Nehmt mich mit, so will ich euch helfen.«

»Wo bist du denn?«

»Suchet nur hier auf der Erde und merkt, wo die Stimme herkommt«, antwortete er. Da fanden ihn endlich die Diebe und hoben ihn in die Höhe.

»Du kleiner Wicht, was willst du uns helfen?«, sprachen sie.

»Seht«, antwortete er, »ich krieche zwischen den Eisenstäben in die Kammer des Pfarrers hinein und reiche euch heraus, was ihr haben wollt.«

»Wohlan«, sagten sie, »wir wollen sehen, was du kannst.«

Als sie bei dem Pfarrhaus ankamen, kroch Daumesdick in die Kammer, schrie aber gleich aus Leibeskräften: »Wollt ihr alles haben, was hier ist?« Die Diebe erschraken und sagten: »So sprich doch leise, damit niemand aufwacht.« Aber Daumesdick tat, als hätte er sie nicht verstanden, und schrie von Neuem: »Was wollt ihr? Wollt ihr alles haben, was hier ist?«

Das hörte die Köchin, die in der Stube nebenan schlief. Sie richtete sich im Bett auf und horchte. Die Diebe aber waren vor Schrecken ein Stück Wegs zurückgelaufen, endlich fassten sie wieder Mut. Sie dachten: »Der kleine Kerl will uns necken«, kamen zurück und flüsterten ihm hinein: »Nun mach Ernst und reich uns etwas heraus.« Da schrie Daumesdick noch einmal, so laut er konnte: »Ich will euch ja alles geben, reicht nur die Hände herein.« Das hörte die horchende Magd ganz deutlich, sprang aus dem Bett und stolperte zur Tür herein. Die Diebe liefen fort und rannten, als wäre der wilde Jäger hinter ihnen. Die Magd aber, als sie nichts bemerken konnte, ging ein Licht anzuzünden. Wie sie damit herbeikam, machte sich Daumesdick, ohne dass er gesehen wurde, hinaus in die Scheune. Die Magd aber, nachdem sie alle Winkel durchsucht und nichts gefunden hatte, legte sich endlich wieder zu Bett und glaubte, sie hätte mit offenen Augen und Ohren doch nur geträumt.

Daumesdick war in den Heuhälmchen herumgeklettert und hatte einen schönen Platz zum Schlafen gefunden: Da wollte er sich ausruhen, bis es Tag wäre, und dann zu seinen Eltern wieder heimgehen.

Aber er musste andere Dinge erfahren! Denn die Magd stieg, wie gewöhnlich, als der Tag graute, aus dem Bett und wollte das Vieh füttern. Ihr erster Gang war in die Scheune, wo sie einen Arm voll Heu packte und gerade dasjenige, worin der arme Daumesdick lag und schlief. Er schlief aber so fest, dass er nichts gewahr ward, und auch nicht eher aufwachte, als bis er in dem Maul der Kuh war, die ihn zusammen mit dem Heu fressen wollte. »Ach Gott«, rief er, »wie bin ich in die Walkmühle geraten!«, merkte aber bald, wo er war. Da hieß es aufpassen, dass er nicht zwischen die Zähne kam und zermalmt ward, aber er musste doch mit in den Magen hinabrutschen.

»In dem Stübchen sind die Fenster vergessen worden«, sprach er, »es scheint keine Sonne hinein. Ein Licht wird gar nicht zu haben sein!« Überhaupt gefiel ihm das Quartier schlecht, und was das Schlimmste war, es kam immer mehr neues Heu zur Tür herein und der Platz ward immer enger. Da rief er endlich in der Angst, so laut er konnte: »Bringt mir kein frisches Futter mehr, bringt mir kein frisches Futter mehr.« Die Magd melkte gerade die Kuh, und als sie jemanden sprechen hörte, ohne jemand zu sehen, und es dieselbe Stimme war, die sie auch in der Nacht gehört hatte, erschrak sie so sehr, dass sie von ihrem Stühlchen herabglitschte und die Milch verschüttete.

Sie lief in der größten Hast zu ihrem Herrn und rief: »Ach Gott, Herr Pfarrer, die Kuh hat geredet.«

»Du bist verrückt«, antwortete der Pfarrer, ging aber doch selbst in den Stall, um nachzusehen. Aber kaum hatte er den Fuß hineingesetzt, so rief Daumesdick eben aufs Neue: »Bringt mir kein frisches Futter mehr, bringt mir kein frisches Futter mehr.«

Da erschrak der Pfarrer selbst, meinte, es wäre ein böser Geist und hieß die Kuh töten.

Nun ward sie geschlachtet, der Magen aber, worin Daumesdick steckte, ward auf den Mist geworfen. Daumesdick arbeitete sich hindurch und hatte große Mühe damit. Doch endlich brachte er es so weit, dass er seinen Kopf herausstrecken konnte, da kam ein neues Unglück. Ein hungriger Wolf sprang vorbei und verschlang den ganzen Magen mit einem Schluck. Daumesdick verlor den Mut nicht, »vielleicht«, dachte er, »lässt der Wolf mit sich reden«, und rief ihm aus dem Wanst zu: »Lieber Wolf, ich weiß ein herrliches Fressen für dich.«

»Wo ist das zu holen?«, fragte der Wolf.

»In dem und dem Haus, da musst du durch den Rinnstein hineinkriechen und wirst Kuchen, Speck und Wurst finden, so viel du essen willst«, und beschrieb ihm genau seines Vaters Haus.

Der Wolf ließ sich das nicht zweimal sagen, drängte sich in der Nacht zum Rinnstein hinein und fraß in der Vorratskammer nach Herzenslust. Als er satt war, wollte er wieder fort, aber er war so dick geworden, dass er denselben Weg nicht wieder hinauskonnte. Darauf hatte Daumesdick gewartet und fing nun an, im Leib des Wolfs ein gewaltiges Lärmen zu machen, tobte und schrie, was er konnte.

»Willst du stille sein«, sprach der Wolf, »du weckst die Leute auf.«

»Ei was«, antwortete der Kleine, »du hast dich satt gefressen, ich will mich auch lustig machen«, und fing von Neuem an, aus allen Kräften zu schreien.

Davon erwachten endlich sein Vater und seine Mutter, liefen in die Kammer und schauten durch die Spalte hinein. Wie sie sahen, dass ein Wolf darin hauste, rief der Mann seiner Frau zu, die Axt zu holen. Da hörte Daumesdick die Stimme seines Vaters und rief: »Lieber Vater, ich bin hier, ich stecke im Leibe des Wolfs.« Sprach der Vater voll Freuden: »Gottlob, unser liebes Kind hat sich wiedergefunden.« Danach holte er aus und tötete den Wolf.

Dann nahmen sie eine Schere, schnitten ihm den Leib auf und zogen den Kleinen wieder hervor. »Ach«, sprach der Vater, »was haben wir für Sorge um dich ausgestanden!«

»Ja, Vater, ich bin viel in der Welt herumgekommen; gottlob, dass ich wieder frische Luft schöpfe.«

»Wo bist du denn überall gewesen?«

»Ach Vater, ich war in einem Mauseloch, in einer Kuh Bauch und in eines Wolfes Wanst. Nun bleib ich bei Euch.«

»Und wir verkaufen dich um alle Reichtümer der Welt nicht wieder.«

Da herzten und küssten sie ihren lieben Daumesdick, gaben ihm zu essen und trinken und ließen ihm neue Kleider machen, denn die seinigen waren ihm auf der Reise verdorben.

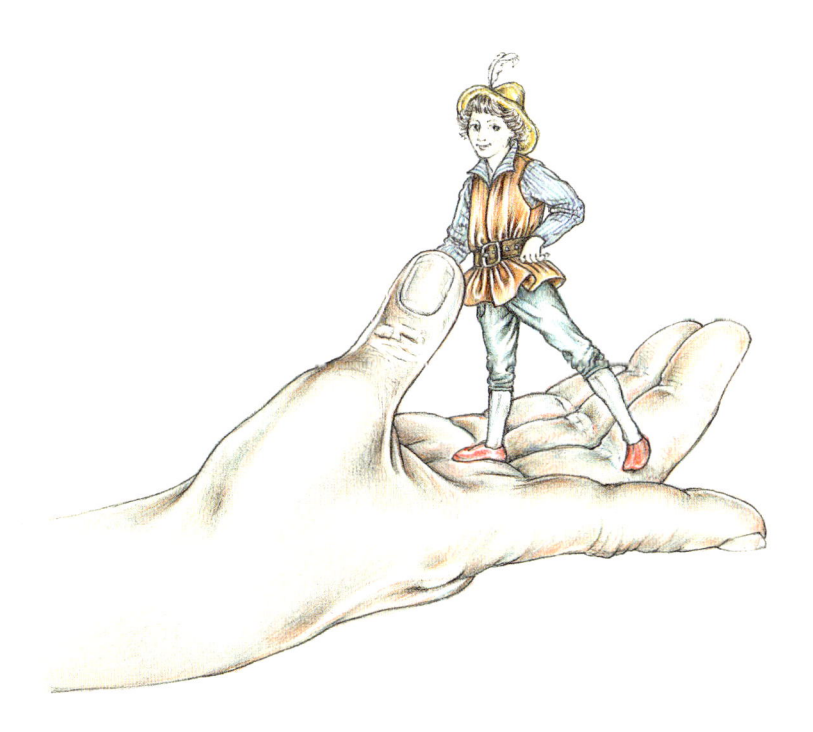

## ~ *Beipackzettel* ~

Ihr Kind ist ein besonderes Kind – es hat eine Behinderung. Sie machen sich Sorgen, ob es jemals ohne Ihre Hilfe auf eigenen Füßen stehen wird. Das Märchen *Daumesdick* behandelt genau dieses Thema. Von den Eltern geliebt und behütet, hat der Vater so viel Vertrauen in seinen Sohn, dass er ihn, trotz eigener Bedenken, allein in die Welt hinausziehen lässt. Die Wertschätzung seiner Fähigkeiten durch die Eltern ermutigt Daumesdick, alle Probleme sowie alle für ihn neuen Situationen erfolgreich zu meistern und selbstbewusst zu seinen Eltern zurückzukehren.

Jeder Mensch hat bestimmte Begabungen, egal in welchen Körper er hineingeboren wurde. Bei aller Liebe und Fürsorge für Ihr Kind, trauen Sie ihm etwas zu. Ermuntern Sie es, seine Fähigkeiten auszuprobieren und eigene Wege zu gehen. Sie stärken damit sein Selbstvertrauen!

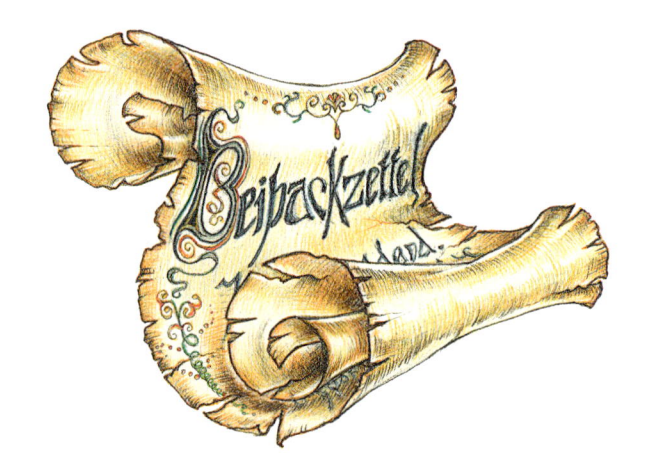

# Unser Kind ist tollpatschig und kann nicht über sich selbst lachen

Der Ungeschickte hat es nicht leicht. Nicht nur, dass ihm nichts so recht gelingen mag. Schlimmer noch sind die anderen, die ihm das vorhalten. So war das bei Sebastian, über den die Eltern bei Feiern gern sagten: »Unser Basti kam mit zwei linken Händen auf die Welt.« Da schmunzelten die anderen und dachten so bei sich: »Da haben die ja einen schönen Trottel in die Welt gesetzt!«

Bei dem Kleinen ging wirklich sehr oft was schief. Er war der geborene Tollpatsch.

Wenn er mal, um seinen Eltern eine Freude zu machen, den Tisch deckte, ging garantiert etwas zu Bruch. Sonntags, wenn vom guten Meißner Porzellan gegessen wurde, verbot ihm die Mutter jede Aktivität: »Du rührst nichts an, das Geschirr ist viel zu wertvoll. Musst auch nicht beim Abräumen helfen …«

Wenn er mal, was wirklich selten im Winter vorkam, einen einzigen Schneeball warf, traf er damit eine Fensterscheibe, die prompt zu Bruch ging.

Wenn er mal in seinem Zimmer ein Bild aufhängen und einen Nagel in die Wand schlagen wollte, war der Papa sofort zur Stelle und meinte: »Lass mich mal. Das kannst du sowieso nicht. Bei dir fällt am Ende noch die ganze Wand zusammen!«

Einmal – und das wird Sebastian nie vergessen – ging dem Vater ein großer Müllbeutel entzwei, und der ganze Dreck lag plötzlich auf der Treppe. Da war er sofort zur Stelle und wollte helfen, aber Vater sagte: »Nee, Junge, lass mal, ich hab schon genug Ärger!«

Dieser Satz hinterließ Narben auf Sebastians Seele. War er denn wirklich zu blöd, um Müll zusammenzukehren? Die Eltern merkten gar nicht, wie sie im Laufe der Jahre ihren Sohn zu einem Nichtsnutz abstempelten. Je mehr sie an ihm herumnörgelten, desto weniger gelang ihm. Irgendwann glaubte er schon selbst daran, ein Versager zu sein. Das machte ihn schwermütig. Jede kindliche Unbekümmertheit war ihm abhandengekommen. Und das sah man ihm auch an: Er war ein Trauerkloß auf Beinen. Und das Lachen – es war ihm völlig abhandengekommen, quasi »aberzogen« worden. Armer Basti!

Eines Tages lud ihn Anja, die fröhliche Tochter der Nachbarn, ins Eiscafé ein. Anja war sehr direkt und fragte ihn: »Warum bist du eigentlich immer so depri?«

Da redete sich Basti alles von der Seele, und Anja fragte: »Machen denn eigentlich deine Eltern alles richtig?«

»Weiß ich nicht«, sagte Sebastian.

»Aber *ich* weiß es«, sagte Anja, »sie machen nicht alles richtig! Sonst wärst du ja nicht immer so fix und fertig. Man könnte ja meinen, dass du zum Lachen in den Keller gehst. Ich sag dir: Jeder macht mal was falsch. Mein Vater saß mal so hackestramm hinterm Lenkrad, dass er beim Einparken rückwärts in eine Verkehrskontrolle fuhr. So einen Blödmann hatten selbst die Polizeibeamten noch nicht gesehen. Die schütteten sich aus vor Lachen. Ein Jahr lang war er seinen Führerschein los – und eine hohe Geldstrafe kam noch dazu. Und dann musste er zum ›Idiotentest‹. Prompt fiel er durch … Stell dir doch das mal vor: Jeder ist froh, wenn er an einer Verkehrskontrolle vorbei ist. Und was macht mein schlauer Vater? Der setzt mit dem Auto noch mal zurück … Ist das nicht irre komisch?«

Jetzt musste selbst Sebastian lachen. Anja freute sich, dass sie das geschafft hatte. Und redete weiter auf Basti ein: »Wäre das nicht schlimm«, fragte sie, »wenn einem immer alles auf Anhieb gelingen würde? Wenn man nie einen Fehler macht? Dann wird man doch ein ganz schlimmer Angeber. Mit so einem würde ich nichts zu tun haben wollen. Da ist mir ein Tollpatsch, der auch mal über sich selber lachen kann, doch wesentlich lieber.«

»Echt?«, fragte Basti.

»Na klar«, meinte Anja, »denk doch nur mal an die großen Komiker vom Film, zum Beispiel an Dick und Doof. Den beiden misslingt doch alles, und das Publikum lacht doch nicht nur aus Schadenfreude über sie, sondern weil sich in Dick und Doof jeder wiedererkennt. Jeder ist doch mal ein Tollpatsch. Und wenn einer genau das nicht sein will, verkrampft er immer mehr – und alles wird noch viel, viel schlimmer. Bleib mal, wie du bist, nämlich ein cooler Typ!«

Eine richtige kleine Psychologin war das, die Anja! Sebastian war beeindruckt und sehr erleichtert. Vor Freude schmiss er prompt seinen Eisbecher um. Er wollte flink den Schaden begrenzen, aber – schwupps – landete der Becher mit dem leckeren Eis auf Anjas Hose. Das richtige Missgeschick zum richtigen Zeitpunkt. Da durfte gelacht werden!

# DER FRIEDER UND DAS KATHERLIESCHEN

Es war ein Mann, der hieß Frieder, und eine Frau, die hieß Katherlieschen, die hatten einander geheiratet und lebten zusammen als junge Eheleute. Eines Tages sprach der Frieder: »Ich gehe jetzt auf den Acker, Katherlieschen, wenn ich wiederkomme, muss etwas Gebratenes auf dem Tisch stehen für den Hunger, und ein frischer Trunk dabei für den Durst.«

»Geh nur, Friederchen«, antwortete die Katherlies, »geh nur, will dir's schon recht machen.«

Als nun die Essenszeit herbeirückte, holte sie eine Wurst aus dem Schornstein, tat sie in eine Bratpfanne, legte Butter dazu und stellte sie übers Feuer. Die Wurst fing an zu braten und zu brutzeln, Katherlieschen stand dabei, hielt den Pfannenstiel und hatte so seine Gedanken, da fiel ihm ein: »Bis die Wurst fertig wird, derweil könntest du ja im Keller den Trunk zapfen.« Also stellte es den Pfannenstiel fest, nahm eine Kanne, ging hinab in den Keller und zapfte Bier.

Das Bier lief in die Kanne, und Katherlieschen sah ihm zu, da fiel ihm ein: »Holla, der Hund oben ist nicht angebunden, der könnte die Wurst aus der Pfanne holen, das wäre schlecht!« Und im Hui war es die Kellertreppe hinauf, aber der Spitz hatte die Wurst schon im Maul und schleifte sie auf der Erde mit sich fort. Doch Katherlieschen, nicht faul, setzte ihm nach und jagte ihn ein gut Stück ins Feld, aber der Hund war geschwinder als Katherlieschen, ließ auch die Wurst nicht fallen, sondern hüpfte über die Äcker.

»Hin ist hin!«, sprach Katherlieschen, kehrte um, und weil es sich müde gelaufen hatte, ging es hübsch langsam und kühlte sich ab. Während der Zeit lief das Bier immerzu aus dem Fass, denn Katherlieschen hatte den Hahn nicht abgedreht. Und als die Kanne voll und sonst kein Platz da war, so lief das Bier in den Keller und hörte nicht eher auf, als bis das ganze Fass leer war.

Katherlieschen sah schon auf der Treppe das Unglück. »Himmel«, rief es, »was fängst du jetzt an, dass es der Frieder nicht merkt!« Es besann sich ein Weilchen, endlich fiel ihm ein, von der letzten Kirmes stände noch ein Sack mit schönem Weizenmehl auf dem Boden, das wollte es herabholen und in das Bier streuen. »Ja«, sprach es, »wer zu rechter Zeit was spart, der hat's hernach in der Not«, stieg auf den Boden, trug den Sack herab und warf ihn gerade auf die Kanne voll Bier, dass sie umstürzte und der Trunk des Frieder auch im Keller schwamm. »Es ist ganz recht«, sprach Katherlieschen, »wo eins ist, muss das andere auch sein«, und zerstreute das Mehl im ganzen Keller. Als es fertig war, freute es sich gewaltig über seine Arbeit und sagte: »Wie's so reinlich und sauber hier aussieht!«

Um die Mittagszeit kam der Frieder heim. »Nun, Frau, was hast du mir zurechtgemacht?«

»Ach, Friederchen«, antwortete sie, »ich wollte dir ja eine Wurst braten, aber während ich das Bier dazu zapfte, hat sie der Hund aus der Pfanne weggeholt, und während ich dem Hund nachsprang, ist das Bier ausgelaufen, und als ich das Bier mit dem Weizenmehl auftrocknen wollte, hab ich die Kanne auch noch umgestoßen. Aber sei nur zufrieden, der Keller ist wieder ganz trocken.«

Sprach der Frieder: »Katherlieschen, Katherlieschen, das hättest du nicht tun müssen! Lässt die Wurst wegholen und das Bier aus dem Fass laufen und verschüttest obendrein unser feines Mehl!«

»Ja, Friederchen, das habe ich nicht gewusst, hättest mir's sagen müssen.«

Der Mann dachte: »Geht das so mit deiner Frau, so musst du dich besser vorsehen.« Nun hatte er eine hübsche Summe Taler zusammengebracht, die wechselte er in Gold ein und sprach zum Katherlieschen: »Siehst du, das sind gelbe Gickelinge, die will ich in einen Topf tun und im Stall unter der Kuhkrippe vergraben, aber dass du mir ja die Finger davon lässt, sonst geht dir's schlimm.« Sprach sie: »Nein, Friederchen, will's gewiss nicht tun.«

Nun, als der Frieder fort war, da kamen Krämer ins Dorf, die irdene Näpfe und Töpfe feilhielten, und fragten bei der jungen Frau an, ob sie nichts zu handeln hätte.

»O, ihr lieben Leute«, sprach Katherlieschen, »ich hab kein Geld und kann nichts kaufen. Aber wenn ihr gelbe Gickelinge brauchen könnt, so will ich sie euch verkaufen.«

»Gelbe Gickelinge, warum nicht? Lasst sie einmal sehen.«

»So geht in den Stall und grabt unter der Kuhkrippe, so werdet ihr die gelben Gickelinge finden, ich soll meine Finger davon lassen und kann nicht mitgehen.«

Die Spitzbuben gingen hin, gruben und fanden eitel Gold. Das packten sie, liefen fort und ließen Töpfe und Näpfe im Hause stehen. Katherlieschen meinte, sie müsste das neue Geschirr auch brauchen, weil nun in der Küche ohnehin kein Mangel daran war, schlug sie jedem Topf den Boden aus und steckte sie insgesamt zum Zierrat auf die Zaunpfähle rings ums Haus herum.

Wie der Frieder kam und den neuen Zierrat sah, sprach er: »Katherlieschen, was hast du gemacht?«

»Habs gekauft, Friederchen, für die gelben Gickelinge, die unter der Kuhkrippe steckten, bin selber nicht dabei gegangen, die Krämer haben sich's herausgraben müssen.« »Ach, Frau«, sprach der Frieder, »was hast du gemacht! Das waren keine Gickelinge, es war eitel Gold, und war all unser Vermögen; das hättest du nicht tun sollen.«

»Ja, Friederchen«, antwortete sie, »das hab ich nicht gewusst, hättest mir's vorher sagen sollen.«

Katherlieschen stand ein Weilchen und besann sich, da sprach sie: »Höre, Friederchen, das Gold wollen wir schon wiederkriegen, wir wollen hinter den Dieben herlaufen.«

»So komm«, sprach der Frieder, »wir wollen's versuchen, nimm aber Butter und Käse mit, dass wir auf dem Weg was zu essen haben.«

»Ja, Friederchen, will's mitnehmen.«

Sie machten sich fort, und weil der Frieder besser zu Fuß war, ging Katherlieschen hintennach. »Ist mein Vorteil«, dachte es, »wenn wir umkehren, hab ich ja ein Stück voraus.« Nun kam es an einen Berg, wo auf beiden Seiten des Wegs tiefe Fahrgleisen waren. »Da sehe einer«, sprach Katherlieschen, »was sie das arme Erdreich zerrissen, geschunden und gedrückt haben!

Das wird sein Lebtag nicht wieder heil.« Und aus mitleidigem Herzen nahm es seine Butter und bestrich die Gleisen, rechts und links, damit sie von den Rädern nicht so gedrückt würden: und wie es sich bei seiner Barmherzigkeit so bückte, rollte ihm ein Käse aus der Tasche den Berg hinab.

Sprach das Katherlieschen: »Ich habe den Weg schon einmal herauf gemacht, ich gehe nicht wieder hinab, es mag ein anderer hinlaufen und ihn wieder holen.« Also nahm es einen andern Käs und rollte ihn hinab. Die Käse aber kamen nicht wieder, da ließ es noch einen dritten hinablaufen und dachte: »Vielleicht warten sie auf Gesellschaft und gehen nicht gern allein.« Als sie alle drei ausblieben, sprach es: »Ich weiß nicht, was das bedeuten soll! Doch kann's ja sein, der dritte hat den Weg nicht gefunden und sich verirrt, ich will noch den vierten schicken, dass er sie herbeiruft.« Der vierte machte es aber nicht besser als der dritte. Da ward das Katherlieschen ärgerlich und warf noch den fünften und sechsten hinab, und das waren die letzten. Eine Zeit lang blieb es stehen und lauerte, dass sie kämen. Als sie aber immer nicht kamen, sprach es: »O, ihr seid gut nach dem Tod schicken, ihr bleibt fein lange aus; meint ihr, ich wollt noch länger auf euch warten? Ich gehe meiner Wege, ihr könnt mir nachlaufen, ihr habt jüngere Beine als ich.«

Katherlieschen ging fort und fand den Frieder, der war stehen geblieben und hatte gewartet, weil er gerne was essen wollte. »Nun, gib einmal her, was du mitgenommen hast.« Sie reichte ihm das trockene Brot.

»Wo sind Butter und Käse?«, fragte der Mann.

»Ach, Friederchen«, sagte Katherlieschen, »mit der Butter hab ich die Fahrgleisen geschmiert, und die Käse werden bald kommen; einer lief mir fort, da hab ich die andern nachgeschickt, sie sollten ihn rufen.«

Sprach der Frieder: »Das hättest du nicht tun sollen, Katherlieschen, die Butter an den Weg schmieren und die Käse den Berg hinabrollen.«

»Ja, Friederchen, hättest mir's sagen müssen.«

Da aßen sie das trockne Brot zusammen, und der Frieder sagte: »Katherlieschen, hast du auch unser Haus verschlossen, wie du fortgegangen bist?«

»Nein, Friederchen, hättest mir's vorher sagen sollen.«

»So geh wieder heim und schließe erst das Haus ab, ehe wir weitergehen; bring auch etwas anderes zu essen mit, ich will hier auf dich warten.«

Katherlieschen ging zurück und dachte: »Friederchen will etwas anderes zu essen, Butter und Käse schmecken ihm wohl nicht, so will ich ein Tuch voll Hutzeln und einen Krug Essig zum Trunk mitnehmen.«

Danach riegelte es die Obertüre zu, aber die Untertüre hob es aus, nahm sie auf die Schulter und glaubte, wenn es die Türe in Sicherheit gebracht hätte, müsste das Haus wohl sicher sein. Katherlieschen nahm sich Zeit zum Weg und dachte: »Desto länger ruht sich Friederchen aus.« Als es ihn wieder erreicht hatte, sprach es: »Da, Friederchen, hast du die Haustüre, da kannst du das Haus selber hüten.«

»Ach, Gott«, sprach er, »was hab ich für eine kluge Frau! Hebt die Türe unten aus, dass alles hineinlaufen kann, und riegelt sie oben zu. Jetzt ist's zu spät, noch einmal nach Haus zu gehen, aber hast du die Türe hierhergebracht, so sollst du sie auch tragen.«

»Die Türe will ich tragen, Friederchen, aber die Hutzeln und der Essigkrug werden mir zu schwer: Ich hänge sie an die Türe, die mag sie tragen.«

Nun gingen sie in den Wald und suchten die Spitzbuben, aber sie fanden sie nicht. Weil es endlich dunkel ward, stiegen sie auf einen Baum und wollten da übernachten. Kaum aber saßen sie oben, so kamen die Kerle daher, die forttragen, was nicht mitgehen will, und die Dinge finden, ehe sie verloren sind. Sie ließen sich gerade unter dem Baum nieder, auf dem Frieder und Katherlieschen saßen, machten sich ein Feuer an und wollten ihre Beute teilen.

Der Frieder stieg von der andern Seite herab und sammelte Steine, stieg damit wieder hinauf und wollte die Diebe totwerfen. Die Steine aber trafen nicht, und die Spitzbuben riefen: »Es ist bald Morgen, der Wind schüttelt die Tannäpfel herunter.« Katherlieschen hatte die Türe noch immer auf der Schulter, und weil sie so schwer drückte, dachte es, die Hutzeln wären schuld, und sprach: »Friederchen, ich muss die Hutzeln hinabwerfen.«

»Nein, Katherlieschen, jetzt nicht«, antwortete er, »sie könnten uns verraten.«

»Ach, Friederchen, ich muss, sie drücken mich gar zu sehr.«

»Nun, so tu's, in Henkers Namen!«

Da rollten die Hutzeln zwischen den Ästen herab, und die Kerle unten sprachen: »Die Vögel misten.«

Eine Weile danach, weil die Türe noch immer drückte, sprach Katherlieschen: »Ach, Friederchen, ich muss den Essig ausschütten.«

»Nein, Katherlieschen, das darfst du nicht, es könnte uns verraten.«

»Ach, Friederchen, ich muss, er drückt mich gar zu sehr.«

»Nun, so tu's ins Henkers Namen!«

Da schüttete es den Essig aus, dass er die Kerle bespritzte. Sie sprachen untereinander: »Der Tau tröpfelt schon herunter.«

Endlich dachte Katherlieschen: »Sollte es wohl die Türe sein, was mich so drückt?«, und sprach: »Friederchen, ich muss die Türe hinabwerfen.«

»Nein, Katherlieschen, jetzt nicht, sie könnte uns verraten.« »Ach, Friederchen, ich muss, sie drückt mich gar zu sehr.« »Nein, Katherlieschen, halt sie ja fest.«

»Ach, Friederchen, ich lasse sie fallen.«

»Ei«, antwortete Frieder ärgerlich, »so lass sie fallen ins Teufels Namen!«

Da fiel sie herunter mit starkem Gepolter, und die Kerle unten riefen: »Der Teufel kommt vom Baum herab«, rissen aus und ließen alles im Stich. Frühmorgens, wie die zwei herunterkamen, fanden sie all ihr Gold wieder und trugen's heim.

Als sie wieder zu Haus waren, sprach der Frieder: »Katherlieschen, nun musst du aber auch fleißig sein und arbeiten.«

»Ja, Friederchen, will's schon tun, will ins Feld gehen, Frucht schneiden.«

Als Katherlieschen im Feld war, sprach's mit sich selber: »Ess ich, eh ich schneid, oder schlaf ich, eh ich schneid? Hei, ich will zuerst essen!« Da aß Katherlieschen und ward überm Essen schläfrig und fing an zu schneiden und schnitt halb träumend alle seine Kleider entzwei, Schürze, Rock und Hemd.

Wie Katherlieschen nach langem Schlaf wieder erwachte, stand es halb nackigt da und sprach zu sich selbst: »Bin ich's, oder bin ich's nicht? Ach, ich bin's nicht!« Unterdessen war es Nacht, da lief Katherlieschen ins Dorf hinein, klopfte an ihres Mannes Fenster und rief: »Friederchen?«

»Was ist denn?«

»Möcht gern wissen, ob's Katherlieschen drinnen ist.«

»Ja, ja«, antwortete der Frieder, »es wird wohl drin liegen und schlafen.«

Sprach sie: »Gut, dann bin ich gewiss schon zu Haus«, und lief fort.

Draußen fand Katherlieschen Spitzbuben, die wollten stehlen. Da ging es zu ihnen und sprach: »Ich will euch helfen stehlen.« Die Spitzbuben meinten, es kenne die Gegebenheiten des Ortes und waren's zufrieden. Katherlieschen ging vor die Häuser und rief: »Leute, habt ihr was? Wir wollen stehlen.« Da dachten die Spitzbuben: »Das wird gut werden«, und wünschten, sie wären Katherlieschen wieder los. Da sprachen sie zu ihm: »Vorm Dorfe hat der Pfarrer Rüben auf dem Feld, geh hin und rupf uns Rüben.«

Katherlieschen ging hin aufs Land und fing an zu rupfen, war aber so faul und hob sich nicht in die Höhe. Da kam ein Mann vorbei, sah's und stand still und dachte, das wäre der Teufel, der so in den Rüben wühlte. Er lief fort ins Dorf zum Pfarrer und sprach: »Herr Pfarrer, in Eurem Rübenland ist der Teufel und rupft.«

»Ach Gott«, antwortete der Pfarrer, »ich habe einen lahmen Fuß, ich kann nicht hinaus und ihn wegbannen.«

Da sprach der Mann: »So will ich Euch hockeln«, und hockelte ihn hinaus.

Und als sie an das Feld kamen, machte sich das Katherlieschen auf und reckte sich in die Höhe. »Ach, der Teufel!«, rief der Pfarrer, und beide eilten fort, und der Pfarrer konnte vor großer Angst mit seinem lahmen Fuße schneller laufen als der Mann, der ihn gehockelt hatte, mit seinen gesunden Beinen.

## ~ *Beipackzettel* ~

Es gibt Glückspilze und Pechvögel, doch alles ist relativ. Die Vergangenheit lehrt uns, dass manch bahnbrechende Errungenschaft zufällig erfunden wurde, nur weil irgendetwas schiefgelaufen ist. Ein leckeres Beispiel dafür ist die Herstellung der Münchner Weißwurst vor 150 Jahren. Einer Anekdote nach wurde sie nur durch das Missgeschick eines Lehrlings erfunden, der seinem Meister die falschen Därme gebracht hatte.

Wenn Ihr Kind so ein vermeintlicher Pechvogel ist, dann lesen Sie mit ihm das Märchen vom *Frieder und dem Katherlieschen*, und lachen Sie gemeinsam über die vielen Missgeschicke. Sprechen Sie mit Ihrem Kind über seine Tollpatschigkeit und vermeiden Sie es, sich tadelnd darüber zu äußern. Ermuntern Sie Ihr Kind, über sich selbst zu lachen und im Gegensatz zum Katherlieschen mithilfe seines Verstandes das Beste aus den jeweiligen Situationen zu machen.

# Unser Kind ist gestorben, und es fällt uns schwer, in der Familie mit diesem Unglück fertig zu werden

Wer an Gott glaubt, glaubt auch daran, dass nach unserem irdischen Sein noch etwas kommt, das uns erwartet. Dieser Gedanke kann uns Trost schenken, wenn ein lieber Mensch von uns gegangen ist. Unsagbar schwerer ist es, wenn ein Kind stirbt. Dass Eltern am Grab ihres Sohnes oder ihrer Tochter stehen, ist schrecklich und kann nicht gewollt sein. Und Trost zu empfinden in einem solchen Fall, scheint gar unmöglich.

Eva und Thomas mussten ihre Tochter Carmen begraben. Sie war sieben Jahre alt, als sie an Leukämie starb. »Warum gerade sie?«, fragte sich Thomas. Dabei hatte das Ehepaar ja noch zwei andere Kinder: Mia war sechs, Peer acht Jahre alt. Auch sie litten und trauerten, als ihre Schwester starb.

Bei den Eltern drehte sich seitdem alles ausschließlich um Carmen. Sie gingen durch das Haus, und überall sahen sie ihr Kind. In der Küche, in ihrem Zimmer mit den vielen Plüschtieren, beim Spielen im Garten. Zu den endlos fließenden Tränen kam die Sprachlosigkeit. Mia und Peer, die auch der Zuwendung bedurft hätten, dachten sich, dass die Eltern Carmen wohl viel lieber gehabt hatten als sie. Und dass sie für Mama und Papa gar nicht so wichtig wären. So kam zur Trauer um die tote Schwester noch eine ganz neue Traurigkeit dazu. Das hatte zur Folge, dass sie sich auf nichts mehr konzentrieren konnten, schlecht schliefen und ohne Schwung in den Tag gingen. Ihre Lehrer schlugen Alarm. Die Seele der Kinder schrie laut auf, doch niemand hörte den stummen Schrei.

Gott sei Dank sahen die Eltern bald ein, dass es so nicht weitergehen konnte. Und so besuchten Eva und Thomas eine Selbsthilfegruppe. Dort schilderten andere Eltern, wie sie versuchten, über den Tod ihrer Kinder hinwegzukommen. Ein Psychotherapeut, der selbst seinen zehn Jahre alten Sohn Boris verloren hatte, leitete die Gruppensitzung, und als er gefragt wurde, wie er mit diesem schweren Schlag umgegangen sei, sagte er:

»Ich habe mir vorgestellt, dass mich Boris vom wunderschönen Kinderhimmel aus beobachtet und mich sieht, wie verzweifelt ich bin. Dann sagt er zu mir: ›Papa, ich muss weinen, wenn ich dich so traurig sehe. Lass es dir doch bloß gut gehen, dann bin ich wieder richtig froh.‹ Ja, das hab ich dann langsam auch beherzigt. War ja ein Befehl von oben …«

Eva und Thomas schauten sich an. Sie hatten verstanden. Die Toten dürfen nicht wichtiger sein als die Lebenden. Das wollen doch auch die Verstorbenen nicht. Sie möchten uns nicht weinen sehen. Es muss alles weitergehen. Die Therapie half und brachte die Wende im Leben der Familie. Und wenn nun Mia und Peer mit den Eltern im Garten umhertollten, waren alle wieder fröhlich. Und manchmal sahen sie auch Carmen lächelnd mittendrin – eine Familie eben.

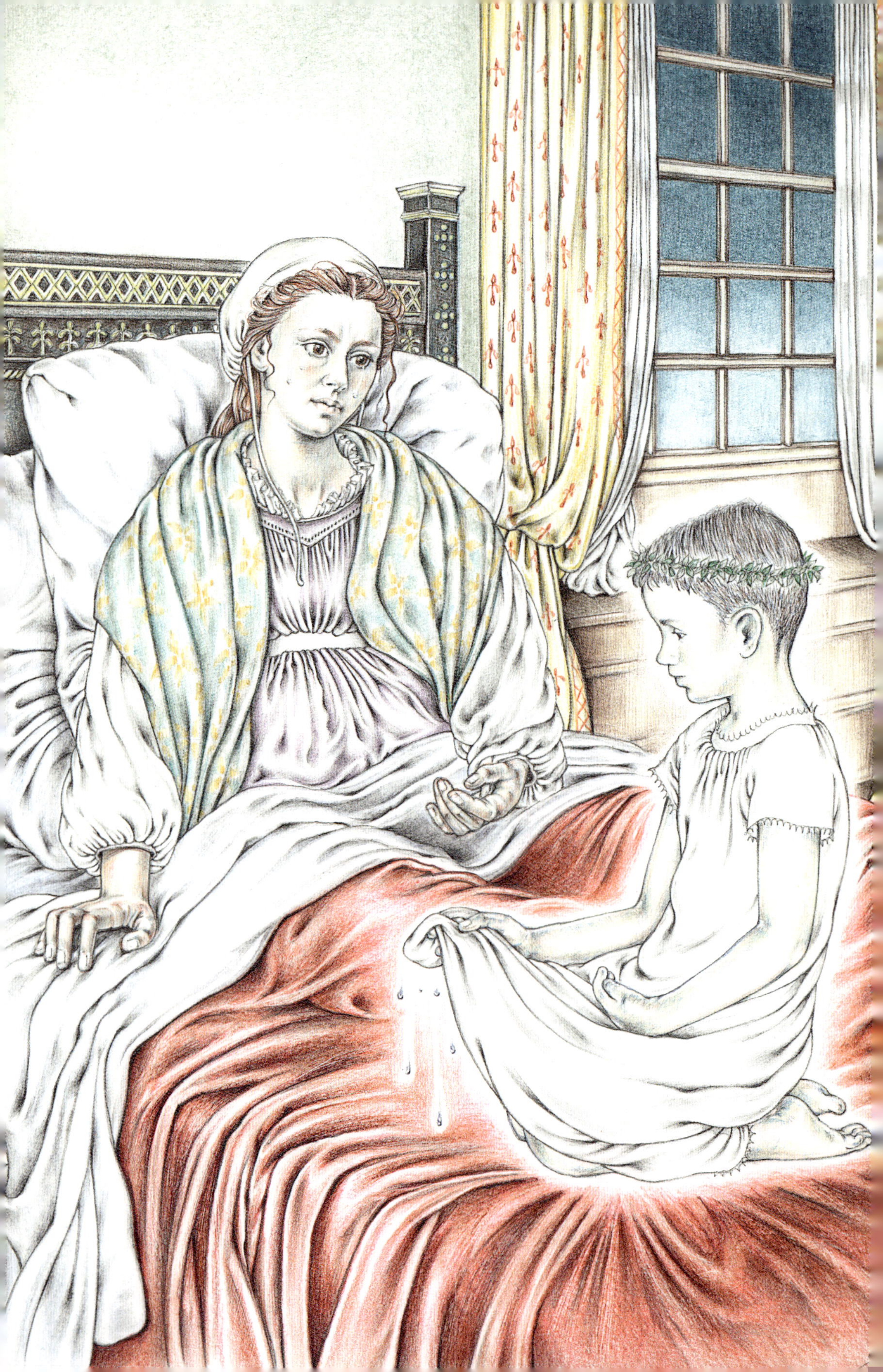

# DAS TOTENHEMDCHEN

Es hatte eine Mutter ein Söhnchen von sieben Jahren, das war so schön und lieblich, dass es niemand ansehen konnte, ohne mit ihm gut zu sein, und sie hatte es auch lieber als alles auf der Welt. Nun geschah es, dass es plötzlich krank ward, und der liebe Gott es zu sich nahm. Darüber konnte sich die Mutter nicht trösten und weinte Tag und Nacht.

Bald darauf aber, nachdem es begraben war, zeigte sich das Kind nachts an den Orten, wo es sonst im Leben gesessen und gespielt hatte. Weinte die Mutter, so weinte es auch, und wenn der Morgen kam, war es verschwunden. Als aber die Mutter gar nicht aufhören wollte zu weinen, kam es in einer Nacht mit seinem weißen Totenhemdchen, in welchem es in den Sarg gelegt worden war, und mit dem Kränzchen auf dem Kopf. Es setzte sich zu ihren Füßen auf das Bett und sprach: »Ach Mutter, höre doch auf zu weinen, sonst kann ich in meinem Sarg nicht einschlafen, denn mein Totenhemdchen wird nicht trocken von deinen Tränen, die alle darauffallen.« Da erschrak die Mutter, als sie das hörte, und weinte nicht mehr. Und in der andern Nacht kam das Kind wieder, hielt in der Hand ein Lichtchen und sagte: »Siehst du, nun ist mein Hemdchen bald trocken, und ich habe Ruhe in meinem Grab.«

Da befahl die Mutter dem lieben Gott ihr Leid und ertrug es still und geduldig, und das Kind kam nicht wieder, sondern schlief friedlich in seinem unterirdischen Bettchen.

## ~ *Beipackzettel* ~

Mit dem Lesen und Besprechen des Märchens *Das Totenhemdchen* innerhalb der Familie kann man der unsäglichen Trauer und Sprachlosigkeit nach dem Tod eines Kindes begegnen. Das Märchen leugnet nicht den Schmerz über den Verlust des geliebten Kindes, aber es erzählt in schlichter Weisheit, dass man das Leben nach solch einem Schicksalsschlag nicht vertrauern darf. Sich dem Leben zu verweigern, bringt das geliebte Kind nicht zurück, sondern begräbt das eigene Leben und das Leben der Geschwister unter einem Berg von Trauer.

Überwinden Sie die lähmende Verzweiflung und Sprachlosigkeit mit professioneller Hilfe, sprechen Sie oft mit Ihren Kindern über das tote Geschwisterchen. Erinnern Sie sich gemeinsam an die schönen Erlebnisse mit ihm. Versuchen Sie, dankbar zu sein für die Zeit, die es unter Ihnen lebte, und geben Sie Ihren anderen Kindern die Gewissheit, die wichtigsten Menschen in Ihrem Leben zu sein.

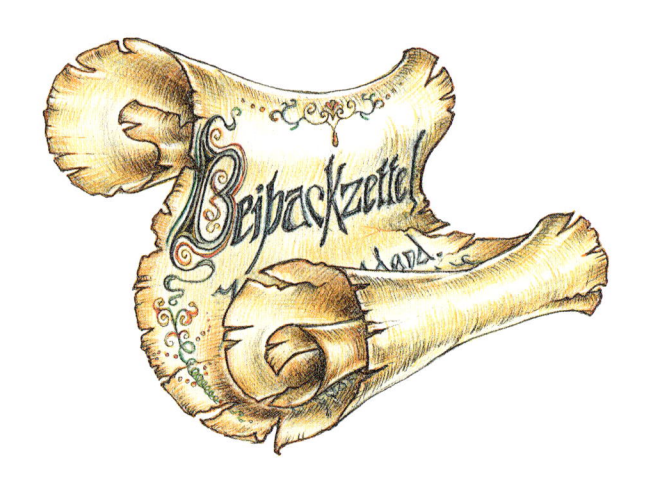

# Unser Kind ist mit allem unzufrieden und der Meinung, alle anderen hätten es besser

Die Rosenthals machen das schon ganz richtig. Jeden Sonnabend setzen sich die Eltern und ihr elf Jahre alter Sohn Sascha zum kurzen »Familien-Meeting« zusammen. Da wird dann alles besprochen, was jeder auf dem Herzen hat. Eine gute Einrichtung.

Diesmal sprachen die Eltern ein Thema an, das sie schon längere Zeit beschäftigte, und zwar Saschas Wünsche, die immer größer geworden und nun langsam kaum mehr erschwinglich waren.

Mutter: »Mein Süßer, wir müssen mit dir mal über Geld reden.«

Sascha: »Krieg ich mehr Taschengeld?«

Vater: »Nein! Du musst dir mal klar darüber werden, dass das Geld, das man ausgibt, ja auch irgendwoher kommen muss. Es kommt nicht von allein, und es wächst auch nicht nach …«

Sascha: »Du kriegst doch jeden Monat dein Gehalt überwiesen!«

Mutter: »Gott sei Dank. Wie sollten wir denn sonst die Miete zahlen, Lebensmittel kaufen und die Rechnungen für Heizung, Auto, Telefon und so weiter bezahlen?«

Vater: »Und weißt du, wie mein Chef reagiert, wenn ich ihm sage, dass ich mehr Geld brauche? Dann lacht der nur und sagt: ›Mein lieber Rosenthal, ich auch …‹ So ist das!«

Sascha: »Aber was hat das mit mir zu tun?«

Mutter: »Du merkst es vielleicht gar nicht, aber du stellst immer mehr Ansprüche. Jetzt zum Beispiel wünschst du dir ein iPhone …«

Sascha: »Mama! Mein Handy ist zwei Jahre alt! Alle meine Freunde haben inzwischen ein iPhone. Der Moritz, der Ludwig, die Ricarda – die haben ein Blackberry! Aber ein iPhone würde mir doch reichen. Da kann man sich alle Spiele mit runterladen. Apps ohne Ende. Wahnsinn!«

Vater: »Dazu muss man doch teure Handy-Verträge abschließen. Da kommen monatlich noch mal rund 50 Euro dazu.«

Sascha: »Ja, verschenken tun die nichts.«

Vater: »Eben. Die wollen nur dein Bestes: dein Geld. Und weil du kein Geld hast, müssen wir ran. So sieht's aus.«

Mutter: »Und dann deine Klamotten. Ich höre nur noch Designer, Designer! Warte mal, ich hab mir das hier aus der Anzeige aufgehoben: Keith Haring Sneakers für 46 Euro. Jerrol Denim Jeansjacke 77 Euro, Ona Lederjacke 175 Euro. Das ist doch Irrsinn. Und im nächsten Jahr passt dir das sowieso nicht mehr, weil du wieder gewachsen bist …«

Sascha: »Mama, das sind alles Schnäppchen-Preise! Und die kann man sogar online kaufen, da gibt es noch Rabatt drauf. In unserer Klasse hat fast jeder irgendein Teil vom Tommy Hilfiger. So sieht's nämlich aus!«

Vater: »Er versteht es nicht. Für deine ›Schnäppchen‹ reicht unser Geld nicht. Und wenn andere Eltern mehr Kohle haben, ist es schön. Aber wir nicht. Man lässt sich doch nicht von so einem Mode-Heini erpressen. Kannst du vergessen! Ich geh doch nicht noch nachts Taxifahren, nur um unserem Sohn das feine Outfit zu bezahlen. Und deine Mutter soll wohl früh um vier Zeitungen austragen und anschließend im Supermarkt Regale auffüllen, was? Da fällt mir ein: Zeitungen könntest du doch auch austragen. Abends früher ins Bett, dann bist du morgens fit. Und von dem Geld kannst du dir gerne einen Designer-Gürtel kaufen …«

Und schon war er weg, der Sascha. Ziemlich sauer. Aber drüber nachgedacht hat er schon. War ja ohnehin ein ganz ausgeschlafener Typ.

Einen Monat später: »Familien-Meeting«. Sascha berichtet: Revolution an der Schule! Sascha hat zum »Klassen-Kampf« gegen den Konsumterror aufgerufen. Motto: »Wir sind keine Schickimickis.«

Sascha: »Immer mehr machen mit, aus allen Klassen. Und die Lehrer finden das auch toll.«

Vater und Mutter wie aus einem Munde: »Und wir erst!«

# VON DEM FISCHER UND SEINER FRAU

Es war einmal ein Fischer und seine Frau, die wohnten zusammen in einem alten Pott dicht an der See, und der Fischer ging alle Tage hin und angelte, und er angelte und angelte. So saß er auch einmal mit seiner Angel und schaute immer in das klare Wasser hinein, und er saß und saß.

Da ging die Angel auf den Grund, tief, tief hinab, und wie er sie heraufholte, da zog er einen großen Fisch, einen Butt, heraus. Da sagte der Butt zu ihm: »Höre, Fischer, ich bitte dich, lass mich leben, ich bin kein richtiger Butt, ich bin ein verwunschener Prinz. Was hilft es dir, wenn du mich tötest? Ich würde dir doch nicht recht schmecken. Setz mich wieder ins Wasser, und lass mich schwimmen!«

»Nun«, sagte der Mann, »du brauchst nicht so viele Worte zu machen, einen Butt, der sprechen kann, werde ich doch wohl schwimmen lassen.« Damit setzte er ihn wieder in das klare Wasser hinein, und der Butt schwamm zum Grund hinab und ließ einen langen Streifen Blut hinter sich. Der Fischer aber stand auf und ging zu seiner Frau in den alten Pott.

»Mann«, sagte die Frau, »hast du heute nichts gefangen?«

»Nein«, sagte der Mann, »ich habe einen Butt gefangen, der sagte, er sei ein verwunschener Prinz, da habe ich ihn wieder schwimmen lassen.«

»Hast du dir denn nichts gewünscht?«, fragte die Frau.

»Nein«, sagte der Mann, »was sollte ich mir denn wünschen?«

»Ach«, sagte die Frau, »es ist doch übel, hier immer in dem alten Pott zu wohnen, der stinkt und ist so eklig; du hättest uns doch eine kleine Hütte wünschen können. Geh noch einmal hin und rufe den Butt und sage ihm, wir wollen eine kleine Hütte haben. Er tut das gewiss.«

»Ach«, sagte der Mann, »was soll ich da noch mal hingehen?«

»Mann«, sagte die Frau, »du hattest ihn doch gefangen und hast ihn wieder schwimmen lassen, er tut das gewiss. Geh nur gleich hin!«

Der Mann wollte noch nicht so recht; aber er wollte auch seiner Frau nicht zuwiderhandeln, und so ging er denn hin an die See. Als er da nun hinkam, war die See ganz grün und gelb und gar nicht mehr so klar. Da stellte er sich denn hin und rief:

*»Manntje, Manntje, Timpe Te,*
*Buttje, Buttje in der See,*
*myne Fru, de Ilsebill,*
*will nich so, as ik wol will.«*

Da kam der Butt angeschwommen und fragte: »Na, was will sie denn?«

»Ach«, sagte der Mann, »ich hatte dich doch gefangen, nun sagt meine Frau, ich hätte mir etwas wünschen sollen. Sie mag nicht mehr in dem alten Pott wohnen, sie wollte gerne eine Hütte.«

»Geh nur hin«, sagte der Butt, »sie hat sie schon.«

Da ging der Mann hin, und seine Frau saß nicht mehr in dem alten Pott, aber es stand nun eine kleine Hütte da, und seine Frau saß vor der Tür auf einer Bank. Da nahm ihn seine Frau bei der Hand und sagte zu ihm: »Komm nur herein, siehst du, nun ist das doch viel besser.«

Da gingen sie hinein, und in der Hütte war eine kleine Veranda und eine kleine hübsche Stube und eine Kammer, wo für jeden ein Bett stand, und Küche und Speisekammer und ein Geräteschuppen waren auch da, und alles war auf das Schönste und Beste eingerichtet mit Zinnzeug und Messingzeug, wie sich das so gehört. Und hinter der Hütte, da war auch ein kleiner Hof mit Hühnern und Enten und ein Stall mit einem Schwein und einer Kuh sowie ein kleiner Garten mit Gemüse und Obst.

»Siehst du«, sagte die Frau, »ist das nicht nett?«

»Ja«, sagte der Mann, »so soll es bleiben; nun wollen wir recht vergnügt leben.«

»Das wollen wir uns bedenken«, sagte die Frau. Und dann aßen sie etwas und gingen zu Bett.

So ging das wohl acht oder vierzehn Tage, da sagte die Frau: »Höre, Mann, die Hütte ist auch gar zu eng, und der Hof und der Garten sind so klein. Der Butt hätte uns wohl auch ein größeres Haus schenken können. Ich möchte wohl in einem großen steinernen Schloss wohnen. Geh hin zum Butt, er soll uns ein Schloss schenken!«

»Ach, Frau«, sagte der Mann, »die Hütte ist ja gut genug, was sollen wir in einem Schloss wohnen?«

»Tue, was ich sage«, sprach die Frau, »geh du nur hin, der Butt kann das wohl tun.«

»Nein, Frau«, sagte der Mann, »der Butt hat uns erst die Hütte gegeben, ich mag nun nicht schon wieder kommen, das könnte den Butt verdrießen.«

»Geh doch!«, sagte die Frau. »Er kann das recht gut und tut das gern, geh du nur hin!«

Dem Manne war das Herz so schwer, und er wollte nicht. Er sagte bei sich selbst: »Das ist nicht recht«, er ging aber doch hin.

Als er an die See kam, war das Wasser ganz violett und dunkelblau und grau und dick und gar nicht mehr so grün und gelb, doch war es noch still. Da stellte er sich hin und rief:

*»Manntje, Manntje, Timpe Te,*
*Buttje, Buttje in der See,*
*myne Fru, de Ilsebill,*
*will nich so, as ik wol will.«*

»Na, was will sie denn?«, fragte der Butt.

»Ach«, sagte der Mann halb bekümmert, »sie will in einem großen Schlosse wohnen.«

»Geh nur hin, sie steht schon vor der Tür«, sagte der Butt.

Da ging der Mann fort und dachte, er wollte nach Hause gehen, aber als er da ankam, stand da nun ein großer, steinerner Palast, und seine Frau stand eben auf der Treppe und wollte hineingehen. Da nahm sie ihn bei der Hand und sagte: »Komm nur herein!«

Darauf ging er mit ihr hinein, und in dem Schlosse war eine große Diele mit marmelsteinernem Boden, und da waren so viele Bedienstete, die rissen die großen Türen auf, und die Wände glänzten von schönen Tapeten, und in den Zimmern waren lauter goldene Stühle und Tische, und kristallene Kronleuchter hingen an der Decke, und in allen Stuben und Kammern lagen Teppiche. Und das Essen und der allerbeste Wein standen auf den Tischen, als wenn sie brechen sollten. Und hinter dem Hause war auch ein großer Hof mit Pferde- und Kuhstall und mit Kutschwagen auf das allerbeste, und da war auch noch ein großer, prächtiger Garten mit den schönsten Blumen und feinen Obstbäumen und ein Lustwäldchen, wohl eine halbe Meile lang, darin waren Hirsche und Rehe und Hasen, alles, was man sich nur immer wünschen mag.

»Na«, sagte die Frau, »ist das nun nicht schön?«

»Ach ja«, sagte der Mann, »so soll es auch bleiben, nun wollen wir in dem schönen Schlosse wohnen und wollen zufrieden sein.«

»Das wollen wir uns bedenken«, sagte die Frau, »und wollen es beschlafen.« Und damit gingen sie zu Bett.

Am andern Morgen wachte die Frau zuerst auf, es wollte gerade Tag werden, und sie sah aus ihrem Bette das herrliche Land vor sich liegen. Der Mann reckte sich noch, da stieß sie ihn mit dem Ellenbogen in die Seite und sagte: »Mann, steh auf und guck mal aus dem Fenster! Sieh, könnten wir nicht König werden über all das Land? Geh hin zum Butt, wir wollen König sein!«

»Ach, Frau«, sagte der Mann, »was sollen wir König sein! Ich mag nicht König sein!«

»Na«, sagte die Frau, »willst du nicht König sein, so will ich König sein. Geh hin zum Butt, ich will König sein.«

»Ach, Frau«, sagte der Mann, »was willst du König sein? Das mag ich ihm nicht sagen.«

»Warum nicht?«, fragte die Frau. »Geh stracks hin, ich muss König sein.«

Da ging der Mann hin und war ganz bekümmert, dass seine Frau König werden wollte. »Das ist nicht recht und ist nicht recht«, dachte der Mann.

Und als er an die See kam, da war die See ganz schwarzgrau, und das Wasser gärte so von unten herauf und roch ganz faul. Da stellte er sich hin und rief:

*»Manntje, Manntje, Timpe Te,*
*Buttje, Buttje in der See,*
*myne Fru, de Ilsebill,*
*will nich so, as ik wol will.«*

»Na, was will sie denn?«, fragte der Butt.

»Ach«, sagte der Mann, »sie will König werden.«

»Geh nur hin, sie ist es schon«, sagte der Butt.

Da ging der Mann hin, und als er zum Palast kam, da war das Schloss viel größer geworden und hatte einen großen Turm und herrlichen Zierrat daran, und die Schildwachen standen vor dem Tor, und da waren so viele Soldaten und Pauken und Trompeten.

Und als er in das Haus kam, da war alles von purem Marmelstein mit Gold und samtenen Decken und großen goldenen Quasten. Da gingen die Türen vom Saal auf, in dem der ganze Hofstaat war, und seine Frau saß auf einem hohen Thron von Gold und Diamant und hatte eine große goldene Krone auf und das Zepter in der Hand von purem Gold und Edelstein, und auf jeder Seite von ihr standen sechs Jungfrauen in einer Reihe, eine immer einen Kopf kleiner als die andere.

Da stellte er sich hin und sagte: »Ach, Frau, bist du nun König?«

»Ja«, sagte die Frau, »nun bin ich König.«

Da stand er da und sah sie an, und als er sie so eine Zeit lang angesehen hatte, da sagte er: »Ach, Frau, was steht dir das schön, wenn du König bist! Nun wollen wir auch nichts mehr wünschen.«

»Nein, Mann«, sagte die Frau und war ganz unruhig, »mir wird schon die Zeit und Weile lang, ich kann das nicht mehr aushalten. Geh hin zum Butt, König bin ich, nun muss ich auch Kaiser werden.«

»Ach, Frau«, sagte der Mann, »was willst du Kaiser werden!«

»Mann«, sagte sie, »geh hin zum Butt, ich will Kaiser sein.«

»Ach, Frau«, sagte der Mann, »Kaiser kann er nicht machen, ich mag dem Butt das nicht sagen; Kaiser ist nur einer im Reich. Kaiser kann der Butt nicht machen, das kann und kann er nicht.«

»Was«, sagte die Frau, »ich bin König, und du bist bloß mein Mann, willst du gleich hingehen? Sofort gehst du hin. Kann er König machen, kann er auch Kaiser machen. Ich will und will Kaiser sein, gleich geh hin!« Da musste er hingehen.

Als der Mann aber hinging, da war ihm ganz bang, und als er so ging, dachte er bei sich: »Das geht und geht nicht gut. Kaiser ist zu unverschämt. Der Butt wird das am Ende doch müde.

Und da kam er nun an die See, da war die See ganz schwarz und dick und fing schon an, so von unten herauf zu gären, dass es Blasen gab, und da ging ein Windstoß darüber hin, dass es nur so schäumte, und dem Manne graute. Da stellte er sich hin und rief:

*»Manntje, Manntje, Timpe Te,*
*Buttje, Buttje in der See,*
*myne Fru, de Ilsebill,*
*will nich so, as ik wol will.«*

»Na, was will sie denn?«, fragte der Butt.

»Ach, Butt«, sagte er, »meine Frau will Kaiser werden.«

»Geh nur hin«, sagte der Butt, »sie ist es schon.«

Da ging der Mann fort, und als er ankam, da war das ganze Schloss von poliertem Marmelstein mit alabasternen Figuren und goldenem Zierrat. Vor dem Tor marschierten die Soldaten, und sie bliesen Trompeten und schlugen Pauken und Trommeln.

Aber im Hause, da gingen die Barone und Grafen und Herzöge nur so als Bediente herum. Da machten sie ihm die Türen auf, die waren von lauter Gold. Und als er hereinkam, da saß seine Frau auf einem Thron, der war von einem Stück Gold und war wohl zwei Meilen hoch. Und sie hatte eine große goldene Krone auf, die war drei Ellen hoch und mit Brillanten und Karfunkelsteinen besetzt. In der einen Hand hatte sie das Zepter und in der anderen Hand den Reichsapfel, und auf beiden Seiten neben ihr, da standen die Trabanten so in zwei Reihen, einer immer kleiner als der andere, von dem allergrößten Riesen, der war zwei Meilen hoch, bis zu dem allerkleinsten Zwerg, der war nur so groß wie mein kleiner Finger. Und vor ihr standen viele Fürsten und Herzöge.

Da stellte sich der Mann dazwischen und sagte: »Frau, bist du nun Kaiser?«

»Ja«, sagte sie, »ich bin Kaiser.«

Da stand er da und sah sie so recht an, und als er sie eine Zeit lang angesehen hatte, da sagte er: »Ach, Frau, was steht dir das schön, wenn du Kaiser bist.«

»Mann«, sagte sie, »was stehst du da herum? Ich bin nun Kaiser, nun will ich aber auch Papst werden, geh hin zum Butt!«

»Ach, Frau«, sagte der Mann, »was willst du denn noch? Papst kannst du nicht werden, Papst ist nur einer in der Christenheit, das kann er doch nicht machen.«

»Mann«, sagte sie, »ich will Papst werden, geh gleich hin, ich muss heute noch Papst werden.«

»Nein, Frau«, sagte der Mann, »das mag ich ihm nicht sagen! Das geht nicht gut, das ist zu grob, zum Papst kann dich der Butt nicht machen.«

»Mann, was für ein Geschwätz«, sagte die Frau, »kann er Kaiser machen, kann er auch Papst machen. Geh sofort hin! Ich bin Kaiser, und du bist bloß mein Mann, willst du wohl hingehen?«

Da kriegte er Angst und ging hin, ihm war aber ganz flau, und er zitterte und bebte, und die Knie und die Waden bibberten ihm. Da fuhr ein Wind über das Land, und die Wolken flogen, dass es dunkel wurde wie am Abend, die Blätter wehten von den Bäumen, und das Wasser ging und brauste, als ob es kochte, und schlug an das Ufer, und weit draußen sah er die Schiffe, die gaben Notschüsse ab und tanzten und sprangen auf den Wellen. Der Himmel war in der Mitte noch so ein bisschen blau, aber an den Seiten, da zog es herauf wie ein schweres Gewitter. Da stellte er sich ganz verzagt in seiner Angst hin und sagte:

*»Manntje, Manntje, Timpe Te,*
*Buttje, Buttje in der See,*
*myne Fru, de Ilsebill,*
*will nich so, as ik wol will.«*

»Na, was will sie denn?«, fragte der Butt.

»Ach«, sagte der Mann, »sie will Papst werden.«

»Geh nur hin, sie ist es schon«, sagte der Butt.

Da ging er fort, und als er ankam, war da eine große Kirche von lauter Palästen umgeben. Da drängte er sich durch das Volk. Innen war aber alles mit tausend und tausend Lichtern erleuchtet, und seine Frau war in lauter Gold gekleidet und saß auf einem noch viel höheren Thron und hatte drei große goldene Kronen auf, und rings um sie herum standen viele vom geistlichen Stand, und auf beiden Seiten neben ihr, da standen zwei Reihen Lichter, das größte so dick und so groß wie der allergrößte Turm bis hinunter zum allerkleinsten Küchenlicht, und alle die Kaiser und die Könige, die lagen vor ihr auf den Knien und küssten ihr den Pantoffel.

»Frau«, sagte der Mann und sah sie so recht an, »bist du nun Papst?«

»Ja«, sagte sie, »ich bin Papst.«

Da stand er da und sah sie recht an, und das war, als ob er in die helle Sonne sähe. Als er sie nun eine Zeit lang angesehen hatte, da sagte er: »Ach, Frau, was steht dir das schön, dass du Papst bist!« Sie saß aber da so steif wie ein Baum und rüttelte und rührte sich nicht.

Da sagte er: »Frau, nun sei auch zufrieden, jetzt wo du Papst bist, jetzt kannst du doch nichts anderes mehr werden.«

»Das will ich mir bedenken«, sagte die Frau. Damit gingen sie beide zu Bett, aber sie war nicht zufrieden, und die Gier ließ sie nicht schlafen, sie dachte immer, was sie noch mehr werden könnte.

Der Mann schlief recht gut und fest, er war den Tag viel gelaufen, die Frau aber konnte gar nicht einschlafen und warf sich von einer Seite auf die andere, die ganze Nacht hindurch, und dachte nur immer, was sie wohl noch werden könnte, und konnte sich doch auf nichts mehr besinnen. Schließlich wollte die Sonne aufgehen, und als die Frau das Morgenrot sah, da richtete sie sich in ihrem Bett auf und sah sich das an, und als sie nun im Fenster die Sonne heraufkommen sah, da dachte sie: »Ha, könnte ich nicht auch die Sonne und den Mond aufgehen lassen?«

»Mann«, sagte sie und stieß ihn mit dem Ellenbogen in die Rippen, »wach auf, geh hin zum Butt, ich will werden wie der liebe Gott.« Der Mann war noch halb im Schlaf, aber er erschrak so, dass er aus dem Bette fiel. Er meinte, er hätte sich verhört, rieb sich die Augen aus und fragte: »Ach, Frau, was hast du gesagt?«

»Mann«, sagte sie, »wenn ich nicht die Sonne und den Mond kann aufgehen lassen und muss das so mit ansehen, wie Sonne und Mond aufgehen – ich kann das nicht aushalten und habe keine ruhige Stunde mehr, dass ich sie nicht selber kann aufgehen lassen.« Da sah sie ihn so recht grausig an, dass ihn ein Schauder überlief. »Sofort gehst du hin, ich will werden wie der liebe Gott.«

»Ach, Frau«, sagte der Mann und fiel vor ihr auf die Knie, »das kann der Butt nicht. Kaiser und Papst kann er machen, ich bitte dich, sei vernünftig und bleib Papst!«

Da kam sie in Wut, die Haare flogen ihr wild um den Kopf, sie riss sich das Leibchen auf und trat nach ihm mit dem Fuß und schrie: »Ich halte und halte das nicht länger aus. Willst du wohl gleich hingehen!« Da zog er sich die Hosen an und rannte los wie ein Verrückter.

Draußen aber ging der Sturm und brauste, dass er kaum noch auf seinen Füßen stehen konnte. Die Häuser und die Bäume wurden umgeweht, und die Berge bebten, und die Felsbrocken rollten in die See, und der Himmel war pechschwarz, und es donnerte und blitzte, und die See rollte daher in hohen schwarzen Wogen, so hoch wie Kirchtürme und Berge, und sie hatten alle darauf eine weiße Krone von Schaum. Da schrie er und konnte sein eigenes Wort nicht hören:

*»Manntje, Manntje, Timpe Te,*
*Buttje, Buttje in der See,*
*myne Fru, die Ilsebill,*
*will nich so, as ik wol will.«*

»Na, was will sie denn?«, fragte der Butt.

»Ach«, sagte er, »sie will wie der liebe Gott werden.«

»Geh nur hin, sie sitzt schon wieder in dem alten Pott.«

Und da sitzen sie noch heute.

## ~ *Beipackzettel* ~

Unseren Kindern können wir viele Wünsche erfüllen. Das ist einerseits schön, andererseits übertreiben manche Eltern, indem sie ihren Kindern jeden Wunsch erfüllen. So verlieren Kinder das Gefühl für Relationen und wollen nicht einsehen, dass jede neue Anschaffung nur durch die Arbeit der Eltern gekauft werden kann.

Setzen Sie sich mit Ihren Kindern zusammen, lesen Sie das Märchen vom *Fischer und seiner Frau*. Lassen Sie Ihre Kinder nachdenken, ob ihr Verhalten nicht dem der Fischersfrau gleicht. Stellen Sie klar, dass, wenn jeder Wunsch erfüllt wird, es nichts mehr gibt, worauf man sich ernsthaft freuen kann, und dass man innere Leere nicht wie einen Kleiderschrank mit immer neuen Sachen füllen kann. Vermitteln Sie Ihren Kindern, dass Zufriedenheit nur durch ein erfülltes und sinnvolles Leben erlangt werden kann und nicht durch Konsum.

# Unser Kind urteilt vorschnell über andere und ist unhöflich

Als Dennis ein kleiner Junge war, wohnte ein Stockwerk unter seiner Familie eine gewisse Frau Krause. Die war den Kindern einfach unheimlich, besonders Dennis und seinem um ein Jahr jüngeren Bruder Holger.

Sie guckte so finster und wirkte immer verärgert. Na ja, ein bisschen Ärger gemacht hatten die Kinder ihr ja schon. Sie spielten Fußball in der großen Diele (wenn die Eltern nicht zu Hause waren!) – da war es schon manchmal etwas laut. Und dann hat sie sich halt am Abend beschwert, die »olle Meckerliese«, wie sie sie nannten.

Frau Krause war aus der Sicht der Jungs schon uralt. Viel, viel später erzählte ihnen die Mutter, dass die Krause damals noch keine 50 gewesen sei. Aber so ist es nun mal: Aus der Sicht eines Kindes sind eigentlich alle Erwachsenen schon uralt. Im Laufe des Lebens relativiert sich diese Sichtweise, bis man dann eines Tages für die Enkelkinder selbst »uralt« ist. Da muss man halt durch …

Damals hatte die Mutter erzählt, dass Frau Krause nur deshalb immer so griesgrämig sei, weil ihr Mann früh verstarb. Und dass nur ein paar Wochen später ihre kleine Tochter Annemarie direkt vor der Haustür von einem Laster erfasst wurde und dabei ums Leben kam.

»Das müsst ihr euch mal vorstellen«, sagte Mama, »wie die arme Frau gelitten hat. Natürlich ist sie jetzt unglücklich und böse mit der ganzen Welt.«

»Aber warum mit uns?«, fragte Dennis.

»Sie ist nicht mit euch böse. Das glaubt ihr nur, weil ihr sie gar nicht anders kennt als mit diesem unfreundlichen Gesicht. Vielleicht würde sie viel lieber auch mal lächeln, aber sie kann das nicht. Ihre Seele weint, und das kann man ja auch verstehen – bei all dem, was sie mitgemacht hat.«

Als die Kinder im Bett lagen, haben sie noch über »die olle Krause« gesprochen. Und dann kam Dennis eine Idee. »Hör zu, Holgerchen, morgen klingeln wir beide bei ihr, und wenn sie aufmacht, gucken wir sie fröhlich an und sagen: ›Guten Tag, Frau Krause! Wir wünschen Ihnen einen schönen Tag.‹«

Holger schlief da schon halb, und Dennis hörte nur, wie er murmelte: »Ganz blöde Idee…«

Aber sie haben es gemacht, obwohl es Überwindung kostete. Als Frau Krause die Tür öffnete, traute sie ihren Augen und Ohren nicht. Diese freundliche Attacke kam für sie ja auch völlig überraschend. Und dann plötzlich: Sie lächelte. Ja, die »olle Krause« hat gelächelt! So hatten sie sie noch nie gesehen.

»Das ist aber sehr lieb von euch, Jungs«, sagte sie, »da habt ihr mir ja wirklich eine große Freude gemacht. Ich wünsche euch auch einen schönen Tag. Und wenn ihr aus der Schule kommt, klingelt doch bitte noch mal …«

Dann sind die kleinen Freudebringer beschwingt zur Schule gegangen. Als Pfadfinder mussten sie ja ohnehin jeden Tag eine gute Tat vollbringen. Und die hatten sie nun schon so früh geleistet.

Natürlich klingelten sie nach der Schule wieder bei Frau Krause. Diesmal öffnete sie schon lächelnd die Tür. Sie drückte jedem ein 50-Pfennig-Stück in die Hand und meinte vertraulich: »Übrigens: Wenn ihr mal Probleme in der Schule habt, kann ich euch vielleicht helfen. Ich war früher mal Grundschullehrerin …«

Da haben sie ganz schön gestaunt, und nie hätten sie daran geglaubt, dass sie von dem Angebot schon sehr bald Gebrauch machen würden.

Als sie mit den Halbjahreszeugnissen nach Hause kamen, gab's das große Donnerwetter. Bei beiden stand da eine dicke »5« in Mathe. Als hätten die Lehrer sich abgesprochen. Und in der Beurteilung von Dennis war diese hässliche Formulierung zu lesen: »… bei anhaltender schlechter Leistung im Fach Mathematik ist die Versetzung gefährdet …«

In dieser misslichen Lage war Frau Krause die letzte Rettung. Sie büffelte mit ihnen, und weil sie alles so gut erklären konnte, machte es den Jungs sogar noch Spaß. Und einmal die Woche gab es für sie auch noch leckeren Mandelpudding, natürlich selbst gemacht. Auf dem Versetzungs-Zeugnis standen bei Dennis und bei Holger schließlich eine »3« in Mathe. Erhobenen Hauptes und stolz wie Kaiserpinguine auf der Eisscholle überreichten sie den Eltern ihre Zeugnisse. Die haben über diese »Leistungs-Explosion« vielleicht gestaunt!

Das war Frau Krauses Werk, wie sie heute wissen. Und die konnten sie früher mal überhaupt nicht leiden. Wie man sich doch irren kann, und das gilt auch für Erwachsene!

# DAS WASSER DES LEBENS

Es war einmal ein König, der war krank, und niemand glaubte, dass er je mit dem Leben davonkäme. Er hatte aber drei Söhne, die waren darüber betrübt, gingen hinunter in den Schlossgarten und weinten. Da begegnete ihnen ein alter Mann, der fragte sie nach ihrem Kummer. Sie sagten ihm, ihr Vater wäre so krank, dass er wohl sterben würde, denn es wollte ihm nichts helfen. Da sprach der Alte: »Ich weiß noch ein Mittel, das ist das Wasser des Lebens; wenn er davon trinkt, so wird er wieder gesund; es ist aber schwer zu finden.«

Der Älteste sagte: »Ich will es schon finden«, ging zum kranken König und bat ihn, er möchte ihm erlauben auszuziehen, um das Wasser des Lebens zu suchen, denn das allein könnte ihn heilen. »Nein«, sprach der König, »die Gefahr dabei ist zu groß, lieber will ich sterben.« Er bat aber so lange, bis der König einwilligte. Der Prinz dachte in seinem Herzen: »Bringe ich das Wasser, so bin ich meinem Vater der Liebste und erbe das Reich.«

Also machte er sich auf; und als er eine Zeit lang fortgeritten war, stand da ein Zwerg auf dem Wege, der rief ihn an und sprach: »Wo hinaus so geschwind?« »Dummer Knirps«, sagte der Prinz ganz stolz, »das brauchst du nicht zu wissen«, und ritt weiter. Das kleine Männchen aber war zornig geworden und hatte einen bösen Wunsch getan. Der Prinz geriet bald hernach in eine Bergschlucht, und je weiter er ritt, desto enger schoben sich die Berge zusammen, und endlich ward der Weg so eng, dass er keinen Schritt weiter konnte. Es war ihm unmöglich, das Pferd zu wenden oder aus dem Sattel zu steigen, und er saß da wie eingesperrt.

Der kranke König wartete lange Zeit auf ihn, aber er kam nicht. Da sagte der zweite Sohn: »Vater, lasst mich ausziehen und das Wasser suchen!«, und dachte bei sich: »Ist mein Bruder tot, so fällt das Reich mir zu.« Der König wollte ihn anfangs auch nicht ziehen lassen, endlich gab er nach.

Der Prinz zog also auf demselben Weg fort, den sein Bruder eingeschlagen hatte, und begegnete auch dem Zwerg, der ihn anhielt und fragte, wohin er so eilig wollte. »Kleiner Knirps«, sagte der Prinz, »das brauchst du nicht zu wissen«, und ritt fort, ohne sich weiter umzusehen. Aber der Zwerg verwünschte ihn, und er geriet wie der andere in eine Bergschlucht und konnte nicht vorwärts und rückwärts. So geht's aber den Hochmütigen.

Als auch der zweite Sohn ausblieb, so erbot sich der jüngste auszuziehen und das Wasser zu holen, und der König musste ihn endlich ziehen lassen. Als er dem Zwerg begegnete und dieser fragte, wohin er so eilig wolle, so hielt er an, gab ihm Rede und Antwort und sagte: »Ich suche das Wasser des Lebens, denn mein Vater ist sterbenskrank.«

»Weißt du auch, wo das zu finden ist?«, fragte der Zwerg.

»Nein«, antwortete der Prinz.

»Weil du dich betragen hast, wie sich's geziemt, nicht übermütig wie deine falschen Brüder, so will ich dir Auskunft geben und dir sagen, wie du zu dem Wasser des Lebens gelangst. Es quillt aus einem Brunnen in dem Hofe eines verwünschten Schlosses. Aber du dringst nicht hinein, wenn ich dir nicht eine eiserne Rute gebe und zwei Laibe Brot.

Mit der Rute schlag dreimal an das eiserne Tor des Schlosses, so wird es aufspringen. Im Hof liegen zwei Löwen, die den Rachen aufsperren; wenn du aber jedem ein Brot hineinwirfst, so werden sie still, und dann eile dich und hol von dem Wasser des Lebens, bevor es zwölf schlägt, sonst schlägt das Tor wieder zu, und du bist eingesperrt.«

Der Prinz dankte ihm, nahm die Rute und das Brot und machte sich auf den Weg. Als er am Schloss ankam, war alles so, wie der Zwerg gesagt hatte. Das Tor sprang beim dritten Rutenschlag auf und als er die Löwen mit dem Brot besänftigt hatte, trat er ein und kam in einen großen, schönen Saal. Darin saßen verwünschte Prinzen, denen zog er die Ringe vom Finger. Dann lag da ein Schwert und ein Brot, das nahm er mit. Und weiter kam er in ein Zimmer, darin stand eine schöne Jungfrau, die freute sich, als sie ihn sah, küsste ihn und sagte, er hätte sie erlöst und sollte ihr ganzes Reich haben. Wenn er in einem Jahr wiederkäme, so sollte ihre Hochzeit gefeiert werden. Dann

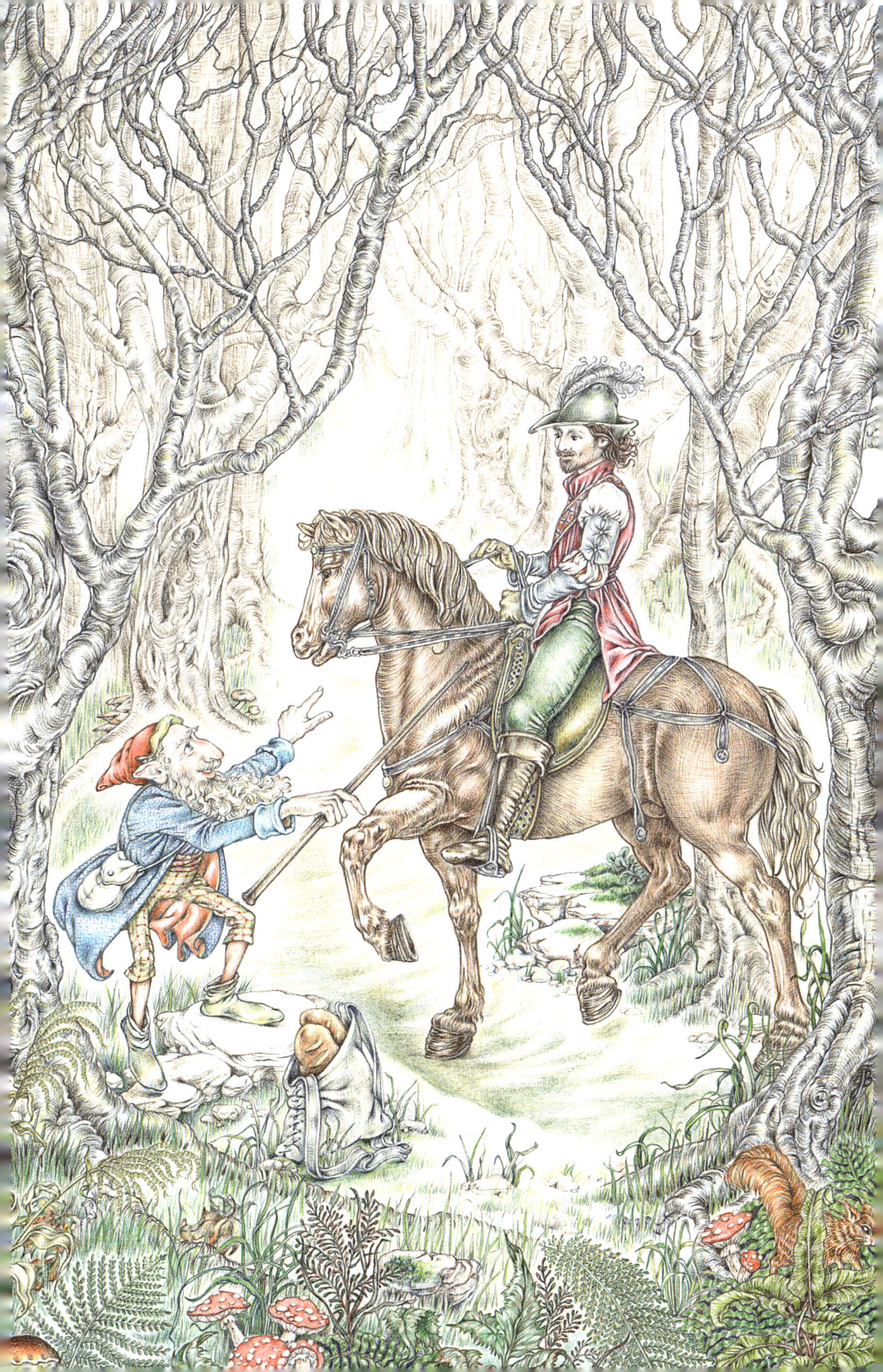

sagte sie ihm auch, wo der Brunnen mit dem Lebenswasser wäre. Er müsste sich aber eilen und daraus schöpfen, eh es zwölf schlüge.

Da ging er weiter und kam endlich in ein Zimmer, wo ein schönes, frisch gedecktes Bett stand, und weil er müde war, wollte er erst ein wenig ausruhen. Also legte er sich und schlief ein. Als er erwachte, schlug es drei Viertel auf zwölf. Da sprang er ganz erschrocken auf, lief zum Brunnen und schöpfte daraus mit einem Becher, der daneben stand, und eilte, dass er fortkam. Wie er eben zum eisernen Tor hinausging, da schlug's zwölf, und das Tor schlug so heftig zu, dass es ihm noch ein Stück von der Ferse wegnahm.

Er aber war froh, dass er das Wasser des Lebens erlangt hatte, ging heimwärts und kam wieder an dem Zwerg vorbei. Als dieser das Schwert und das Brot sah, sprach er: »Damit hast du großes Gut gewonnen; mit dem Schwert kannst du ganze Heere schlagen, das Brot aber wird niemals alle.« Der Prinz wollte ohne seine Brüder nicht zu dem Vater nach Haus kommen und sprach: »Lieber Zwerg, kannst du mir nicht sagen, wo meine zwei Brüder sind? Sie sind früher als ich nach dem Wasser des Lebens ausgezogen und sind nicht wiedergekommen.« »Zwischen zwei Bergen stecken sie eingeschlossen«, sprach der Zwerg, »dahin habe ich sie verwünscht, weil sie so übermütig waren.« Da bat der Prinz so lange, bis der Zwerg sie wieder losließ, aber er warnte ihn und sprach: »Hüte dich vor ihnen, sie haben böse Herzen!«

Als er seine Brüder wiedersah, freute er sich und erzählte ihnen, wie es ihm ergangen war. Dass er das Wasser des Lebens gefunden und einen Becher voll mitgenommen und eine schöne Prinzessin erlöst hätte. Diese wolle ein Jahr lang auf ihn warten, dann sollte Hochzeit gehalten werden, und er bekäme ein großes Reich. Danach ritten sie zusammen fort und gerieten in ein Land, wo Hunger und Krieg war, und der König glaubte schon, er müsste verderben, so groß war die Not. Da ging der Prinz zu ihm und gab ihm das Brot, womit er sein ganzes Reich speiste und sättigte. Dann gab ihm der Prinz auch das Schwert, damit schlug er die Heere seiner Feinde und konnte nun in Ruhe und Frieden leben. Da nahm der Prinz sein Brot und Schwert wieder zurück, und die drei Brüder ritten weiter.

Sie kamen aber noch in zwei Länder, wo Hunger und Krieg herrschten, und da gab der Prinz den Königen jedes Mal sein Brot und Schwert und hatte nun drei Reiche gerettet. Und danach setzten sie sich auf ein Schiff und fuhren übers Meer. Während der Fahrt sprachen die beiden Ältesten unter sich: »Der Jüngste hat das Wasser des Lebens gefunden und wir nicht, dafür wird ihm unser Vater das Reich geben, das uns gebührt, und er wird unser Glück wegnehmen.« Da wurden sie rachsüchtig und verabredeten miteinander, dass sie ihn verderben wollten. Sie warteten, bis er einmal fest eingeschlafen war, da gossen sie das Wasser des Lebens aus dem Becher und nahmen es für sich, ihm aber gossen sie bitteres Meerwasser hinein.

Als sie nun daheim ankamen, brachte der Jüngste dem kranken König seinen Becher, damit er daraus trinken und gesund werden sollte. Kaum aber hatte er ein wenig von dem bittern Meerwasser getrunken, so ward er noch kränker als zuvor. Und wie er darüber jammerte, kamen die beiden ältesten Söhne und klagten den jüngsten an, er hätte ihn vergiften wollen, sie brächten ihm das rechte Wasser des Lebens, und reichten es ihm.

Kaum hatte er davon getrunken, so fühlte er seine Krankheit verschwinden und ward stark und gesund wie in seinen jungen Tagen. Danach gingen die beiden zu dem Jüngsten, verspotteten ihn und sagten: »Du hast zwar das Wasser des Lebens gefunden, aber du hast die Mühe gehabt und wir den Lohn. Du hättest klüger sein und die Augen aufbehalten sollen, wir haben dir's genommen, während du auf dem Meere eingeschlafen warst, und übers Jahr, da holt sich einer von uns die schöne Königstochter. Aber hüte dich, dass du nichts davon verrätst! Der Vater glaubt dir doch nicht, und wenn du ein einziges Wort sagst, so sollst du noch obendrein dein Leben verlieren. Schweigst du aber, so soll dir's geschenkt sein.«

Der alte König war zornig über seinen jüngsten Sohn und glaubte, er hätte ihm nach dem Leben getrachtet. Also ließ er den Hof versammeln und das Urteil über ihn sprechen, dass er heimlich sollte erschossen werden.

Als der Prinz nun einmal auf die Jagd ritt und nichts Böses vermutete, musste des Königs Jäger mitgehen. Draußen, als sie ganz allein im Wald waren und der Jäger so traurig aussah, sagte der Prinz zu ihm: »Lieber Jäger, was fehlt dir?«

Der Jäger sprach: »Ich kann's nicht sagen und soll es doch.«

Da sprach der Prinz: »Sage heraus, was es ist, ich will dir's verzeihen.«

»Ach«, sagte der Jäger, »ich soll Euch totschießen, der König hat mir's befohlen.«

Da erschrak der Prinz und sprach: »Lieber Jäger, lass mich leben! Ich gebe dir mein königliches Kleid, gib mir dafür dein schlechtes!«

Der Jäger sagte: »Das will ich gerne tun, ich hätte doch nicht nach Euch schießen können.«

Da tauschten sie die Kleider, und der Jäger ging heim, der Prinz aber ging weiter in den Wald hinein.

Über eine Zeit, da kamen zu dem alten König drei Wagen mit Gold und Edelsteinen für seinen jüngsten Sohn. Sie waren aber von den drei Königen geschickt, die mit des Prinzen Schwert die Feinde geschlagen und mit seinem Brot ihr Land ernährt hatten und die sich dankbar bezeigen wollten. Da dachte der alte König: »Sollte mein Sohn unschuldig gewesen sein?«, und sprach zu seinen Leuten: »Wäre er noch am Leben, wie tut mir's so leid, dass ich ihn habe töten lassen!« »Er lebt noch«, sprach der Jäger, »ich konnte es nicht übers Herz bringen, Euern Befehl auszuführen«, und sagte dem König, wie es zugegangen war. Da fiel dem König ein Stein von dem Herzen, und er ließ in allen Reichen verkündigen, sein Sohn dürfte wiederkommen und sollte in Gnaden aufgenommen werden.

Die Königstochter aber ließ eine Straße vor ihrem Schloss machen, die war ganz golden und glänzend, und sagte ihren Leuten, wer darauf geradewegs zu ihr geritten käme, das wäre der Rechte, und den sollten sie einlassen. Wer aber daneben käme, der wäre der Rechte nicht, und den sollten sie auch nicht einlassen. Als nun die Zeit bald herum war, dachte der Älteste, er wollte sich eilen, zur Königstochter gehen und sich für ihren Erlöser ausgeben, da bekäme er sie zur Gemahlin und das Reich dazu.

Also ritt er fort, und als er vor das Schloss kam und die schöne, goldene Straße sah, dachte er: »Das wäre jammerschade, wenn du darauf rittest«, lenkte ab und ritt rechts nebenher. Wie er aber vor das Tor kam, sagten die Leute zu ihm, er wäre der Rechte nicht, er sollte wieder fortgehen. Bald darauf machte sich der zweite Prinz auf, und wie der zur goldenen Straße kam und das Pferd den einen Fuß daraufgesetzt hatte, dachte er: »Es wäre jammerschade, das könnte etwas abtreten«, lenkte ab und ritt links nebenher. Wie er aber vor das Tor kam, sagten die Leute, er wäre der Rechte nicht, er sollte wieder fortgehen.

Als nun das Jahr ganz herum war, wollte der dritte aus dem Wald fort zu seiner Liebsten reiten und bei ihr sein Leid vergessen. Also machte er sich auf und dachte immer an sie und wäre gerne schon bei ihr gewesen und sah die goldene Straße gar nicht. Da ritt sein Pferd mitten darüber hin, und als er vor das Tor kam, ward es aufgetan, und die Königstochter empfing ihn mit Freuden und sagte, er wär ihr Erlöser und der Herr des Königreichs. Und es ward die Hochzeit gehalten mit großer Glückseligkeit. Und als sie vorbei war, erzählte sie ihm, dass sein Vater ihn zu sich entboten und ihm verziehen hätte. Da ritt er heim und sagte ihm alles, wie seine Brüder ihn betrogen und er dazu geschwiegen hätte. Der alte König wollte sie strafen, aber sie hatten sich aufs Meer gesetzt und waren fortgeschifft und kamen ihr Lebtag nicht wieder.

## ∽ *Beipackzettel* ∽

Man trifft sich immer zweimal im Leben, heißt es im Volksmund. Schon allein aus diesem Grund sollten Kinder zu Höflichkeit und Respekt gegenüber anderen angehalten werden. Denn weiß man, ob der kleine Dicke aus der 5. Klasse nicht mal ausgerechnet bei dem Konzern Personalchef wird, bei dem man sich später um einen Arbeitsplatz bewirbt?

Aufmerksamkeit und gutes Benehmen tut allen gut, das Leben wird dadurch angenehmer. Probieren Sie es selbst aus. Der Mutter eines Klassenkameraden Ihres Kindes kurz die Einkaufstüten zum Auto gebracht – ein Lächeln ist garantiert. Sie selbst bleiben in guter Erinnerung und haben gleichzeitig einem anderen Menschen Freude bereitet. Das Märchen *Das Wasser des Lebens* erzählt vom respektvollen Umgang miteinander. Wenn Ihr Kind ein kleiner »Meckerheini« und »Griesgram« ist, dann lesen Sie mit ihm gemeinsam dieses Märchen. Ihr Kind wird schnell feststellen, dass Höflichkeit meistens mit freundlichem Handeln vergolten wird.

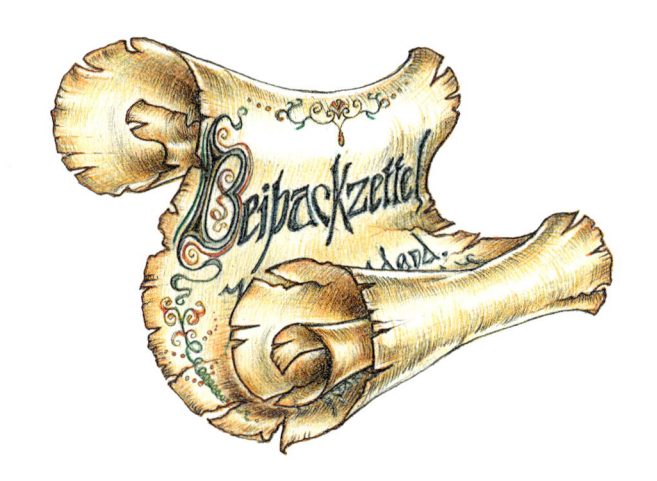

# Unsere Kinder sind oft leichtsinnig im Umgang mit Fremden

Ihrem Sohn Friedrich hatten die Eltern von klein an eingeimpft, dass er sich nicht von Fremden ansprechen lassen und vor allem sich nichts von ihnen schenken lassen sollte. Da taten die Markwarts auch gut dran, man liest ja so viel …

Bei Friedrich hatten sie jedoch etwas übertrieben mit ihren mahnenden Worten. Der war schon skeptisch, wenn ihn nur jemand grüßte. Und einmal nahm er sogar von der eigenen Großmutter eine Tafel Schokolade nicht an, und sie war ja nun wirklich keine Fremde.

So geht es nun aber nicht, dachten sich die Eltern. Und als dann ihre Tochter Katharina auf die Welt kam, nahmen sie sich vor, es doch später etwas entspannter angehen zu lassen. Als Kati dann so weit war, dass sie zum ersten Mal allein zur Schule gehen durfte, ließen es die Eltern natürlich an Warnungen nicht fehlen: »Wenn jemand Guten Tag zu dir sagt, grüßt du natürlich zurück. Aber du solltest dich nicht von Fremden in ein Gespräch verwickeln lassen und natürlich gehst du mit keinem mit. Das musst du uns versprechen …«

Und doch hatten die Eltern ein ungutes Gefühl. Deshalb baten sie ihren Sohn Friedrich, seiner kleinen Schwester zu folgen. Der nahm diese Aufgabe gern an, konnte er sich doch wie ein Privatdetektiv fühlen. In den ersten Wochen versteckte er sich hinter Bäumen und parkenden Autos, seine Schwester immer im Blick. Eines Tages jedoch verlor er sie ganz kurz aus den Augen – und prompt sah er, wie Kati angeregt mit einem fremden Mann sprach. Der zeigte ihr sein Smartphone, während sie gedankenverloren neben ihm herlief. Inzwischen waren sie auch nicht mehr auf dem direkten Schulweg. Der Mann führte Kati an eine Imbissbude. Essen wollte sie nichts, aber zu einer Cola sagte sie nicht Nein.

In seinem Eifer und aus Angst um das Wohlergehen seiner Schwester verhielt sich Friedrich offenbar sehr auffällig. Jedenfalls bemerkte der Fremde, dass er beobachtet wurde – und plötzlich war er weg, einfach verschwunden.

Friedrich nahm Kati in den Arm und fragte sie, wer das denn gewesen sei? Und die Kleine antwortete: »Ich kenne den doch gar nicht. Aber er sagte, dass er Tierpfleger im Zoo ist und die kleinen Löwenbabys füttert. Die wollte er mir auch mal zeigen …«

Abends sprach die Familie dann über diesen Vorfall. Die Eltern mussten einsehen, dass sie ihre Warnungen wohl doch deutlicher hätten formulieren müssen. Sie hätten doch wissen können, mit welchen Tricks gestörte Erwachsene sich an die Kleinsten ranmachen. Das läuft ja immer nach ein und demselben Muster ab: Freundlich sein. Vertrauen gewinnen. Geschenke machen. Neues Treffen verabreden und mit einer tollen Überraschung locken. Und dann folgt seit eh und je dieser Satz, der eher Warnung ist: »Du darfst auf keinen Fall mit deinen Eltern über uns sprechen, sonst wird es nichts mit der großen Überraschung …«

Bei Katharina ist alles noch mal gut gegangen. Aber nicht jedes kleine Mädchen hat einen Friedrich den Großen!

# ROTKÄPPCHEN

Es war einmal ein kleines süßes Mädchen, das hatte jedermann lieb, der es nur ansah, am allerliebsten hatte es aber seine Großmutter, die wusste gar nicht, was sie dem Kinde alles noch geben sollte. Einmal schenkte sie ihm ein Käppchen von rotem Sammet, und weil ihm das so wohl stand und es nichts anders mehr tragen wollte, hieß es fortan nur noch das Rotkäppchen.

Eines Tages sprach seine Mutter zu ihm: »Komm, Rotkäppchen, da hast du ein Stück Kuchen und eine Flasche Wein, bring das der Großmutter hinaus; sie ist krank und schwach und wird sich daran laben. Mach dich auf, bevor es heiß wird, und wenn du hinauskommst, so geh hübsch sittsam und lauf nicht vom Weg ab, sonst fällst du und zerbrichst das Glas, und die Großmutter hat nichts. Und wenn du in ihre Stube kommst, so vergiss nicht, Guten Morgen zu sagen, und guck nicht erst in allen Ecken herum.« »Ich will schon alles gut machen«, versprach Rotkäppchen der Mutter und gab ihr die Hand darauf.

Die Großmutter aber wohnte draußen im Wald, eine halbe Stunde vom Dorf. Wie nun Rotkäppchen in den Wald kam, begegnete ihm der Wolf. Rotkäppchen aber wusste nicht, was das für ein böses Tier war, und fürchtete sich nicht vor ihm.

»Guten Tag, Rotkäppchen«, sprach er.

»Schönen Dank, Wolf«, antwortete es.

»Wo hinaus so früh, Rotkäppchen?«

»Zur Großmutter.«

»Was trägst du unter der Schürze?«

»Kuchen und Wein. Gestern haben wir gebacken, da soll sich die kranke und schwache Großmutter etwas zugut tun und sich damit stärken.«

»Rotkäppchen, wo wohnt denn deine Großmutter?«

»Noch eine gute Viertelstunde weiter im Wald, unter den drei großen Eichbäumen, da steht ihr Haus, unten sind die Nusshecken, das wirst du ja wissen«, sagte Rotkäppchen.

Der Wolf dachte bei sich: »Das junge, zarte Ding, das ist ein fetter Bissen, der wird noch besser schmecken als die Alte. Ich muss es listig anfangen, damit ich beide erschnappe.«

Da ging er ein Weilchen neben Rotkäppchen her und sprach: »Rotkäppchen, sieh einmal die schönen Blumen, die ringsumher stehen, warum guckst du dich nicht um? Ich glaube, du hörst gar nicht, wie die Vöglein so lieblich singen? Du gehst ja für dich hin, als wenn du zur Schule gingst, dabei ist es so lustig hier draußen im Wald.«

Rotkäppchen schlug die Augen auf, und als es sah, wie die Sonnenstrahlen durch die Bäume hin und her tanzten und alles voll schöner Blumen stand, dachte es: »Wenn ich der Großmutter einen frischen Strauß mitbringe, wird der ihr bestimmt Freude machen. Es ist so früh am Tag, dass ich doch zu rechter Zeit ankomme«, lief vom Wege ab in den Wald hinein und suchte Blumen. Und wenn es eine gebrochen hatte, meinte es, weiter hinaus stände eine schönere, und lief darnach, und geriet immer tiefer in den Wald hinein.

Der Wolf aber ging geradewegs zum Haus der Großmutter und klopfte an die Türe. »Wer ist draußen?«, fragte sie.

»Rotkäppchen, das bringt Kuchen und Wein, mach auf.«

»Drück nur auf die Klinke«, rief die Großmutter, »ich bin zu schwach und kann nicht aufstehen.«

Der Wolf drückte auf die Klinke, die Türe sprang auf, und er ging, ohne ein Wort zu sprechen, gerade zum Bett der Großmutter und verschluckte sie. Dann tat er ihre Kleider an, setzte ihre Haube auf, legte sich in ihr Bett und zog die Vorhänge vor.

Rotkäppchen aber war nach den Blumen herumgelaufen, und als es so viele zusammenhatte, dass es keine mehr tragen konnte, fiel ihm die Großmutter wieder ein, und es machte sich auf den Weg zu ihr. Es wunderte sich, dass die Türe aufstand, und wie es in die Stube trat, so kam es ihm so seltsam darin vor, dass es dachte: »Ei, du mein Gott, wie ängstlich wird mir's heute zumut, und bin doch sonst so gerne bei der Großmutter!« Es rief: »Guten Morgen«, bekam aber keine Antwort.

Darauf ging es zum Bett und zog die Vorhänge zurück. Da lag die Großmutter und hatte die Haube tief ins Gesicht gesetzt und sah so wunderlich aus.

*»Ei, Großmutter, was hast du für große Ohren!«*
*»Dass ich dich besser hören kann.«*
*»Ei, Großmutter, was hast du für große Augen!«*
*»Dass ich dich besser sehen kann.«*
*»Ei, Großmutter, was hast du für große Hände!«*
*»Dass ich dich besser packen kann.«*
*»Aber, Großmutter, was hast du für ein entsetzlich großes Maul!«*
*»Dass ich dich besser fressen kann.«*

Kaum hatte der Wolf das gesagt, so tat er einen Satz aus dem Bette und verschlang das arme Rotkäppchen.

Wie der Wolf seinen Hunger gestillt hatte, legte er sich wieder ins Bett, schlief ein und fing an, überlaut zu schnarchen. Der Jäger ging eben an dem Haus vorbei und dachte: »Wie die alte Frau schnarcht, du musst doch sehen, ob ihr etwas fehlt.« Da trat er in die Stube, und wie er vor das Bette kam, so sah er, dass der Wolf darin lag.

»Finde ich dich endlich, du alter Sünder«, sagte er, »ich habe dich lange gesucht.« Nun wollte er seine Büchse anlegen, da fiel ihm ein, der Wolf könnte die Großmutter gefressen haben und sie wäre noch zu retten. Er schoss nicht, sondern nahm eine Schere und fing an, dem schlafenden Wolf den Bauch aufzuschneiden. Wie er ein paar Schnitte getan hatte, da sah er das rote Käppchen leuchten, und noch ein paar Schnitte, da sprang das Mädchen heraus und rief: »Ach, wie war ich erschrocken, wie war's so dunkel in dem Wolf seinem Leib!« Und dann kam die alte Großmutter auch noch lebendig heraus und konnte kaum atmen.

Rotkäppchen aber holte geschwind große Steine, damit füllten sie dem Wolf den Leib, und wie er aufwachte, wollte er fortspringen, aber die Steine waren so schwer, dass er gleich niedersank und sich totfiel.

Da waren alle drei vergnügt. Der Jäger zog dem Wolf den Pelz ab und ging damit heim, die Großmutter aß den Kuchen und trank den Wein, den Rotkäppchen mitgebracht hatte, und erholte sich wieder, Rotkäppchen aber dachte: »Du willst dein Lebtag nicht wieder allein vom Wege ab in den Wald laufen, wenn dir's die Mutter verboten hat.«

Es wird auch erzählt, dass einmal, als Rotkäppchen der alten Großmutter wieder Gebackenes brachte, ein anderer Wolf ihm zugesprochen und es vom Wege habe ableiten wollen. Rotkäppchen aber hütete sich und ging gerade fort seines Wegs und sagte der Großmutter, dass es dem Wolf begegnet wäre, der ihm einen Guten Tag gewünscht, aber so bös aus den Augen geguckt hätte: »Wenn's nicht auf offener Straße gewesen wäre, er hätte mich gefressen.« »Komm«, sagte die Großmutter, »wir wollen die Türe verschließen, dass er nicht hereinkann.«

## ~ *Beipackzettel* ~

Der Gedanke, dass den eigenen Kindern durch Kriminelle etwas zustoßen könnte, beschäftigt alle Eltern. Je fröhlicher und kommunikativer ein Kind ist, desto mehr Gedanken macht man sich. Eine gewisse Arglosigkeit sollte jedoch zu jeder Kindheit dazugehören, Vertrauen das Verhältnis zur Umwelt prägen. Gleichwohl sollten es Eltern nie versäumen, die Kinder vor bösen Erwachsenen zu warnen.

Das Märchen *Rotkäppchen* eignet sich besonders gut, um ein Gespräch mit Ihren Kindern über dieses Thema zu beginnen. Lesen Sie die Geschichte gemeinsam, und sprechen Sie darüber, dass man nicht leichtfertig fremden Leuten folgen oder gehorchen sowie Geschenke annehmen sollte, auch wenn alles harmlos und verlockend scheint. Ermutigen Sie Ihre Kinder, sich hilfesuchend an andere Menschen zu wenden, wenn sie sich belästigt fühlen.

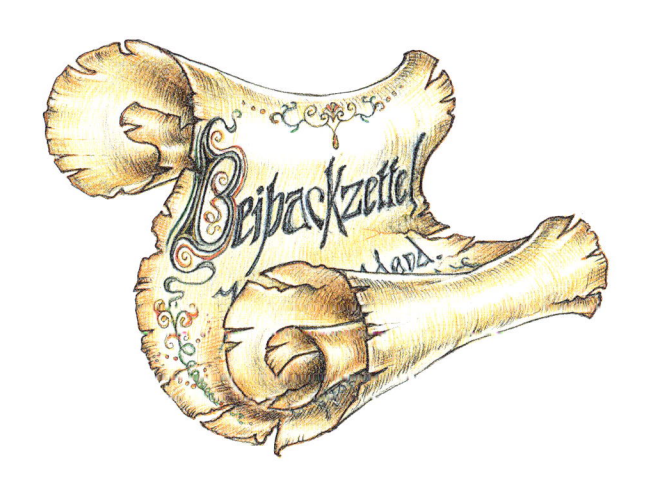

# Unserem Kind mangelt es an Selbstbewusstsein

Manchmal wähnen sich Eltern in dem Glauben, dass mit ihren Kindern alles in Ordnung ist. Vor allem dann, wenn es nie Auffälligkeiten gegeben hat. Wenn es keine Probleme in der Schule gibt, wenn Nikotin, Alkohol oder gar härtere Drogen nie eine Rolle gespielt haben.

Bei Shirin – ihr Vater stammte aus dem früheren Persien, ihre Mutter war eine zupackende Frohnatur aus dem Rheinland – hatte sich plötzlich ein völlig neuer Wesenszug offenbart, der die Eltern ratlos machte. Shirin mangelte es offenbar an Selbstbewusstsein, obwohl es dafür keine Erklärung gab. Und vor allem keinen Anlass. Sie hatte ein Gesicht mit allerliebsten Grübchen, war gescheit und ein »Gucker« für die Jungs, die gern ihre Nähe suchten. Nicht nur, weil man mit ihr über Autos und Technik fachsimpeln konnte. Das war ihr großes (und für ein Mädchen eher ungewöhnliches) Hobby. Man hätte ein Auto in alle Einzelteile zerlegen können – Shirin wäre in der Lage gewesen, es wieder zusammenzubauen. Dabei hatte sie mit ihren 13 Jahren noch nicht einmal einen Führerschein. Sie war der »Werkstattmeister« der Familie und auch im Bekanntenkreis.

Nun jedenfalls zeigte sich die hilfsbereite Tüftlerin von einer ganz anderen Seite: Sie wirkte verschlossen, fast ängstlich und misstrauisch. Sie traute sich einfach nichts mehr zu. Zum Volleyball-Training ging sie kaum noch hin. »Ach«, erklärte sie den Eltern, »die anderen sind doch alle viel besser als ich, die brauchen mich gar nicht.«

Selbst die Theatergruppe in der Schule interessierte sie kaum noch. »Aber das hat dir doch immer großen Spaß gemacht«, sagte die Mutter, »und alle lobten dich. Denk doch nur an den Beifall, den du in *Das doppelte Lottchen* bekommen hast ...«

»Ja«, meinte Shirin, »das war ja alles mal ganz nett, aber jetzt will ich das nicht mehr. Die Cathrin, die Paula, die Stefanie – die bringen's einfach!«

»Aber du kannst es doch auch! Du musst dir mehr zutrauen«, riet der Vater, »man muss sich eben auch mal selbst überwinden, statt immer nur daran zu denken, dass du scheitern könntest!« Solche Aufmunterungen gingen bei Shirin in das eine Ohr rein und durch das andere wieder raus.

In den Ferien flog die Familie an die türkische Riviera. Das Hotel war sehr schön, aber nach einer Woche war es doch ein bisschen langweilig. Da beschlossen sie, sich ein Auto zu mieten und ins Landesinnere zu fahren. An einer extrem abgelegenen Straße sahen sie eine junge Frau, die vor einem Auto am Straßenrand stand und wild mit den Armen auf sich aufmerksam machte. Sofort stieg der Vater auf die Bremse. Die verzweifelte Frau rief immer »Bir ariza va …« »Was heißt das denn?«, fragte die Mutter, aber Shirin meinte: »Was soll das schon heißen? Eine Panne wird sie haben. Das guck ich mir mal an …«

Derart gefordert, war sie nun gleich wieder in ihrem Element. Schnell sah sie, dass der Keilriemen gerissen war. Natürlich fand sich in dem uralten Renault kein Ersatzriemen. Aber Shirin löste das Problem. Aus ihrem schmalen Gürtelchen bastelte sie einen Not-Keilriemen, der die Lichtmaschine tatsächlich wieder in Gang brachte, sodass die überglückliche junge Frau erst einmal alle küsste, und mit ein paar englischen Brocken vermittelte sie, dass sie ihr doch bitte hinterherfahren sollten. Die Oma hatte Geburtstag, die ganze Familie wäre da, und die müsste die Helfer unbedingt kennenlernen.

Na, da war was los! Richtig gefeiert wurden die Touristen aus Deutschland, und alle küssten Shirin, als wäre sie eine alte Freundin. Dann gab es Tee, ein leckeres Buffet mit Köstlichkeiten, später wurde getanzt. Die Oma strahlte. So viel Herzlichkeit hatten die drei noch nie erlebt. Und bevor sie dann gegen Mitternacht wieder ins Hotel fuhren, wurden sie natürlich von allen geküsst und umarmt. Ein wahrer Rausch der Lebensfreude.

»Das haben wir nur dir zu verdanken«, sagte der Vater auf dem Heimweg, »da siehst du mal, was du alles kannst …«

Shirin grinste nachdenklich in sich hinein. Man konnte ahnen: Diesen Urlaub würden alle als geglückte Therapie in Erinnerung behalten. »Ha rika!«, wie die Türken sagen. Und das heißt: »Toll!«

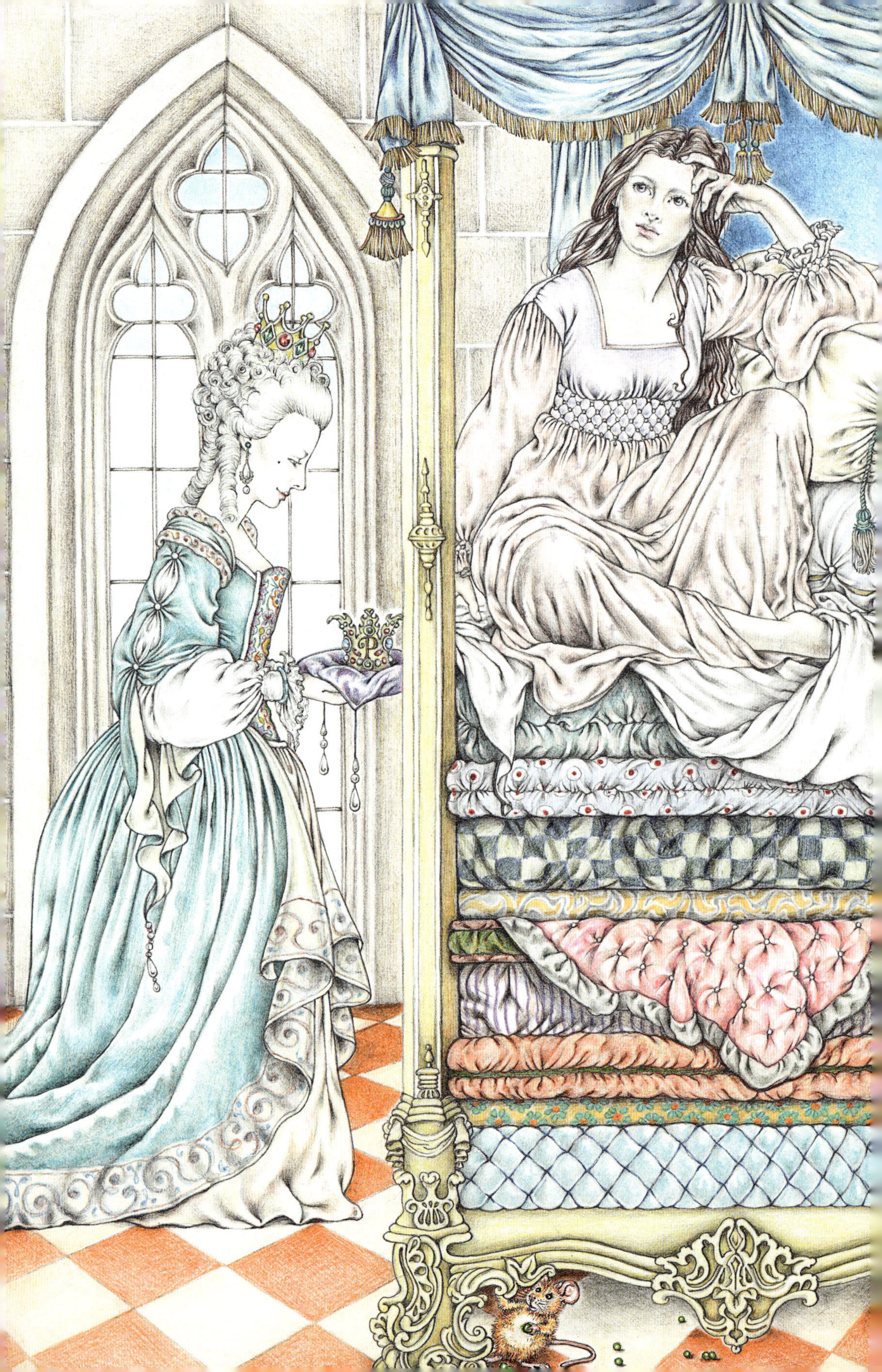

# DIE ERBSENPROBE

Es war einmal ein König, der hatte einen einzigen Sohn, der wollte sich gern vermählen und bat seinen Vater um eine Frau. »Dein Wunsch soll erfüllt werden, mein Sohn«, sagte der König, »aber es kann nicht angehen, dass du eine andere nimmst als eine wirkliche Prinzessin, nur weil gerade irgendeine in der Nähe zu haben ist. Deshalb will ich es bekannt machen lassen, vielleicht meldet sich eine aus der Ferne.«

Es ging also ein offenes Schreiben hinaus, und es dauerte nicht lange, so meldeten sich vermeintliche Prinzessinnen genug. Fast jeden Tag kam eine, wenn aber nach ihrer Geburt und Abstammung gefragt wurde, so ergab es sich jedes Mal, dass es keine echte Prinzessin war, und sie musste unverrichteter Sache wieder abziehen. »Wenn das so fortgeht«, sagte der Prinz, »so bekomme ich am Ende gar keine Frau.« »Beruhige dich, mein Söhnchen«, sagte die Königin, »ehe du dich's versiehst, so ist eine da; das Glück steht oft vor der Türe, man braucht sie nur aufzumachen.« Es war wirklich so, wie die Königin gesagt hatte.

Bald hernach, an einem stürmischen Abend, als Wind und Regen ans Fenster schlugen, ward heftig an das Tor des königlichen Palastes geklopft. Die Diener öffneten, und ein wunderschönes Mädchen trat herein, das verlangte gleich vor den König geführt zu werden. Der König wunderte sich über den späten Besuch und fragte sie, woher sie käme, wer sie wäre und was sie begehre.

»Ich komme aus weiter Ferne«, antwortete sie, »und bin die Tochter eines mächtigen Königs. Als Eure Bekanntmachung mit dem Bildnis Eures Sohnes in meines Vaters Reich gelangte, habe ich heftige Liebe zu ihm empfunden und mich gleich auf den Weg gemacht, in der Absicht, seine Gemahlin zu werden.«

»Das kommt mir ein wenig bedenklich vor«, sagte der König, »auch siehst du mir gar nicht aus wie eine Prinzessin. Seit wann reist eine Prinzessin allein ohne alles Gefolge und in so schlechten Kleidern?«

»Das Gefolge hätte mich nur aufgehalten«, erwiderte sie, »die Farbe an meinen Kleidern ist in der Sonne verschossen, und der Regen hat sie vollends herausgewaschen. Glaubt Ihr nicht, dass ich eine Prinzessin bin, so sendet nur eine Botschaft an meinen Vater.«

»Das dauert mir zu lange«, sagte der König, »eine Gesandtschaft kann nicht so schnell reisen wie du. Die Leute müssen die nötige Zeit dazu haben; es würden Jahre vergehen, ehe sie wieder zurückkämen. Wenn du nicht auf andere Art beweisen kannst, dass du eine Prinzessin bist, so blüht hier dein Weizen nicht, und du tust besser daran, dich wieder auf den Heimweg zu machen.«

»Lass sie nur bleiben«, sagte die Königin, »ich will sie auf die Probe stellen und will bald wissen, ob sie eine Prinzessin ist.«

Die Königin stieg selbst den Turm hinauf und ließ in einem prächtigen Gemach ein Bett zurechtmachen. Als die Matratze herbeigebracht war, legte sie drei Erbsen darauf, eine oben hin, eine in die Mitte und eine unten hin, dann wurden noch sechs weiche Matratzen darübergebreitet, Linnentücher und eine Decke von Eiderdaunen. Wie alles fertig war, führte sie das Mädchen hinauf in die Schlafkammer. »Nach dem weiten Weg wirst du müde sein, mein Kind«, sagte sie, »schlaf dich aus, morgen wollen wir weitersprechen.«

Kaum war der Tag angebrochen, so stieg die Königin schon den Turm hinauf in die Kammer. Sie dachte, das Mädchen noch in tiefem Schlaf zu finden, aber es war wach. »Wie hast du geschlafen, mein Töchterchen?«, fragte sie.

»Erbärmlich«, antwortete die Prinzessin, »ich habe die ganze Nacht kein Auge zugetan.«

»Warum, mein Kind, war das Bett nicht gut?«

»In einem solchen Bett habe ich mein Lebtag noch nicht gelegen, hart vom Kopf bis zu den Füßen; es war, als wenn ich auf lauter Erbsen läge.«

»Ich sehe wohl«, sagte die Königin, »du bist eine echte Prinzessin. Ich will dir königliche Kleider schicken, Perlen und Edelsteine sollen dich wie eine Braut schmücken. Wir wollen noch heute die Hochzeit feiern.«

## ∼ *Beipackzettel* ∼

Die Vorboten der Pubertät zeigen sich manchmal sehr früh. Eben noch kindlich und unbeschwert, verfallen Kinder urplötzlich in Selbstzweifel und Grübeleien, obwohl objektiv dazu gar kein Anlass besteht, da Schulleistungen, Gesundheit und Freundeskreis stabil und erfreulich sind.

Die Prinzessin im Märchen *Die Erbsenprobe* nimmt selbstbewusst ihr Glück in die Hand. Sie weiß, was sie kann, sie weiß, wer sie ist. Was kann ihr also passieren? Sie hat sich ihren Bräutigam selbst ausgesucht und lässt sich nicht durch äußere Umstände davon abhalten, ihn zu bekommen, denn sie ist sicher, dass sie allen Anforderungen gerecht wird. Genau das sollten Sie Ihrem Kind vermitteln. Überzeugen Sie es, dass es eine tolle Persönlichkeit ist, die keine Angst vor den Herausforderungen des Lebens haben muss. Und sollten Schwierigkeiten auftauchen, gibt es schließlich noch die Eltern, die gerne helfen.

# Unser Kind hält den Leistungsdruck von Schul- und Freizeitaktivitäten kaum aus

Man kann ja auch alles übertreiben. Manche Eltern glauben doch wirklich, dass sie ihr Kind fördern, wenn sie ihm ein »reichhaltiges« Freizeitangebot machen.

MONTAG: Tennisunterricht
DIENSTAG: Klavierstunde bei Frau Eschterningen-Delmenhorst
MITTWOCH: Kochseminar auf Ökobasis
DONNERSTAG: Rhythmische Bodengymnastik nach der Silke-Bernau-Methode. Anschließend »Freies Atmen« in der Atemgruppe
FREITAG: Naturseminar an der Volkshochschule (»Der Wald – unser Leben«). Danach: Chinesisch-Sprachkurs für Einsteiger mit Ping Zu-Dong
SONNABEND: Tennis-Wettbewerb (vormittags), Klavier-Nachmittag im Seniorenheim
SONNTAG: Nordic Walking/Skifahren mit Mama und Papa (im Winter), »DLRG«-Ausbildung zum angehenden Rettungsschwimmer

Wie die Woche doch vergeht, sagen die Erwachsenen. Aber was sollen erst die Kinder sagen, wenn sie ein solches Pensum zu bewältigen haben und dann ja auch noch zur Schule gehen müssen? Da wird von Klasse zu Klasse mehr verlangt. Und natürlich machen die Eltern Stress, wenn das Zeugnis nicht ganz so toll aussieht.

Unser Maximilian, der sich als Einzelkind dem geballten Betreuungsdrang der Eltern ausgesetzt sah, absolvierte das pralle Programm ohne Murren. Bei einem Zwölfjährigen ist das nicht selbstverständlich.

Vor dem Einschlafen dachte er schon daran, was er am nächsten Tag so alles zu machen hatte. Kein Wunder, wenn er nicht richtig in den Schlaf fand. Sein kleiner Computer im Kopf war einfach überfordert und konnte die ganzen Pflichtdaten nicht mehr speichern.

Keine Frage: Maxi war maximal überlastet – und der Körper reagierte mit deutlichen Warnzeichen. Er wurde unkonzentriert, fahrig, vergaß die Schularbeiten. Und das ganze Wochenpensum erhob sich vor ihm wie ein Berg. Maximilian war ausgebrannt. Er hatte, obwohl noch so jung, ein Burn-out-Syndrom, wie Top-Manager, die ihren Anforderungen nicht mehr gerecht werden.

Eines Nachts hatte Maxi einen wirklich schönen Traum. Er sah sich unbeschwert und ohne Zeitdruck durch den Tag gehen. Ohne Frau Ping Zu-Dong, ohne Frau Eschterningen-Delmenhorst und ohne Klavierübungen. Auch ohne Bodengymnastik und Kochseminare nach rein ökologischen Gesichtspunkten. Es darf doch wohl auch mal ein Big Mac sein!

Als er erwachte und sich vergegenwärtigte, was er da geträumt hatte, war er wie verwandelt. Und er wusste, was er jetzt sofort seinen Eltern zu sagen hatte. Die waren erst schockiert, aber dann zeigten sie sich einsichtig. »Wir wollten ja nur dein Bestes. Aber vielleicht war es doch etwas viel, was wir da von dir verlangten«, meinte die Mutter. Und der Vater sagte: »Junge, mach einfach, was du tun möchtest. Dann ist es gut!«

Da strahlte er: Maxi im Maxi-Glück!

Und das mit dem freien Atmen hat auch geklappt. Ganz ohne Atemgruppe.

# HANS IM GLÜCK

Hans hatte sieben Jahre bei seinem Herrn gedient, da sprach er zu ihm: »Herr, meine Zeit ist um, nun wollte ich gerne wieder heim zu meiner Mutter, gebt mir meinen Lohn.« Der Herr antwortete: »Du hast mir treu und ehrlich gedient, wie der Dienst war, so soll der Lohn sein«, und gab ihm ein Stück Gold, das so groß wie Hansens Kopf war. Hans zog sein Tüchlein aus der Tasche, wickelte den Klumpen hinein, setzte ihn auf die Schulter und machte sich auf den Weg nach Haus.

Wie er so dahinging und immer ein Bein vor das andere setzte, kam ihm ein Reiter in die Augen, der frisch und fröhlich auf einem munteren Pferde vorbeitrabte. »Ach«, sprach Hans ganz laut, »was ist das Reiten ein schönes Ding! Da sitzt einer wie auf einem Stuhl, stößt sich an keinen Stein, spart die Schuh und kommt fort, er weiß nicht wie.« Der Reiter, der das gehört hatte, hielt an und rief: »Ei Hans, warum läufst du auch zu Fuß?«

»Ich muss ja wohl, da habe ich einen Klumpen heimzutragen, es ist zwar Gold, aber ich kann den Kopf dabei nicht gerad halten. Auch drückt mir's auf die Schulter.«

»Weißt du was«, sagte der Reiter, »wir wollen tauschen, ich gebe dir mein Pferd, und du gibst mir deinen Klumpen.«

»Von Herzen gern«, sprach Hans, »aber ich sage Euch, ihr müsst Euch damit schleppen.«

Der Reiter stieg ab, nahm das Gold und half dem Hans hinauf, gab ihm die Zügel fest in die Hände und sprach: »Wenn's nun recht geschwind soll gehen, so musst du mit der Zunge schnalzen und ›hopp hopp‹ rufen.«

Hans war seelenfroh, als er auf dem Pferde saß und so frank und frei dahinritt. Über ein Weilchen fiel's ihm ein, es sollte noch schneller gehen, und fing an mit der Zunge zu schnalzen und »hopp hopp« zu rufen. Das Pferd setzte sich in starken Trab, und ehe sich's Hans versah, war er abgeworfen und lag in einem Graben, der die Äcker von der Landstraße trennte. Das Pferd wäre auch durchgegangen, wenn es nicht ein Bauer aufgehalten hätte, der des Weges kam und eine Kuh vor sich her trieb.

Hans suchte seine Glieder zusammen und machte sich wieder auf die Beine. Er war aber verdrießlich und sprach zu dem Bauer: »Es ist ein schlechter Spaß, das Reiten, zumal wenn man auf so eine Mähre gerät wie diese, die stößt und einen herabwirft, dass man den Hals brechen kann, ich setze mich nun und nimmermehr wieder auf. Da lob ich mir Eure Kuh, da kann einer mit Gemächlichkeit hinterhergehen und hat obendrein seine Milch, Butter und Käse jeden Tag gewiss. Was gäb ich darum, wenn ich so eine Kuh hätte!«

»Nun«, sprach der Bauer, »geschieht Euch so ein großer Gefallen, so will ich Euch wohl die Kuh für das Pferd vertauschen.« Hans willigte mit tausend Freuden ein. Der Bauer schwang sich aufs Pferd und ritt eilig davon. Hans trieb seine Kuh ruhig vor sich her und bedachte den glücklichen Handel. »Hab ich nur ein Stück Brot, und daran wird mir's doch nicht fehlen, so kann ich, so oft mir's beliebt, Butter und Käse dazu essen. Hab ich Durst, so melk ich meine Kuh und trinke Milch. Herz, was verlangst du mehr?«

Als er zu einem Wirtshaus kam, machte er halt, aß in der großen Freude alles, was er bei sich hatte, sein Mittag- und Abendbrot auf und ließ sich für seine letzten paar Heller ein halbes Glas Bier einschenken. Dann trieb er seine Kuh weiter, immer nach dem Dorfe seiner Mutter zu.

Die Hitze war drückender, je näher der Mittag kam, und Hans befand sich in einer Heide, die wohl noch eine Stunde dauerte. Da ward es ihm ganz heiß, sodass ihm vor Durst die Zunge am Gaumen klebte. »Dem Ding ist zu helfen«, dachte Hans, »jetzt will ich meine Kuh melken und mich an der Milch laben.« Er band sie an einen dürren Baum und stellte, da er keinen Eimer hatte, seine Ledermütze unter, aber so sehr er sich auch bemühte, es kam kein Tropfen Milch zum Vorschein. Und weil er sich ungeschickt dabei anstellte, so gab ihm das ungeduldige Tier endlich mit einem der Hinterfüße einen solchen Schlag vor den Kopf, dass er zu Boden taumelte und sich eine Zeit lang gar nicht besinnen konnte, wo er war.

Glücklicherweise kam gerade ein Metzger des Weges, der auf einem Schubkarren ein junges Schwein liegen hatte. »Was sind das für Streiche!«, rief er und half dem guten Hans auf. Hans erzählte, was vorgefallen war. Der Metzger reichte ihm seine Flasche und sprach: »Da trinkt erst mal, und erholt Euch. Die Kuh will wohl keine Milch geben, das ist ein altes Tier, das höchstens noch zum Ziehen taugt oder zum Schlachten.«

»Ei, ei«, sprach Hans, und strich sich die Haare über den Kopf, »wer hätte das gedacht! Es ist freilich gut, wenn man so ein Tier selbst schlachten kann, das gibt gutes Fleisch! Aber ich mache mir aus dem Kuhfleisch nicht viel, es ist mir nicht saftig genug. Ja, wer so ein junges Schwein hätte! Das schmeckt anders, dabei noch die Würste.«

»Hört, Hans«, sprach der Metzger, »Euch zuliebe will ich tauschen und will Euch das Schwein für die Kuh lassen.« »Gott lohn Euch Eure Freundschaft!«, sprach Hans und übergab ihm die Kuh und ließ sich das Schweinchen vom Karren losmachen und den Strick, woran es gebunden war, in die Hand geben.

Hans zog weiter und überdachte, wie ihm doch alles nach Wunsch gegangen war: begegnete ihm eine Verdrießlichkeit, so wurde sie doch gleich wieder gutgemacht. Es gesellte sich danach ein Bursch zu ihm, der trug eine schöne weiße Gans unter dem Arm. Sie erboten einander den Gruß, und Hans fing an, von seinem Glück zu erzählen und wie er immer so vorteilhaft getauscht hätte. Der Bursch sagte ihm, dass er die Gans zu einem Kindstaufschmaus brächte. »Hebt einmal«, fuhr er fort und packte sie bei den Flügeln, »wie schwer sie ist, die ist aber auch acht Wochen lang genudelt worden. Wer in den Braten beißt, muss sich das Fett von beiden Seiten abwischen.« »Ja«, sprach Hans und wog sie mit der einen Hand, »die hat ihr Gewicht.«

Indessen sah sich der Bursch nach allen Seiten ganz bedenklich um, schüttelte auch wohl mit dem Kopf. »Hört«, fing er darauf an, »mit Eurem Schweine mag's nicht so ganz richtig sein. In dem Dorfe, durch das ich gekommen bin, ist eben dem Schulzen eins aus dem Stall gestohlen worden; ich fürchte, ich fürchte, Ihr habt's da in der Hand. Sie haben Leute ausgeschickt, und es wäre ein schlimmer Handel, wenn sie Euch mit dem Schweine erwischten! Das Geringste ist, dass Ihr ins finstere Loch gesteckt werdet.« Dem guten Hans ward bang: »Ach Gott«, sprach er, »helft mir aus der Not, Ihr wisst hier herum besser Bescheid, nehmt mein Schwein da und lasst mir Eure Gans.« »Ich muss schon etwas aufs Spiel setzen«, antwortete der Bursche, »aber ich will doch nicht Schuld sein, dass Ihr ins Unglück geratet.« Er nahm also das Seil in die Hand und trieb das Schwein schnell auf einem Seitenweg fort, der gute Hans aber ging, seiner Sorgen entledigt, mit der Gans unter dem Arme der Heimat zu.

»Wenn ich's recht überlege«, sprach er mit sich selbst, »habe ich noch Vorteil bei dem Tausch: erst den guten Braten, hernach die Menge von Fett, die herausträufeln wird, das gibt Gänsefettbrot auf ein Vierteljahr und endlich die schönen weißen Federn, die lass ich mir in mein Kopfkissen stopfen und darauf will ich wohl wunderbar einschlafen. Was wird meine Mutter eine Freude haben!«

Als er durch das letzte Dorf gekommen war, stand da ein Scherenschleifer mit seinem Karren: sein Rad schnurrte und er sang dazu:

*»Ich schleife die Schere und drehe geschwind,*
*und hänge mein Mäntelchen nach dem Wind.«*

Hans blieb stehen und sah ihm zu; endlich redete er ihn an und sprach: »Euch geht's wohl, weil Ihr so lustig bei Eurem Schleifen seid.«

»Ja«, antwortete der Scherenschleifer, »das Handwerk hat einen güldenen Boden. Ein rechter Schleifer ist ein Mann, der, sooft er in die Tasche greift, auch Geld darin findet. Aber wo habt ihr die schöne Gans gekauft?«

»Die hab ich nicht gekauft, sondern für mein Schwein eingetauscht.«
»Und das Schwein?«
»Das hab ich für eine Kuh gekriegt.«
»Und die Kuh?«
»Die hab ich für ein Pferd bekommen.«
»Und das Pferd?«
»Dafür hab ich einen Klumpen Gold, so groß als mein Kopf, gegeben.«
»Und das Gold?«
»Ei, das war mein Lohn für sieben Jahre Dienst.«
»Ihr habt Euch jederzeit zu helfen gewusst«, sprach der Schleifer, »könnt

Ihrs nun dahin bringen, dass Ihr das Geld in der Tasche springen hört, wenn Ihr aufsteht, so habt Ihr Euer Glück gemacht.«

»Wie soll ich das anfangen?«, sprach Hans.

»Ihr müsst ein Schleifer werden, wie ich; dazu gehört eigentlich nichts als ein Wetzstein, das andere findet sich schon von selbst. Da hab ich einen, der ist zwar ein wenig schadhaft, dafür sollt Ihr mir aber auch weiter nichts als Eure Gans geben; wollt Ihr das?«

»Wie könnt Ihr noch fragen«, antwortete Hans, »ich werde ja zum glücklichsten Menschen auf Erden. Habe ich Geld, sooft ich in die Tasche greife, was brauche ich da länger zu sorgen?« Er reichte ihm die Gans hin und nahm den Wetzstein in Empfang. »Nun«, sprach der Schleifer und hob einen gewöhnlichen schweren Feldstein, der neben ihm lag, auf, »da habt Ihr noch einen tüchtigen Stein dazu, auf dem sich's gut schlagen lässt und Ihr Eure alten Nägel gerade klopfen könnt. Nehmt ihn und hebt ihn ordentlich auf.«

Hans lud den Stein auf und ging mit vergnügtem Herzen weiter; seine Augen leuchteten vor Freude: »Ich muss in einer Glückshaut geboren sein«, rief er aus, »alles, was ich wünsche, trifft mir ein, wie einem Sonntagskind.« Indessen, weil er seit Tagesanbruch auf den Beinen gewesen war, begann er müde zu werden, auch plagte ihn der Hunger, da er allen Vorrat auf einmal in der Freude über die erhandelte Kuh aufgezehrt hatte. Er konnte endlich nur mit Mühe weitergehen und musste jeden Augenblick haltmachen; dabei drückten ihn die Steine ganz erbärmlich. Da konnte er sich des Gedankens nicht erwehren, wie gut es wäre, wenn er sie gerade jetzt nicht zu tragen brauchte.

Wie eine Schnecke kam er zu einem Feldbrunnen geschlichen, wollte da ruhen und sich mit einem frischen Trunk laben; damit er aber die Steine im Niedersitzen nicht beschädigte, legte er sie bedächtig neben sich auf den Rand des Brunnens. Darauf setzte er sich nieder und wollte sich zum Trinken bücken. Doch ehe er sich's versah, da stieß er sie ein klein wenig an, und beide Steine plumpsten hinab.

Hans, als er sie mit seinen Augen in die Tiefe hatte versinken sehen, sprang vor Freuden auf, kniete dann nieder und dankte Gott mit Tränen in den Augen, dass er ihm auch diese Gnade noch erwiesen und ihn auf eine so gute

Art und ohne dass er sich einen Vorwurf zu machen brauchte von den schweren Steinen befreit hatte. Die einzigen, die ihm noch wären hinderlich gewesen. »So glücklich wie ich«, rief er aus, »gibt es keinen Menschen unter der Sonne.« Mit leichtem Herzen und frei von aller Last sprang er nun fort, bis er daheim bei seiner Mutter war.

## ∽ *Beipackzettel* ∽

Natürlich soll jedes Kind die besten Voraussetzungen für einen optimalen Start ins Leben bekommen. Aber denken Sie nicht immer nur an seine »Vervollkommnung«. Ein Kind sollte auch eine echte Kindheit haben, in der es spielen und herumtollen darf. Arbeiten und gesellschaftliche Verpflichtungen wahrnehmen muss es noch sein ganzes Erwachsenenleben lang!

Gönnen Sie sich und Ihrem Kind eine wohlverdiente Pause, und geben Sie sich gemeinsam dieser Geschichte einer Entschleunigung hin. Das Märchen von *Hans im Glück* erzählt davon, wie man beherzt Ballast abwirft, um zum Wesentlichen vorzudringen, nämlich zu dem, was persönliche Freiheit bedeutet. Lassen Sie sich den Schlusssatz des Märchens auf der Zunge zergehen, und arbeiten Sie daran, genauso ein gutes Verhältnis zu Ihren Kindern zu haben, was immer auch passiert ist. »Mit leichtem Herzen und frei von aller Last sprang er nun fort, bis er daheim bei seiner Mutter war.«

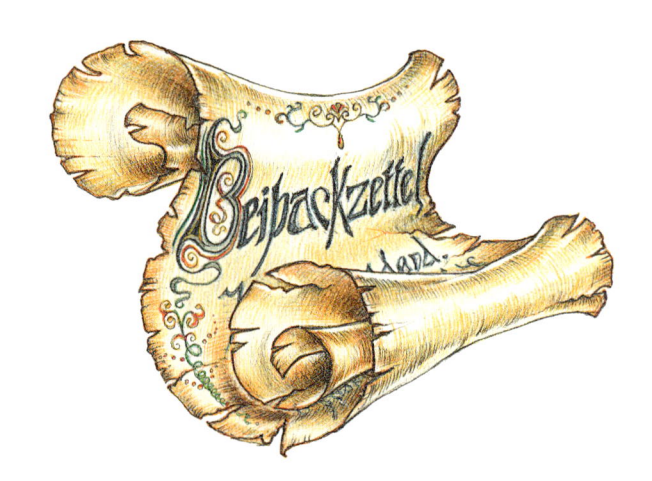

# Unser Kind fühlt sich oft einsam und verlassen

Die Namen aus Urgroßvaters Zeiten sind ja wieder stark in Mode. Karl, Friedrich oder Otto – ganze Königsdynastien vergangener Jahrhunderte sind einem da präsent. Als die Müllers ihrem Sohn den Namen Otto gaben, dachten sie allerdings eher an Otto Waalkes. Den fanden sie früher sehr lustig, und dann haben sie sich auch noch bei einem Auftritt des Blödel-Ostfriesen kennengelernt. So fröhlich wie der Waalkes sollte ihr Sohn auch mal werden, wünschten sie sich.

Aber bekanntlich gehen nicht alle Wünsche in Erfüllung. Zwar war das kleine Ottilein in den ersten Lebensjahren noch gut drauf und machte den Eltern viel Freude. Aber nach und nach kam ihm die fröhliche Art abhanden. Er wurde zum Grübler, irrte einsam und verloren durch seine Gedankenwelt. Man sah es ihm an. Jeder, der ihn traf, fragte besorgt: »Ist bei dir alles in Ordnung?« Otto, der so wortkarg geworden war, sagte dann immer: »Geht so, danke.«

Er fühlte sich von allen verlassen, obwohl er gar nicht allein war. Seine Eltern liebten ihn. Nur: Sie waren den ganzen Tag über arbeiten, und wenn sie erschöpft nach Hause kamen, waren sie eigentlich auch nicht da. Der Vater machte erst einmal ein Nickerchen, die Mutter bereitete das Essen zu, sah dabei fern oder telefonierte. Manchmal wünschte sich Otto, die Eltern hätten mehr Zeit für ihn. Aber zugleich hatte er auch Verständnis dafür, und sie mit seinen Sorgen zu behelligen, war für ihn undenkbar.

Immer tiefer rutschte er in den Seelensumpf, aber nach Hilfe zu rufen, traute er sich nicht. »Mich hört doch sowieso keiner«, dachte er. Und stellte sich auch die Frage, warum es ihn überhaupt gibt. Er würde doch keinem fehlen.

Schreckliche Gedanken waren das. Otto, der als Fröhlicher ins Leben geschickt wurde, war ein Trauriger geworden, der an schlimmen Depressionen litt und sich niemandem anvertrauen und sich mitteilen wollte oder konnte. Die Eltern bemerkten diese Veränderung und warfen sich vor, vor lauter Arbeit wie mit Scheuklappen durch den Familienalltag gegangen zu sein und die Nöte ihres Sohnes nicht schon früher erkannt zu haben.

»Warum hast du uns denn nicht einfach mal angesprochen?«, fragte der Vater und meinte: »Wir sind doch immer für dich da.«

»Ach, Papa«, seufzte Otto, »ihr habt doch so viel um die Ohren, und die viele Arbeit, die macht ihr doch eigentlich auch für mich. Ihr selbst gönnt euch gar nichts. Von dem Geld, das ihr verdient, wandert eine große Summe Monat für Monat auf mein Sparkonto, weil ich ja mal den Führerschein machen und nach dem Abitur studieren will. Dafür arbeitet ihr doch. Da werd ich euch doch nicht mit meinen Sorgen nerven!«

Die Eltern waren richtig schockiert über Ottos Worte, hatte er doch nur aus lauter Rücksicht das Gespräch nicht gesucht. Der Mutter schossen die Tränen in die Augen. »Junge«, gestand der Vater ein, »da haben wir wohl einen Fehler gemacht. Aber merke dir: Wir sind immer für dich da. Wer, wenn nicht wir?«

Da war denn selbst der traurige Otto erleichtert und freute sich. »Ich könnte ja auch mal mit Oma sprechen«, schlug er vor, »Oma hat immer ein offenes Ohr für mich und kann so lustige Sachen aus ihrer Kindheit erzählen.«

»Siehst du«, meinte der Vater, »musst halt immer daran denken, dass du nicht allein bist. Für dich ist immer jemand da. Wir werden uns jetzt viel mehr Zeit für dich nehmen und auch was gemeinsam machen.«

Das waren die richtigen Worte im richtigen Augenblick; denn Kinder brauchen nichts mehr als die Zeit, die sich die Eltern für sie nehmen. Zeit ist ein hohes Gut und viel wichtiger als Geschenke wie Videospiele und andere Dinge, die den Einsamen noch einsamer machen.

»Ich mache gleich mal einen Vorschlag: In Hamburg tritt im nächsten Monat Otto Waalkes auf. Was hältst du davon, wenn wir alle zusammen da hingehen?«

Darauf der Junge spontan: »Au ja, der Otto ist immer so lustig!« Da schauten sich die Eltern nur lächelnd an …

# DIE STERNTALER

Es war einmal ein kleines Mädchen, dem waren Vater und Mutter gestorben, und es war so arm, dass es kein Häuschen mehr hatte, um darin zu wohnen, und kein Bettchen mehr, um darin zu schlafen. Zum Schluss hatte es gar nichts mehr, nur noch die Kleider auf dem Leib und ein Stückchen Brot in der Hand, das ihm ein mitleidiges Herz geschenkt hatte.

Es war aber gut und fromm. Und weil es so von aller Welt verlassen war, ging es im Vertrauen auf den lieben Gott hinaus ins Feld. Da begegnete ihm ein armer Mann, der sprach: »Ach, gib mir etwas zu essen, ich bin so hungrig.« Da reichte es ihm das ganze Stückchen Brot und sagte: »Gott segne dir's«, und ging weiter.

Da kam ein Kind, das jammerte und sprach: »Es friert mich so an meinem Kopfe, schenk mir etwas, damit ich ihn bedecken kann.« Da nahm es seine Mütze ab und gab sie ihm.

Und als es noch eine Weile gegangen war, kam wieder ein Kind und hatte kein Leibchen an und fror. Da gab es ihm seins. Und als es noch weiter ging, da bat eins um sein Röcklein, und das gab es auch von sich hin.

Endlich gelangte es in einen Wald, und es war schon dunkel geworden, da kam noch ein Kind und bat um ein Hemdlein und das fromme Mädchen dachte: »Es ist dunkle Nacht, da sieht dich niemand, du kannst wohl dein Hemd weggeben«, und zog das Hemd aus und gab es auch noch hin.

Und wie es so stand und gar nichts mehr hatte, fielen auf einmal die Sterne vom Himmel und waren lauter blanke Taler. Und obgleich es sein Hemdlein weggegeben, so hatte es ein neues an, und das war vom allerfeinsten Linnen. Da sammelte es sich die Taler hinein und war reich für sein Lebtag.

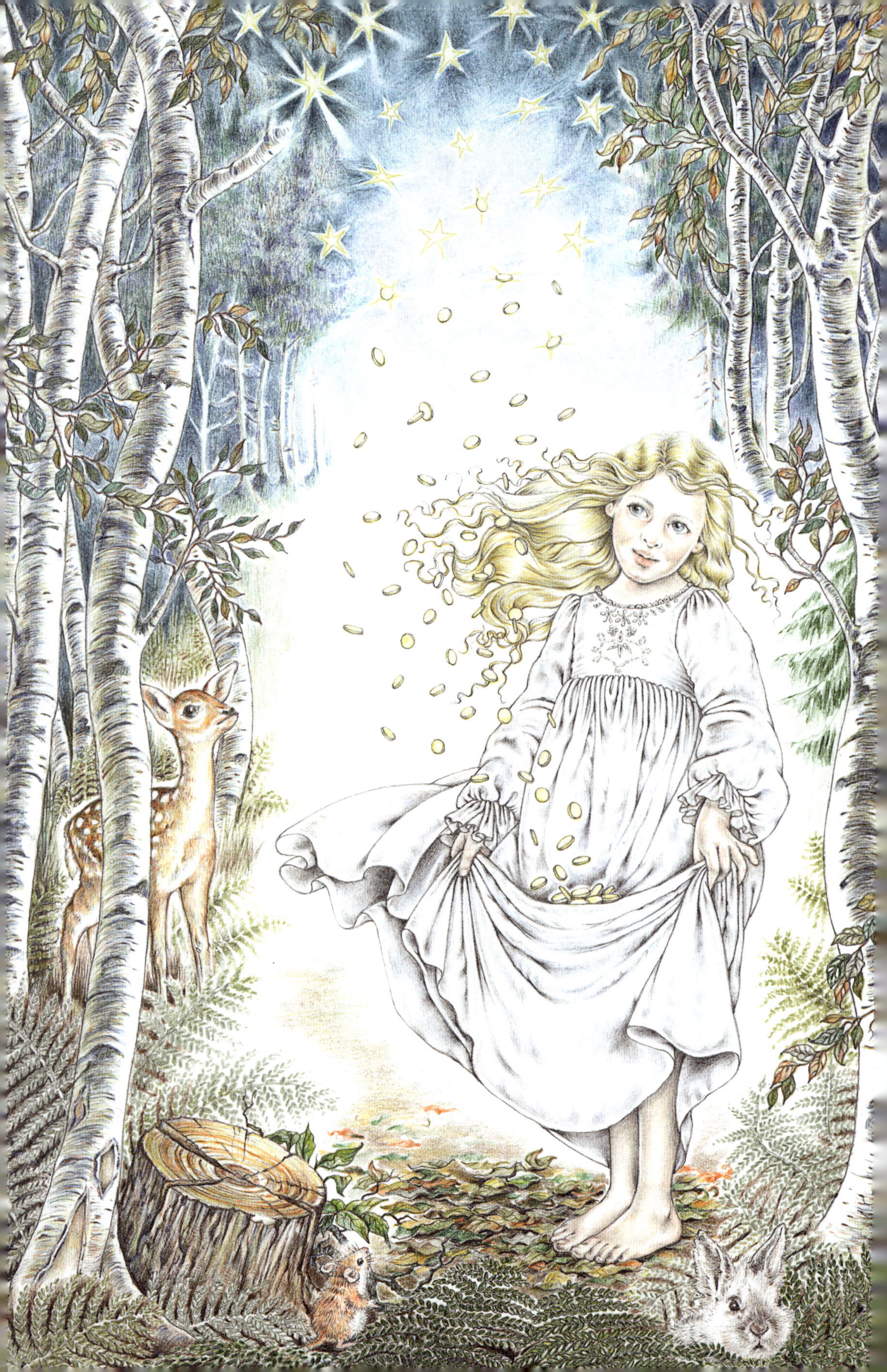

## ~ *Beipackzettel* ~

Vielleicht können Sie sich selbst noch daran erinnern, dass Sie sich als Kind zuweilen einsam und verlassen fühlten. Da war es schön, wenn man von geliebten Menschen aus diesem Jammertal befreit wurde. Sollten Sie bei Ihrem Kind solch trübsinnige Tendenzen bemerken, ist das noch kein ernsthafter Grund zur Sorge. Angebracht wäre jedoch, dass Sie sich in den kommenden Wochen besonders intensiv um Ihr Kind kümmern.

Kuscheln Sie sich mit ihm zusammen und lesen Sie *Die Sterntaler*. In diesem Märchen verliert das Kind alles, was nur möglich ist. Schlimmer geht es nicht. Doch in größter Not, wenn kein Hoffnungsschimmer mehr glimmt, kommt die unerwartete und verdiente Hilfe. Genau das müssen Sie Ihrem Kind nachdrücklich vermitteln. Es gibt für jedes Problem eine Lösung. Man darf niemals verzweifeln. Geben Sie Ihrem Kind die Sicherheit, dass es sich immer auf Sie verlassen kann, egal was passiert.

# Unser Kind hat Essstörungen, weil es sich zu dick und hässlich findet

Nichts ist schlimmer, als wenn man jemandem sagen will, wie sehr man ihn mag, aber der Empfänger das einfach ignoriert. Nimmt die Botschaft gar nicht wahr. Da kommt man schon ins Grübeln. Kriegt er das einfach nicht mit – oder will er mit einem nichts zu tun haben und ist er vielleicht doch nur ein »arrogantes Arschloch«?

Mit diesem Problem hatte sich Christiane auseinanderzusetzen. Sie war 14 Jahre alt – und dass sie eine Schönheit war, hätte wohl niemand behauptet. Sie war nett, wirkte aber etwas altmodisch. Ihre Eltern fanden das ganz gut. »Sie ist ja noch ein Kind«, meinte die Mutter, »und die Jungs interessieren sie sowieso noch nicht.«

Von wegen! Christiane hatte sich schon längst einen ausgeguckt (leider nicht sie allein). Ihr Dreamboy hieß Lutz und war in der Parallelklasse. Ein Typ wie Mädchenschwarm Justin Bieber. »Der Lutz ist soooooo süüüüüüß«, schwärmte sie zu Hause ihrer Freundin Hannah vor, »aber der nimmt mich auf dem Schulhof überhaupt nicht wahr. Ich bin Luft für ihn.«

»Kein Wunder«, meinte Hannah, »du musst einfach mehr aus dir machen. Andere Klamotten und vorher noch abnehmen. Wenn dein Lutz so toll aussieht, mag er vielleicht kein Pummelchen!« Na, da hatte sie ja was angerichtet! Christiane beschloss noch am selben Tag, ihr Äußeres zu verändern. Bereits vor der Schule ging sie zum Joggen in den Stadtpark. Dann gab es drei »Mahlzeiten« am Tag: kein Frühstück, kein Mittag, kein Abendbrot. Die »Zwischenmahlzeit«: eine Karotte und ein Apfel. Dazu vier Liter Wasser.

Die Eltern waren schon beunruhigt: In nur zwei Wochen hatte ihre Tochter sieben Kilo runter. Und das war erst der Anfang. »Die Models im Fernsehen sind noch viel schlanker«, sagte sie.

Das stimmt. Einige sind völlig abgemagert. Die sehen richtig schlecht aus – für die Schönheit!

Christiane machte weiter. Wenn sie ihren Eltern beim Essen zusah, rannte sie raus. Allein der Gedanke an Essen verursachte bei ihr Brechreiz. Eines Tages schockierte der Hausarzt, der Christiane untersucht hatte, die Eltern: »Ihre Tochter leidet an Bulimie!« Da stand nun unweigerlich eine Therapie an, die tatsächlich anschlug. Christiane legte nach und nach wieder an Gewicht zu, aber so viel wie zu Beginn ihrer Gewaltkur wog sie nicht. Sie kontrollierte ihr Essverhalten und trieb Sport. Auch in der Schule lief es gut, vor allem in Mathematik. Da war sie ein Ass. Ausgerechnet Mathe! Für die meisten anderen aus ihrer Klasse war das ein Ekel-Fach.

Ihren Lutz hatte sie immer noch im Kopf, sah ihn ja täglich in der Pause. Aber Hoffnung, an ihn heranzukommen, hatte sie immer weniger. Dachte meist an den Spruch, den sie von ihrer Oma hatte und der dem angekratzten Ego helfen sollte: »Wer dich nicht mag, hat dich nicht verdient.« Ist natürlich Unsinn, aber wenn's hilft …

Dann kam jener Schicksalstag kurz vor den Sommerferien. Christianes Schule hatte sich an einem Schüler-Wettbewerb der Deutschen Mathematiker-Union beteiligt. Zur Preisverleihung waren alle ins Stadttheater eingeladen. Alles sehr festlich. Die beiden Sieger wurden auf die Bühne gebeten. Da stand plötzlich Christiane neben – Lutz! Der sagte zu ihr: »Ich wusste ja gar nicht, dass du Mathe auch so cool findest.« Und Christiane lächelte ihn an und meinte keck: »So kann man sich irren …«

Beide hatten Arbeiten abgeliefert zum Thema »Mathematik im Alltag« und in ihren Beiträgen nachgewiesen, dass ohne Mathe unser Leben nicht denkbar wäre. Handys, Fahrstühle, Autos, Computer – nichts liefe ohne Mathematik. Der Preis bestand aus einer Studienwoche an der *Technischen Universität* in Berlin, wo sie ein berühmter Mathematik-Professor betreute. Natürlich stand auch eine Tour durch Museen, Galerien und Szene-Kneipen auf dem Programm. Da hatten sie zusammen viel Spaß, und in einem Café in Berlin-Mitte fragte sie ihn: »Warum hast du mich eigentlich immer abblitzen lassen? Gefalle ich dir nicht?«

Da zuckte Lutz zusammen und fragte verblüfft: »Warum sollte ich dich denn abblitzen lassen? Ich hab gar nicht mitbekommen, dass du dich für mich interessierst. Und was soll das eigentlich mit ›Gefalle ich dir nicht?‹? Erstens finde ich, dass du toll aussiehst, und zweitens kommt es doch sowieso nicht nur auf das Äußere an. Was soll ich denn mit einer scharfen Tusse, die blöd ist und nix schnallt? Nee, so einer bin ich nicht!«

Richtig aufgeregt hat er sich! Das fand Christiane wieder ganz süß. Vor allem, wie er das mit dem Aussehen sagte, das tat ihr richtig gut. Und sie meinte, dass es angebracht wäre, ihn mit einem Küsschen zu beruhigen. Das gefiel ihm! Und eigentlich hatte ja nicht er sie, sondern sie ihn falsch eingeschätzt.

Jedenfalls funkte es zwischen den beiden. Von »Liebe auf den ersten Blick« wird man wohl nicht gerade reden können. Denn Mathematiker schauen sich ja von Hause aus alles zweimal an, mindestens.

# KÖNIG DROSSELBART

Ein König hatte eine Tochter, die war über alle Maßen schön, aber dabei so stolz und übermütig, dass ihr kein Freier gut genug war. Sie wies einen nach dem anderen ab und trieb noch dazu Spott mit ihnen. Einmal ließ der König ein großes Fest ausrichten und lud dazu aus der Nähe und Ferne die heiratslustigen Männer ein. Sie wurden alle in eine Reihe nach Rang und Stand geordnet; erst kamen die Könige, dann die Herzöge, die Fürsten, Grafen und Freiherren, zuletzt die Edelleute. Nun ward die Königstochter durch die Reihe geführt, aber an jedem hatte sie etwas auszusetzen. Der eine war ihr zu dick: »Das Weinfass!«, sprach sie. Der andere zu lang: »Lang und schwank das hat keinen Gang.« Der dritte zu kurz: »Kurz und dick hat kein Geschick.« Der vierte zu blass: »Der bleiche Tod!« Der fünfte zu rot: »Der Zinshahn!« Der sechste war nicht gerade genug: »Grünes Holz, hinterm Ofen getrocknet!«

Und so hatte sie an einem jeden etwas auszusetzen. Besonders aber machte sie sich über einen guten König lustig, der ganz oben stand und dem das Kinn ein wenig krumm gewachsen war. »Hei«, rief sie und lachte, »der hat ein Kinn, wie die Drossel einen Schnabel«; und seit der Zeit bekam er den Namen Drosselbart. Der alte König aber, als er sah, dass seine Tochter nichts tat, als über die Leute spotten und alle Freier, die da versammelt waren, verschmähte, ward zornig und schwur, sie sollte den ersten besten Bettler zum Manne nehmen, der vor seine Tür käme.

Ein paar Tage darauf hub ein Spielmann an, unter den Fenstern zu singen, um damit ein geringes Almosen zu verdienen. Als dies der König hörte, sprach er: »Lasst ihn heraufkommen.« Da trat der Spielmann in seinen schmutzigen und zerlumpten Kleidern herein, sang vor dem König und seiner Tochter und bat, als er fertig war, um eine milde Gabe. Der König sprach: »Dein Gesang hat mir so wohl gefallen, dass ich dir meine Tochter da zur Frau geben will.« Die Königstochter erschrak, aber der König sagte: »Ich habe den Eid getan, dich dem ersten besten Bettler zu geben, den will ich auch halten.«

Es half kein Sträuben, der Pfarrer ward geholt und sie musste sich gleich mit dem Spielmann trauen lassen. Als das geschehen war, sprach der König: »Nun schickt sich's nicht, dass du als ein Bettelweib noch länger in meinem Schloss bleibst, du kannst nur mit deinem Manne fortziehen.«

Der Bettelmann führte sie an der Hand hinaus, und sie musste mit ihm zu Fuß fortgehen. Als sie in einen großen Wald kamen, fragte sie:

*»Ach, wem gehört der schöne Wald?«*
*»Der gehört dem König Drosselbart;*
*hättest du ihn genommen, so wär er dein.«*
*»Ich arme Jungfer zart,*
*ach, hätt ich genommen den König Drosselbart!«*

Darauf kamen sie über eine Wiese, da fragte sie wieder:

*»Wem gehört die schöne grüne Wiese?«*
*»Sie gehört dem König Drosselbart;*
*hättest du ihn genommen, so wär sie dein.«*
*»Ich arme Jungfer zart,*
*ach, hätt ich genommen den König Drosselbart!«*

Dann kamen sie durch eine große Stadt, da fragte sie wieder:

*»Wem gehört die schöne große Stadt?«*
*»Sie gehört dem König Drosselbart;*
*hättest du ihn genommen, so wär sie dein.«*
*»Ich arme Jungfer zart,*
*ach, hätt ich genommen den König Drosselbart!«*

»Es gefällt mir gar nicht«, sprach der Spielmann, »dass du dir immer einen anderen zum Mann wünschest! Bin ich dir nicht gut genug?« Endlich kamen sie an ein ganz kleines Häuschen, da sprach sie:

*»Ach, Gott, was ist das Haus so klein!*
*Wem mag das elende winzige Häuschen sein?«*

Der Spielmann antwortete: »Das ist mein und dein Haus, wo wir zusammen wohnen.« Sie musste sich bücken, damit sie zu der niedrigen Tür hineinkam. »Wo sind die Diener?«, fragte die Königstochter. »Welche Diener?«, antwortete der Bettelmann. »Du musst alles selber tun, was du getan haben willst! Mach nur gleich Feuer an, und stell Wasser auf, dass du mir mein Essen kochst; ich bin ganz müde.«

Die Königstochter aber verstand nichts vom Feuermachen und Kochen, und der Bettelmann musste selber mit Hand anlegen, dass es so leidlich ging. Als sie die schmale Kost verzehrt hatten, legten sie sich zu Bett, aber am Morgen trieb er sie schon ganz früh heraus, weil sie das Haus besorgen sollte. Ein paar Tage lebten sie auf diese Art schlecht und recht und zehrten ihren Vorrat auf. Da sprach der Mann: »Frau, so geht's nicht länger, dass wir hier zehren und nichts verdienen. Du sollst Körbe flechten.« Er ging aus, schnitt Weiden und brachte sie heim. Da fing sie an zu flechten, aber die harten Weiden stachen ihr die zarten Hände wund. »Ich sehe, das geht nicht«, sprach der Mann, »spinn lieber, vielleicht kannst du das besser.« Sie setzte sich hin und versuchte zu spinnen, aber der harte Faden schnitt ihr bald in die weichen Finger, dass das Blut daran herunterlief. »Siehst du!«, sprach der Mann, »du taugst zu keiner Arbeit, mit dir bin ich schlimm angekommen. Nun will ich's versuchen und einen Handel mit Töpfen aus irdenem Geschirr anfangen: Du sollst dich auf den Markt setzen und die Ware feilhalten.«

»Ach«, dachte sie, »wenn auf den Markt Leute aus meines Vaters Reich kommen und sehen mich da sitzen und feilhalten, wie werden sie mich verspotten!« Aber es half nichts, sie musste sich fügen, wenn sie nicht Hungers sterben wollten. Das erste Mal ging's gut, denn die Leute kauften der Frau, weil sie schön war, gern ihre Ware ab und bezahlten, was sie forderte: Ja, viele gaben ihr das Geld und ließen ihr die Töpfe noch dazu. Nun lebten sie von dem Erworbenen, solange es dauerte, da handelte der Mann wieder eine Menge neues Geschirr ein. Sie setzte sich damit an eine Ecke des Marktes und stellte es um sich her und hielt feil. Da kam plötzlich ein trunkener Husar dahergejagt und ritt geradezu in die Töpfe hinein, dass alles in tausend Scherben zersprang. Sie fing an zu weinen und wusste vor Angst nicht, was sie anfangen sollte. »Ach, wie wird mir's ergehen!«, rief sie, »was wird mein Mann dazu sagen!« Sie lief heim und erzählte ihm das Unglück. »Wer setzt sich auch an die Ecke des Marktes mit irdenem Geschirr!«, sprach der Mann, »lass nun das Weinen, ich sehe wohl, du bist zu keiner ordentlichen Arbeit zu gebrauchen. Da bin ich in unseres Königs Schloss gewesen und habe gefragt, ob sie nicht eine Küchenmagd brauchen können, und sie haben mir versprochen, dass sie dich nehmen wollten; dafür bekommst du freies Essen.«

Nun ward die Königstochter eine Küchenmagd, musste dem Koch zur Hand gehen und die niederste Arbeit tun. Sie machte sich in beiden Rocktaschen ein Töpfchen fest, darin brachte sie nach Hause, was ihr von dem Übriggebliebenen zuteilward, und davon nährten sie sich.

Es trug sich zu, dass die Hochzeit des ältesten Königssohnes sollte gefeiert werden, da ging die arme Königstochter hinauf, stellte sich vor die Saaltür und wollte zusehen. Als nun die Lichter angezündet waren und immer einer schöner als der andere hereintrat und alles voll Pracht und Herrlichkeit war, da dachte sie mit betrübtem Herzen an ihr Schicksal und verwünschte ihren Stolz und Übermut, der sie erniedrigte und sie in so große Armut geführt hatte. Von den köstlichen Speisen, die da ein- und ausgetragen wurden und von welchen der Geruch zu ihr aufstieg, warfen ihr Diener manchmal ein paar Brocken zu, die tat sie in ihr Töpfchen und wollte es heimtragen.

Auf einmal trat der Königssohn herein, war in Samt und Seide gekleidet und hatte goldene Ketten um den Hals. Und als er die schöne Frau in der Türe stehen sah, ergriff er sie bei der Hand und wollte mit ihr tanzen, aber sie weigerte sich und erschrak, denn sie sah, dass es der König Drosselbart war, der um sie gefreit und den sie mit Spott abgewiesen hatte. Ihr Sträuben half nichts, er zog sie in den Saal: Da zerriss das Band, an welchem die Taschen hingen, und die Töpfe fielen heraus, dass die Suppe floss und die Brocken umhersprangen. Und wie das die Leute sahen, entstand ein allgemeines Gelächter und Spotten und sie war so beschämt, dass sie sich lieber tausend Klafter unter die Erde gewünscht hätte.

Sie sprang zur Tür hinaus und wollte entfliehen, aber auf der Treppe holte sie ein Mann ein und brachte sie zurück. Und wie sie ihn ansah, war es wieder der König Drosselbart. Er sprach ihr freundlich zu: »Fürchte dich nicht, ich und der Spielmann, der mit dir in dem elenden Häuschen gewohnt hat, sind eins. Dir zuliebe habe ich mich so verstellt und der Husar, der dir die Töpfe entzweigeritten hat, bin ich auch gewesen. Das alles ist geschehen, um deinen stolzen Sinn zu beugen und dich für deinen Hochmut zu strafen, womit du mich und die anderen verspottet hast.«

Da weinte sie bitterlich und sagte: »Ich habe großes Unrecht getan und bin nicht wert, deine Frau zu sein.« Er aber sprach: »Tröste dich, die bösen Tage sind vorüber, jetzt wollen wir unsere Hochzeit feiern.« Da kamen die Kammerfrauen und taten ihr die prächtigsten Kleider an, und der Vater kam und der ganze Hof und wünschte ihr Glück zu ihrer Vermählung mit dem König Drosselbart; und die rechte Freude fing jetzt erst an. Ich wollte, du und ich, wir wären auch dabei gewesen.

## ~ *Beipackzettel* ~

Mehr Schein als Sein ist gegenwärtig wieder im Trend. Wen interessiert es schon, ob die Teilnehmerinnen der vielen Castingshows Mathegenies oder tolle Persönlichkeiten sind? Ganz nach der Parole »Mädels, seid lieber schön als schlau, weil Männer besser gucken als denken können«, zählt nur die äußere Hülle. Doch »schön blöd« hält nie lange vor.

Das Märchen vom *König Drosselbart* erzählt die Geschichte einer Liebe, die erst wahr werden kann, als über Äußerlichkeiten hinweg, bis tief ins Herz gesehen wurde. Vermitteln Sie Ihrem Kind, dass Liebesglück bedeutet, einen Menschen zu finden, mit dem man gemeinsame Interessen teilt. Einen, für den man sich nicht mit Diäten und Hungerkuren abrackern muss, die nur krank machen. Die »ideale« Konfektionsgröße verrät absolut gar nichts über das, was jemand im Kopf und im Herzen hat. Jeder von uns muss als Einheit gesehen werden. Es lebe das »Gesamtkunstwerk Mensch«!

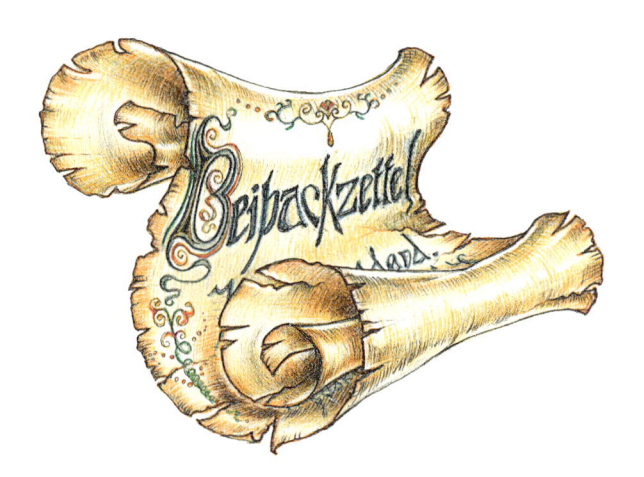

# Unser Kind teilt nicht gerne und will alles für sich allein behalten

Da hätten die Eltern von Matthias alias »Matze« schon sehr früh aufmerksam werden können: Der erste »komplette« Satz, den ihr süßer Sohn sagen konnte, hörte sich an wie: »Geiz ist geil!« Das fanden alle sehr komisch, denn niemand ahnte, dass er das regelrecht verinnerlichen würde. Aber mal ehrlich, wer könnte darauf schon kommen?

Ausgestattet mit einem gar nicht so geringen Taschengeld, wurde er trotzdem zu einem richtigen Knauser. Einmal brachte ihm sein Sparzwang Ärger ein, als er nämlich im Supermarkt zwei Preis-Etiketten austauschte und erwischt wurde, als er die große Box mit Gummibärchen von 3,89 Euro auf 69 Cent (vom Rote-Bete-Glas) runtersetzte. Er war ja noch strafunmündig, aber die Polizei informierte die Eltern – und das war auch Strafe genug …

Wer weiß schon, warum das so kam, aber Matze entwickelte sich auch noch zu einem kleinen Neidhammel, der missgünstig wurde, wenn andere in der Klasse mehr hatten als er (eine Eigenschaft, die ja in unserer Gesellschaft verbreitet ist). Allerdings war er auch ein netter, höflicher und hilfsbereiter Bursche, dem keiner so recht was übel nehmen konnte.

Er gefiel sich in der Rolle des Cleveren, der gerne nahm, aber so gut wie nie etwas abgab. Dabei freut sich doch jeder über eine Kleinigkeit und versteht sie vielleicht sogar als eine Geste der Sympathie, die unerwartete Folgen haben kann. Aber das sollte Matze – und das sei hier mit Erleichterung vorweggenommen – noch selbst erfahren …

Vor dem Haus traf er die Nachbarin Frau Krönig, die Mutter seiner Klassenkameradin Saskia (an die er sich nie rantraute). Frau Krönig, ehrenamtlich als Handballtrainerin tätig, war außer sich vor Wut. Zwei Autofahrer hatten ihr Auto »brutalstmöglich« zugeparkt. Vorn und hinten Stoßstange an Stoßstange. Überhaupt keine Möglichkeit zum Ausparken.

»Alles Idioten«, schrie Frau Krönig, »denkt denn hier keiner mit? Ich muss zum Training, das schaffe ich nie. Und ich habe auch noch vier Netze mit Bällen im Auto. Die anderen werden schon auf mich warten. Es ist wirklich zum …«

»Ich könnte die Bälle doch mit dem Rad hinbringen«, schlug Matze vor, »geht doch ganz schnell.«

»Das würdest du tun?«, fragte sie, »das wäre ja toll. Sag den anderen, ich komme etwas später. Sie können ja schon mal mit dem Training beginnen. Ich halte mal Ausschau nach den beiden rücksichtslosen Fahrern.«

Und schon war Matze mit den Beuteln unterwegs. Das wurde schon fast eine akrobatische Nummer. Ein Beutel fiel ihm runter und die Bälle rollten über die Straße. Aber er klaubte alle wieder zusammen und setzte seine Tour fort. Als er ankam, traute er seinen Augen nicht: Da wartete Saskia!

»Was machst du denn hier?«, fragte sie. Matze erzählte ihr vom Malheur ihrer Mutter und erntete – immerhin! – ein anerkennendes Lächeln.

Drei Tage später stand Saskia bei Matze vor der Tür: »Meine Mutter fragt, ob du nicht mit uns und ein paar Freunden übers Wochenende an die Ostsee fahren möchtest. Sie hat sich über deine spontane Hilfe neulich so gefreut und möchte dich einladen. Du könntest bei uns mitfahren. Wenn du willst, sprich doch mit deinen Eltern, und gib schnell Bescheid …«

Na klar. Was für eine Frage. Das wurde ein tolles Wochenende, und wir verraten mal ein Geheimnis: Die Kids kamen sich näher, und wenn sie Händchen haltend nebeneinander herliefen, sah das sehr vertraut aus, und Matze dachte: Manno, warum fotografiert uns denn jetzt keiner?

Wieder daheim, konnte Matze sein Glück kaum fassen und grübelte. Er hatte so wenig gegeben und so viel bekommen! Im Bett abends dachte er immer an Saskia und schickte ihr Herzchen von Wohnung zu Wohnung. Das wird noch mal ein großer Geber!?

# DIE GOLDENE GANS

Es war ein Mann, der hatte drei Söhne, davon hieß der jüngste Dummling und wurde verachtet und verspottet und bei jeder Gelegenheit zurückgesetzt. Es geschah, dass der älteste in den Wald gehen wollte, um Holz zu hauen, und eh er ging, gab ihm noch seine Mutter einen schönen, feinen Eierkuchen und eine Flasche Wein mit, damit er nicht Hunger und Durst litt. Als er in den Wald kam, begegnete ihm ein altes, graues Männlein, das bot ihm einen Guten Tag und sprach: »Gib mir doch ein Stück Kuchen aus deiner Tasche, und lass mich einen Schluck von deinem Wein trinken, ich bin so hungrig und durstig.« Der kluge Sohn aber antwortete: »Geb ich dir meinen Kuchen und meinen Wein, so hab ich selber nichts, pack dich deiner Wege«, ließ das Männlein stehen und ging fort. Als er nun anfing, einen Baum zu behauen, dauerte es nicht lange, so hieb er fehl und die Axt fuhr ihm in den Arm, dass er musste heimgehen und sich verbinden lassen. Das war aber von dem grauen Männchen gekommen.

Darauf ging der zweite Sohn in den Wald, und die Mutter gab ihm, wie dem ältesten, einen Eierkuchen und eine Flasche Wein. Dem begegnete gleichfalls das alte, graue Männchen und hielt um ein Stück Kuchen und einen Trunk Wein an. Aber der zweite Sohn sprach auch ganz verständig: »Was ich dir gebe, das geht mir selber ab, pack dich deiner Wege«, ließ das Männchen stehen und ging fort. Die Strafe blieb nicht aus; als er ein paar Schläge am Baum getan, hieb er sich ins Bein, dass er musste nach Hause getragen werden.

Da sagte der Dummling: »Vater, lass mich einmal hinausgehen und Holz hauen.« Antwortete der Vater: »Deine Brüder haben sich Schaden dabei ge-

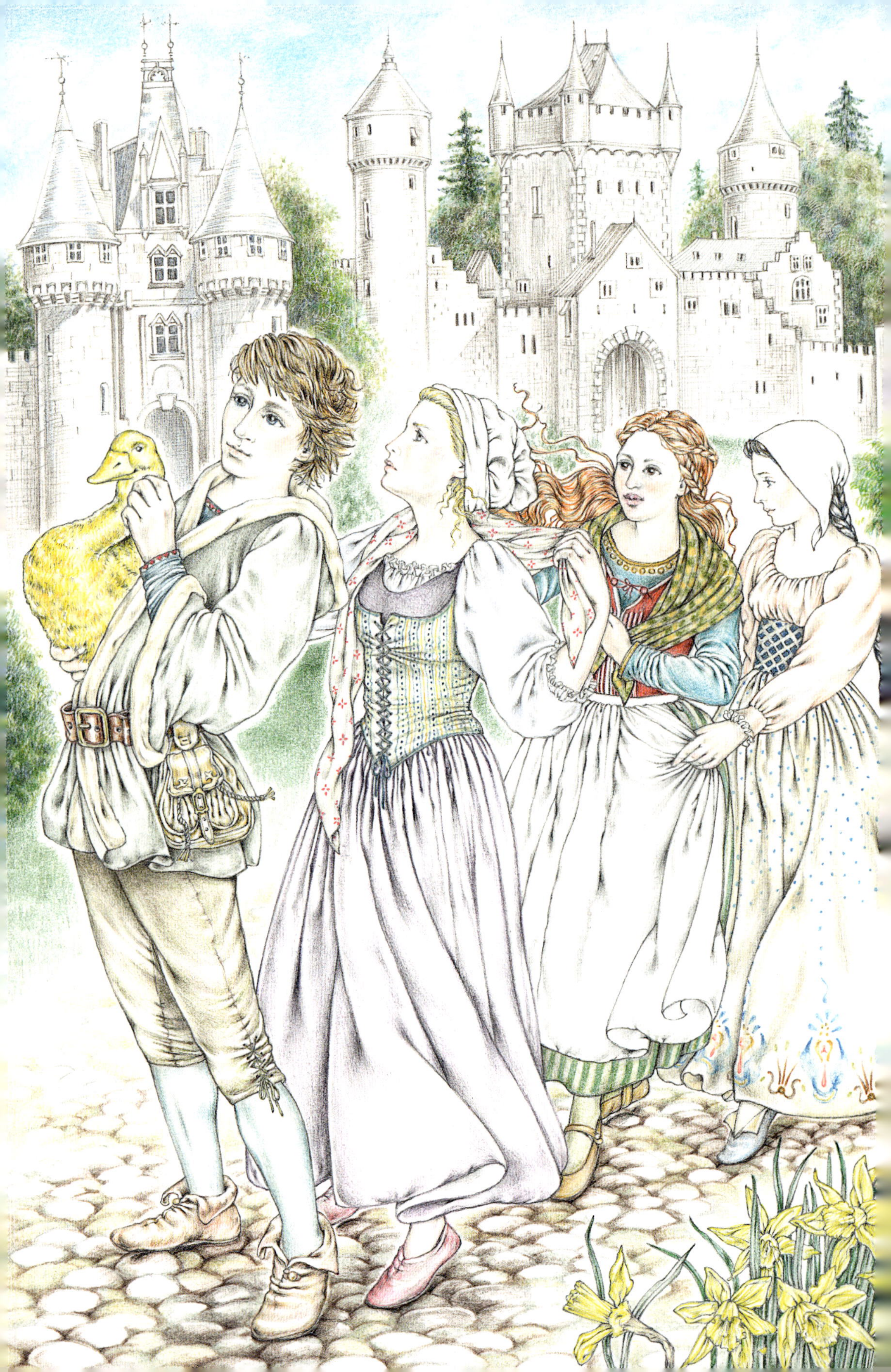

tan, lass ab, du verstehst nichts davon.« Der Dummling aber bat so lange, bis er endlich sagte: »Geh nur hin, durch Schaden wirst du klug werden.« Die Mutter gab ihm einen Kuchen, der war mit Wasser in der Asche gebacken, und dazu eine Flasche saueres Bier.

Als er in den Wald kam, begegnete ihm gleichfalls das alte, graue Männchen, grüßte ihn und sprach: »Gib mir ein Stück von deinem Kuchen und einen Trunk aus deiner Flasche, ich bin so hungrig und durstig.« Antwortete der Dummling: »Ich habe aber nur Aschenkuchen und saures Bier, wenn dir das recht ist, so wollen wir uns setzen und essen.« Da setzten sie sich, und als der Dummling seinen Aschenkuchen herausholte, so war's ein feiner Eierkuchen, und das sauere Bier war ein guter Wein. Nun aßen und tranken sie, und danach sprach das Männlein: »Weil du ein gutes Herz hast und von dem Deinigen gerne teilst, so will ich dir Glück bescheren. Dort steht ein alter Baum, den hau ab, so wirst du in den Wurzeln etwas finden.« Darauf nahm das Männlein Abschied.

Der Dummling ging hin und hieb den Baum um, und wie er fiel, saß in den Wurzeln eine Gans, die hatte Federn von reinem Gold. Er hob sie heraus, nahm sie mit sich und ging in ein Wirtshaus, da wollte er übernachten. Der Wirt hatte aber drei Töchter, die sahen die Gans, waren neugierig, was das für ein wunderlicher Vogel wäre, und hätten gern eine von den goldenen Federn gehabt. Die älteste dachte: »Es wird sich schon eine Gelegenheit finden, wo ich mir eine Feder ausziehen kann«, und als der Dummling einmal hinausgegangen war, fasste sie die Gans beim Flügel, aber Finger und Hand blieben ihr fest daran hängen. Bald danach kam die zweite und hatte keinen anderen Gedanken, als sich eine goldene Feder zu holen; kaum aber hatte sie ihre Schwester angerührt, so blieb sie fest hängen. Endlich kam auch die dritte in gleicher Absicht; da schrien die andern: »Bleib weg, um Himmels willen, bleib weg.« Aber sie begriff nicht, warum sie wegbleiben sollte, dachte: »Sind die dabei, so kann ich auch dabei sein«, und sprang herzu. Und wie sie ihre Schwester angerührt hatte, so blieb sie an ihr hängen. So mussten sie die Nacht bei der Gans zubringen.

Am andern Morgen nahm der Dummling die Gans in den Arm, ging fort und bekümmerte sich nicht um die drei Mädchen, die daranhingen. Sie mussten immer hinter ihm dreinlaufen, links und rechts, wie's ihm in die

Beine kam. Mitten auf dem Felde begegnete ihnen der Pfarrer, und als er den Aufzug sah, sprach er: »Schämt euch, ihr garstigen Mädchen, was lauft ihr dem jungen Burschen durchs Feld nach, schickt sich das?« Damit fasste er die jüngste an die Hand und wollte sie zurückziehen; wie er sie aber anrührte, blieb er gleichfalls hängen und musste selber hinterdreinlaufen.

Nicht lange, so kam der Küster daher und sah den Herrn Pfarrer, der drei Mädchen auf dem Feld folgte. Da wunderte er sich und rief: »Ei, Herr Pfarrer, wohinaus so geschwind? Vergesst nicht, dass wir heute noch eine Kindstaufe haben«, lief auf ihn zu und fasste ihn am Ärmel, blieb aber auch fest hängen. Wie die fünf so hintereinandertrabten, kamen zwei Bauern mit ihren Hacken vom Feld; da rief der Pfarrer sie an und bat, sie möchten ihn und den Küster losmachen. Kaum aber hatten sie den Küster angerührt, so blieben sie hängen und waren ihrer nun siebene, die dem Dummling mit der Gans nachliefen.

Er kam darauf in eine Stadt, da herrschte ein König, der hatte eine Tochter, die war so ernsthaft, dass sie niemand zum Lachen bringen konnte. Darum hatte er ein Gesetz erlassen, dass, wer sie könnte zum Lachen bringen, sie heiraten sollte. Der Dummling, als er das hörte, ging mit seiner Gans und ihrem Anhang vor die Königstochter und als diese die sieben Menschen immer hintereinanderherlaufen sah, fing sie lauthals an zu lachen und wollte gar nicht wieder aufhören.

Da verlangte sie der Dummling zur Braut, aber dem König gefiel der Schwiegersohn nicht, er machte allerlei Einwendungen und sagte, er müsste ihm erst einen Mann bringen, der einen Keller voll Wein austrinken könnte. Der Dummling dachte an das graue Männchen, das könnte ihm wohl helfen, ging hinaus in den Wald und auf der Stelle, wo er den Baum abgehauen hatte, sah er einen Mann sitzen, der machte ein ganz betrübliches Gesicht. Der Dummling fragte, was er sich so sehr zu Herzen nähme. Da antwortete er: »Ich habe so großen Durst und kann ihn nicht löschen, das kalte Wasser vertrage ich nicht, ein Fass Wein hab ich zwar ausgetrunken, aber was ist ein Tropfen auf den heißen Stein?« – »Da kann ich dir helfen«, sagte der Dummling, »komm nur mit mir, du sollst satt haben.« Er führte ihn darauf in des Königs Keller, und der Mann machte sich über die großen Fässer her, trank und trank, dass ihm die Hüften wehtaten, und ehe ein Tag herum war, hatte er den ganzen Keller ausgetrunken.

Der Dummling verlangte abermals seine Braut, der König aber ärgerte sich, dass ein schlechter Bursch, den jedermann einen Dummling nannte, seine Tochter davontragen sollte, und machte neue Bedingungen: Er müsste erst einen Mann beschaffen, der einen Berg voll Brot aufessen könnte. Der Dummling besann sich nicht lange, sondern ging gleich hinaus in den Wald; da saß auf demselben Platz ein Mann, der schnürte sich den Leib mit einem Riemen zusammen, machte ein grämliches Gesicht und sagte: »Ich habe einen ganzen Backofen voll Raspelbrot gegessen, aber was hilft das, wenn man so großen Hunger hat wie ich; mein Magen bleibt leer und ich muss mich nun zuschnüren, wenn ich nicht Hungers sterben will.« Der Dummling war froh darüber und sprach: »Mach dich auf, und geh mit mir, du sollst dich satt essen.« Er führte ihn in den Hof des Königs, der hatte alles Mehl aus dem ganzen Reich zusammengefahren und einen ungeheuren Berg davon backen lassen; aber der Mann aus dem Walde stellte sich davor, fing an zu essen, und in einem Tag war der ganze Berg verschwunden.

Der Dummling forderte zum drittenmal seine Braut, der König aber suchte noch einmal Ausflucht und verlangte ein Schiff, das zu Lande und zu Wasser fahren könnte: »Sowie du aber damit angesegelt kommst«, sagte er, »so sollst du gleich meine Tochter zur Gemahlin haben.« Der Dummling ging geradewegs in den Wald, da saß das alte, graue Männchen, dem er seinen Kuchen gegeben hatte, und sagte: »Ich habe für dich getrunken und gegessen, ich will dir auch das Schiff geben; das alles tu ich, weil du barmherzig gegen mich gewesen bist.« Da gab er ihm das Schiff, das zu Land und zu Wasser fuhr, und als der König das sah, konnte er ihm seine Tochter nicht länger vorenthalten. Die Hochzeit ward gefeiert, nach des Königs Tod erbte der Dummling das Reich und lebte lange Zeit vergnügt mit seiner Gemahlin.

## ~ *Beipackzettel* ~

In den Zeiten des Überflusses fällt es Kindern immer schwerer zu teilen. Das muss nicht böse Absicht sein, sie können sich einfach nicht vorstellen, dass es Menschen gibt, denen es nicht so gut geht wie ihnen selbst. Doch wenn einer immer nur auf seinen eigenen Vorteil bedacht und knauserig ist, kann das Schicksal schleichend seinen Lauf nehmen. Zuerst ist er nicht bereit, materielle Dinge zu teilen, später schleicht sich der Geiz bis in sein Herz, und er wird unfähig, Freude zu teilen, geschweige denn Gefühle zu verschenken. Das macht auf Dauer sehr einsam, und ganz allein ist das Leben öde.

Wenn Sie derlei Tendenzen bei Ihrem Kind bemerken, nehmen Sie sich Zeit, verbringen Sie eine Stunde mit ihm, und lesen Sie zusammen das Märchen *Die goldene Gans*. Lassen Sie Ihr Kind herausfinden, dass es beglückend ist, andere an seinen Gütern und seinem Leben teilhaben zu lassen, weil man für alles, was man teilt, unendlich mehr zurückbekommt.

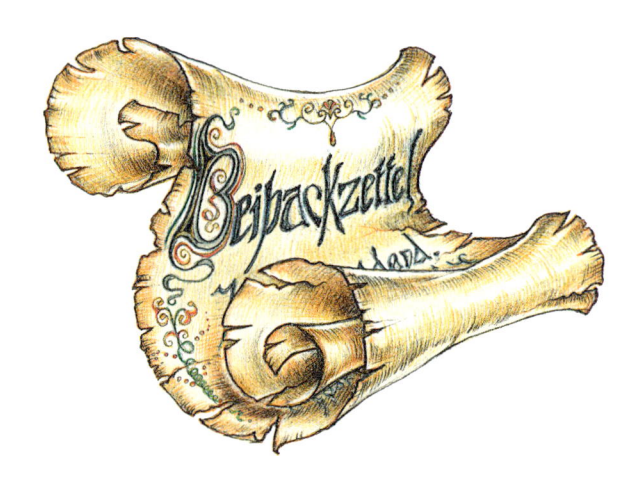

# Unser Kind hat ein besseres Verhältnis zu den Großeltern als wir

Oma Hella hatte ein Problem. Sie litt an Atemnot. Wenn sie nur ein paar Schritte machte, bekam sie kaum Luft. Und erst der Rücken! Sie hatte zwei Töchter, die es eigentlich gut mit ihr meinten: Lisa und Heidrun. Aber sie wollten nicht begreifen, dass Mama nicht mehr so mobil war wie früher und deshalb keinen Spaß an langen Spaziergängen hatte. Die Töchter schimpften mit ihr. »Du brauchst Bewegung, sonst wird es immer schlimmer«, meinte die eine. Und die andere sagte: »Wer rastet, der rostet. Wenn du erst im Rollstuhl sitzt, wirst du an uns denken.«

Ihre Mama kämpfte mit den Tränen. Die Töchter zogen verärgert los. Nur ihr Enkel Tom blieb zurück und nahm seine Oma in den Arm. »Lass uns doch zusammen unten nur ein paar Schritte machen, und wenn es dir zu viel wird, kehren wir um«, sagte er.

Dazu ließ sich die alte Dame überreden. Am nächsten Tag war der Enkel wieder da. Diesmal gingen sie in den Park. Und Oma schaffte es sogar bis zu der Bank, auf der sie immer mit ihrem verstorbenen Mann gesessen hatte. Sie wirkte sehr zufrieden. Da fragte Tom sie: »Mit Mama und Tante Heidrun wolltest du nicht gehen. Warum eigentlich nicht?«

»Ach«, seufzte die alte Dame, »weißt du, die sind immer so schroff zu mir, so ungeduldig. Wenn sie loswollen, soll ich immer gleich aufspringen, aber 'ne olle Frau ist eben kein D-Zug. Es dauert alles etwas länger, wenn man ein paar Jährchen auf dem Buckel hat. Wenn sie erst mal so alt sind wie ich, wird es ihnen nicht anders ergehen … Jüngere vergessen immer, dass auch sie so nach und nach älter werden.«

»Dann lass uns doch mal alle zusammen darüber reden. Sie wollen ja nur, dass du auch mal rauskommst«, meinte Tom.

»Gute Idee, mein Junge, reden kann nicht schaden.«

Tom und Oma sahen sich an, schmunzelten. Da waren zwei, die sich verstanden. Nach einer Woche fühlte sich die Großmutter in der Lage, mit ihrem Enkelsohn nach vorn in den Supermarkt zu gehen. Nach langer Zeit mal wieder selbst einkaufen. Sie machte Kartoffelsalat für den Jungen, den er immer schon so gern bei ihr gegessen hatte.

Dann ließen sich die Töchter wieder blicken. Tom hatte zur Verblüffung seiner Mutter und seiner Tante einen »Generationen-Talk« einberaumt. Ihre betagte Mutter wirkte wie aufgedreht, machte Kaffee, stellte ein paar Kekse hin, war so mobil wie früher.

»Was ist denn mit dir passiert?«, fragte Tochter Lisa, »du bist ja so gut drauf!«

Die alte Dame guckte nur vergnügt. Und zwinkerte ihrem Enkel zu.

# DER ALTE GROSSVATER UND SEIN ENKEL

Es war einmal ein steinalter Mann, dem waren die Augen trüb geworden, die Ohren taub, und die Knie zitterten ihm. Wenn er nun bei Tische saß und den Löffel kaum halten konnte, schüttete er Suppe auf das Tischtuch, und es floss ihm auch immer etwas wieder aus dem Mund. Sein Sohn und dessen Frau ekelten sich davor, und deswegen musste sich der alte Großvater endlich hinter den Ofen in die Ecke setzen, und sie gaben ihm sein Essen in ein irdenes Schüsselchen und noch dazu immer zu wenig. Der Großvater sah betrübt nach dem Tisch, und die Augen wurden ihm nass.

Einmal konnten seine zittrigen Hände auch das Schüsselchen nicht festhalten, es fiel zur Erde und zerbrach. Die junge Frau schimpfte, er sagte nichts und seufzte nur. Da kaufte sie ihm ein hölzernes Schüsselchen für ein paar Heller, daraus musste er nun essen.

Wie sie da so sitzen, so trägt der kleine Enkel von vier Jahren auf der Erde kleine Brettlein zusammen. »Was machst du da?«, fragte der Vater. »Ich mache ein Tröglein«, antwortete das Kind, »daraus sollen Vater und Mutter essen, wenn ich groß bin.« Da sahen sich Mann und Frau eine Weile an. Fingen endlich an zu weinen, holten sofort den alten Großvater an den Tisch und ließen ihn von nun an immer mitessen, sagten auch nichts, wenn er ein wenig verschüttete.

## ~ *Beipackzettel* ~

Jeder kann heute selbstbestimmt leben, die finanziellen Möglichkeiten sind gegeben. Man muss nicht mehr mit mehreren Generationen in einem Haus wohnen, um über die Runden zu kommen. Doch ist es nicht oft sehr anstrengend, Beruf, Haushalt und Kinder allein unter einen Hut zu kriegen, statt Oma und Opa in das tägliche Leben einzubinden?

Lesen Sie gemeinsam das Märchen *Der alte Großvater und sein Enkel*, und gönnen Sie sich den Luxus, sich an Ihre eigene Kindheit zu erinnern. Wer war da, wenn Sie aus der Schule kamen? Die Großmutter. Hatte sie nicht meistens Ihr Lieblingsessen gekocht und konnte so schön von früher erzählen? Hat Ihnen nicht der Großvater in unendlicher Geduld beigebracht, wie man einen Fahrradschlauch flickt? Sie haben damals die Liebe und Freude gespürt, die Ihre bloße Anwesenheit bei den alten Leuten ausgelöst und ihnen Kraft gegeben hat. Setzen Sie alles daran, Ihren Eltern, Ihren Kindern und sich selbst diese Freude nicht zu versagen. Bedenken Sie, das Alter kommt schneller, als man es vermutet …

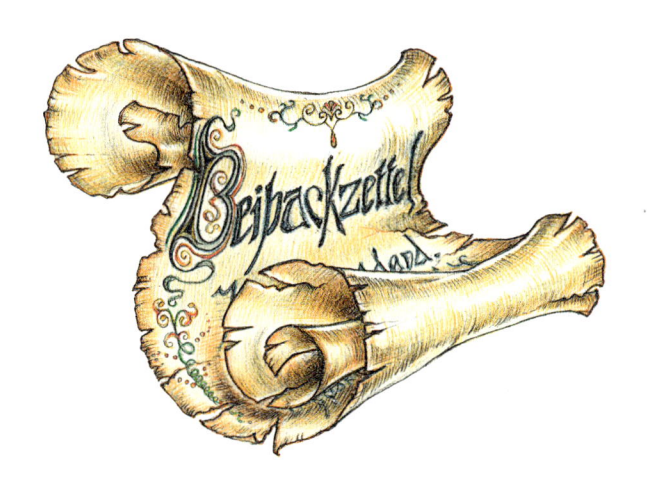

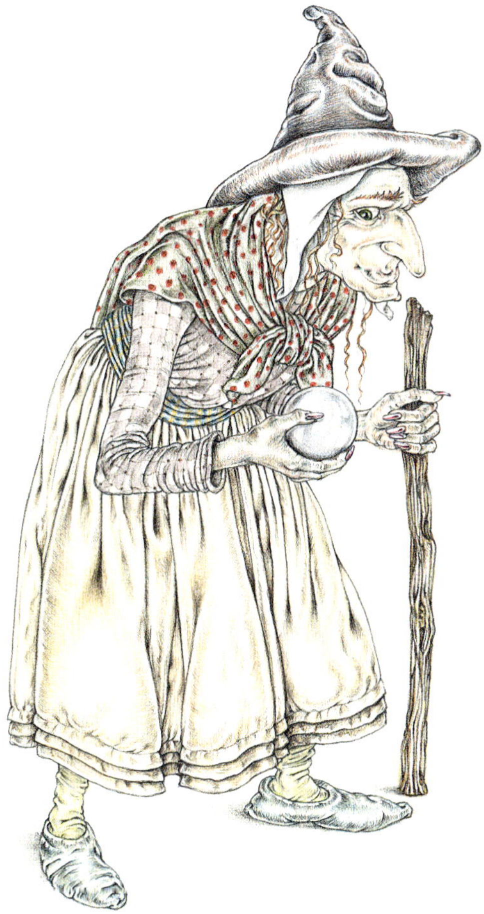

Wilhelm Carl Grimm (24. Februar 1786 – 16. Dezember 1859),
geboren in Hanau, gestorben in Berlin.

Jacob Ludwig Carl Grimm (4. Januar 1785 – 20. September 1863),
geboren in Hanau, gestorben in Berlin.

# Jacob und Wilhelm Grimm – Ein Name, zwei Brüder, ein Mythos

*Von Silke Fischer*

Jacob und Wilhelm Grimm sind zwei der bedeutendsten Deutschen. Sie waren politisch sehr aktive Zeitgenossen und haben zudem die deutsche Sprach- und Literaturwissenschaft maßgeblich beeinflusst. Weltruhm erlangten sie jedoch durch ihre 1812 und 1815 in zwei Teilen erschienene Sammlung der *Kinder- und Hausmärchen*.

Angeregt durch Achim von Arnim und Clemens Brentano, stand die Publikation im Zeichen der von Johann Gottfried Herder initiierten Rückbesinnung auf die deutsche Volkspoesie, die im Vorfeld der Befreiungskriege gegen Napoleon einen patriotischen Aspekt bekam. Herder sah im Märchen während des »Sturm und Drang« ein authentisches Zeugnis dafür.

Die Zeit der Aufklärung vertraute auf die menschliche Vernunft und sah in der Erziehung das Mittel, die Welt und die Menschheit einer besseren Zukunft entgegenzuführen. Diese Glückseligkeit würde aber nur der tugendhafte, tätige Mensch erreichen, der nach den Gesetzen der Vernunft und der Natur handelte. So entstanden Kinderliteratur und Märchen für Kinder.

1812 gaben die Brüder Grimm die erste Auflage der *Kinder- und Hausmärchen* in Berlin heraus, in der sie sich bemühten, die Überlieferungen getreu wiederzugeben. Bereits die folgende Auflage wurde von Wilhelm Grimm erheblich stilistisch überarbeitet und erweitert. So entstanden erstmals Buchmärchen, die sich dadurch auszeichneten, dass sie die Mitte zwischen mündlicher Überlieferung und schriftlicher Bearbeitung hielten.

Die Intention der Grimms war es, außer einer wissenschaftlichen Sammlung von Volksmärchen, ein Erziehungsbuch zu schaffen. Wilhelm Grimm äußerte im November 1812 gegenüber seinem Freund Friedrich Carl von Savigny: »Von unseren zwei Büchern sag ich auch weiter nichts, als dass wir bei den Kindermärchen recht eigentlich den Wunsch haben, es möge ein Erziehungsbuch werden, da ich mir nichts ernährender, unschuldiger und erfrischender weiß für kindliche Kräfte und Natur.«

Ausgabe aus dem Jahr 1865

Die *Kinder- und Hausmärchen* wurden von Wilhelm Grimm den bürgerlichen, biedermeierlichen Erziehungsansichten angepasst: Erotische Stellen wurden getilgt, die Märchen im Sinne christlicher Ethik stilisiert. Trotz dieser Veränderungen bewahrten die Grimms die Treue zu den Quellen, und ihr Werk wurde und ist bis heute richtungsweisend für andere europäische Märchensammlungen. Die *Kinder- und Hausmärchen* erschienen zu Lebzeiten der Grimms in sieben Auflagen, die immer wieder bearbeitet wurden. Die »ursprüngliche« Form der Märchen ist heute kaum noch bekannt.

Die Verwendung des Begriffs »Märchen« als Gattungsbezeichnung einer literarischen Form wird bis heute viel diskutiert. Die Grundbedeutung finden wir im althochdeutschen Wort *mâri* (erzählen) sowie im gotischen *mêrs* (bekannt). Hier liegt der Ursprung der Bezeichnung *Märe* (Kunde, Bericht, Überlieferung). Deren Verkleinerungsform *merechyn* (Märchen, kleine Erzählung) ist seit dem 15. Jahrhundert bekannt und bekam später eine negative Bedeutung, weil sie eine erfundene Geschichte und keinen wahren Bericht verzeichnet. Der heute feststehende Begriff *Märchen* als positive Bezeichnung für eine bestimmte literarische Form und seine einheitliche Verwendung wurde erst durch die Märchenforschung und speziell durch die Brüder Grimm geprägt.

Der Erfolg der *Kinder- und Hausmärchen* der Brüder Grimm hat fortan das Idealbild von Kinderliteratur bestimmt und viele zeitgenössische wie heutige Autoren beeinflusst. Mit dem Erscheinen einer kleinen Ausgabe im Jahre 1825, die eine Auswahl von 50 Märchen enthielt, traten die *Kinder- und Hausmärchen* ihren Siegeszug um die Welt an und wurden 2005 in das Weltdokumentenerbe der UNESCO aufgenommen.

Übrigens: Die Startauflage der Grimmschen Märchensammlung betrug nur 900 Exemplare. Die Erfolgsgeschichte dieser Publikation trägt selbst märchenhafte Züge: Nach der Bibel ist die Sammlung der *Kinder- und Hausmärchen* heute das meistübersetzte Werk der Welt. Das Buch erscheint in mehr als 150 Sprachen und Dialekten.

## Die Familie der Grimms

Die Grimms entstammen einer calvinistischen Beamten- und Pastorenfamilie aus Hessen. Mutter Dorothea Grimm brachte neun Kinder zur Welt, von denen drei bereits im Säuglingsalter starben. Der Vater Philipp Wilhelm Grimm starb schon 1796, als Jacob und Wilhelm noch Kinder waren.

## Karriere der Grimms

Jacob und Wilhelm studierten beide Rechtswissenschaften an der Universität in Marburg, wo sie die Literatur der Romantik kennenlernten und begannen, sich für die Ursprünge der Literatur und der Sprache zu interessieren. Nach ihrem Studienabschluss begannen sie im Jahre 1806 in Kassel, Märchen zu sammeln und aufzuzeichnen.

Aus Kassel zogen sich die Brüder enttäuscht zurück, weil Jacob Grimm nicht, wie erhofft, zum Oberbibliothekar befördert wurde. 1829 gingen sie nach Göttingen, wo sie als Professoren arbeiteten und zu den *Göttinger Sieben* gehörten, die sich gegen einen Beschluss von König Ernst August II. auflehnten, weil der die Grundgesetze seines Staates aufgehoben hatte. Nachdem Jacob und Wilhelm Grimm ihrer Professoren-Ämter enthoben wurden, kehrten sie für kurze Zeit nach Kassel zurück.

Eine Ehrung ihrer wissenschaftlichen Arbeit war die Einladung des preußischen Königs Friedrich Wilhelm IV. an die Brüder Grimm im Jahre 1841, sich mit einem aus seinen persönlichen Mitteln zur Verfügung gestellten Gehalt in Berlin anzusiedeln. Stark gemacht hatten sich für diesen »Ritterschlag« im Vorfeld ihre Freunde Bettina von Arnim, Alexander von Humboldt, Friedrich Carl von Savigny, Karl Lachmann und andere.

1819 bis 1837 veröffentlichte Jacob Grimm in vier Bänden seine monumentale *Deutsche Grammatik*. Sie befasst sich mit der Geschichte der germanischen Sprache und der Ableitung von Verwandtschaftsbeziehungen. 1838 begannen die Brüder die Vorbereitung für das gemeinsam verfasste *Deutsche Wörterbuch*, das sie bis zum Buchstaben F ausführten. Bis zum G wie Grimm sind sie nicht mehr gekommen.

## *Zusammenarbeit und Zusammenleben*

Jacob und Wilhelm Grimm lebten und arbeiteten so gut wie immer zusammen. Jacob Grimm berichtete in seiner Rede in der Königlichen Akademie der Wissenschaften zu Berlin über den verstorbenen Bruder Wilhelm:

»*So nahm uns denn in den langsam schleichenden schuljahren ein bett auf und ein stübchen, da saszen wir an einem und demselben tisch arbeitend, hernach in der studentenzeit standen zwei bette und zwei tische in derselben stube, im späteren leben noch immer zwei arbeitstische in dem nemlichen zimmer, endlich bis zuletzt in zwei zimmern nebeneinander, immer unter einem dach in gänzlicher unangefochten und ungestört beibehaltener gemeinschaft …*«

Zuerst führte ihnen die Schwester Charlotte den Haushalt. Nach deren Eheschließung heiratete Wilhelm Grimm 1825 Henrietta Dorothea Wild. Sein Bruder Jacob, der zeitlebens unverheiratet blieb, lebte zusammen mit dem Ehepaar in Kassel, wo 1828 Wilhelms Sohn Hermann Friedrich zur Welt kam. Mehr als 20 Jahre lebten und arbeiteten die Brüder dann gemeinsam in Berlin, endlich unbelastet von finanziellen Unsicherheiten.

Überliefert ist, dass die Brüder Grimm beim mittäglichen Spaziergang durch den Tiergarten unterschiedliche Routen wählten. Es wird erzählt, dass sie, wenn sie sich zufällig begegneten, höflich die Hüte lüfteten und sich einen Guten Tag wünschten.

Der deutsche Philologe Georg Curtius schrieb 1871 über die unterschiedlichen Charaktere und Arbeitsweisen der Brüder Grimm: »Auch traf es sich glücklich, dass Wilhelm Grimm, weniger kühn und umfassend, aber auf beschränkteren Feldern fein und sorgfältig, dem verwegenen Jacob zur Seite stand.« So ergänzten sich die beiden Wissenschaftler und Sammler und eröffneten den nachfolgenden Generationen weite Betätigungsfelder.

In der oben bereits erwähnten Rede über seinen Bruder Wilhelm prophezeite Jacob: »*auch unsere letzten bette, hat es allen anschein, werden wieder dicht nebeneinander gemacht sein …*«

Er sollte recht behalten. Selbst im Tode sind die Brüder Grimm vereint. Ihre letzte Ruhestätte fanden sie in Berlin-Schöneberg auf dem Alten St. Matthäus-Kirchhof, wo die Grabstätten der Familie als Ehrengräber der Stadt Berlin noch heute besucht werden können.

## Gemeinsame Werke

*Kinder- und Hausmärchen*, 1. Auflage: 2 Bände 1812, 1815
*Deutsche Sagen*, 1. Auflage: 2 Bände 1816, 1818
*Irische Elfenmärchen*, 1826
*Deutsche Mythologie*, 1835
*Deutsches Wörterbuch*, 1. Band 1854, 33. Band 1961, insgesamt 34.824 Seiten

### Jacob Grimm

*Deutsche Grammatik*, 1. Auflage: 4 Bände 1819–1837

## *Grimmscher Nachlass*

Mit der Sammlung, Dokumentation und wissenschaftlicher Erforschung zu Leben, Werk und Wirken der Brüder Jacob und Wilhelm Grimm befasst sich unter anderem die *Staatsbibliothek zu Berlin*. Hier befindet sich der Großteil ihres wissenschaftlichen Nachlasses sowie auch im *Hessischen Staatsarchiv Marburg*. Die *Universitätsbibliothek der Humboldt-Universität zu Berlin* ist seit 1865 im Besitz von mehreren Tausend Bänden ihrer persönlichen Bibliothek. Das neue Hauptgebäude der Bibliothek trägt seit 2009 den Namen *Jacob-und-Wilhelm-Grimm-Zentrum*. Ebenso zu erwähnen sind das *Museum Haldensleben*, das *Brüder Grimm Museum* in Kassel und das *Brüder-Grimm-Haus* in Steinau.

# Die Herausgeberin, Autoren und Illustratorin

### Stephanie zu Guttenberg

Stephanie Freifrau von und zu Guttenberg, geborene Gräfin von Bismarck-Schönhausen, ist seit 2009 Präsidentin der deutschen Sektion des internationalen Kinderschutzvereins *Innocence in Danger*, der gegen sexuellen Missbrauch von Kindern und insbesondere gegen die Verbreitung von Kinderpornografie mittels digitaler Medien kämpft. Ihr Buch *Schaut nicht weg* wurde ein Bestseller. Mit ihrem Einsatz in den Medien sensibilisierte sie breite Teile der Bevölkerung für dieses lange verschwiegene Thema. Stephanie zu Guttenberg, eine Ururenkelin von Otto von Bismarck, wurde 1976 in München geboren, ist verheiratet mit Karl-Theodor zu Guttenberg und Mutter von zwei Kindern. Nach ihrem Abitur studierte sie an der *Sorbonne* in Paris Geschichte und Politikwissenschaften sowie Betriebswirtschaft und Textiltechnik an der *LDT Nagold*. Neben ihrem Engagement für *Innocence in Danger* übernahm Stephanie zu Guttenberg im Januar 2011 das Amt als Schirmherrin des Landesverbandes Bayern der *Deutschen Multiple Sklerose Gesellschaft (DMSG)*. Für ihren Kampf gegen den Missbrauch von Kindern erhielt sie mehrere Auszeichnungen, darunter den Ehrenpreis der Organisation *World Vision Deutschland*, den *Leading Ladies Award* sowie – zusammen mit der Schauspielerin Iris Berben und der Journalistin und Chefredakteurin Marion Horn (Aktion *Ein Herz für Kinder*) – die GOLDENE ERBSE von *Märchenland – Deutsches Zentrum für Märchenkultur* in Berlin.

© Konzept und Bild / Castagnola

## Silke Fischer

Geboren 1961 in Lobenstein im Thüringer Wald. Sie stammt aus einer großen Missionars-Familie, in der es Tradition ist, Märchen und Geschichten zu erzählen, und in der die Kommunikation zwischen den über 100 Familienmitgliedern bis heute intensiv betrieben wird. Nach abgeschlossener Berufsausbildung und anschließender Tätigkeit als Maßschneiderin am *Maxim Gorki Theater Berlin* machte sie ihr Abitur an einer Abendschule. Da Silke Fischer in der ehemaligen DDR nicht studieren durfte, flüchtete sie im September 1989 über die Ungarische Grenze und Österreich nach West-Berlin. Aufnahme des Studiums der Lateinamerikanistik/Theaterwissenschaften an der *FU Berlin*, später ein Jahr Studienaufenthalt in Brasilien. 1993 wurde ihr Sohn Moritz geboren, 1997 schloss sie ihr Studium mit der Magisterprüfung ab und wurde zur Promotion zugelassen. Nach der Projektleitung der *Berliner Märchentage* 1999 wurde sie 2000 deren Direktorin, 2003 Gründungsmitglied und Vorstandsvorsitzende des neuen Trägervereins der Berliner Märchentage – Märchenland e.V. – und 2004 Geschäftsführerin und Direktorin der *Märchenland gGmbH*. Märchenland arbeitet mit dem Kulturträger Märchen aktiv in der Kinder- und Jugendbildung, um die Zukunft aus Bewährtem heraus zu gestalten. Silke Fischer ist Journalistin, Autorin und Herausgeberin des Buches *Deutschland – Märchenland. Prominente greifen zur Feder*, erschienen 2009 im Diederichs Verlag. Silke Fischer lebt in Berlin.

© Konzept und Bild / Castagnola

## Bernd Philipp

Der Journalist, Buch- und Drehbuchautor wurde 1950 in Berlin geboren. Nach seiner Ausbildung zum Redakteur bei der *WAZ*-Gruppe in Düsseldorf arbeitete er von 1973 bis 1976 als Redakteur bei der *BZ* (Schwerpunkt TV), anschließend für das Feuilleton der *Welt* und der *Berliner Morgenpost*. Kurz darauf wurde er Chefreporter, Ressortleiter Medien und leitete das Morgenpost-Wochen-Journal mit dem zeitungshistorischen Titel *Berliner Illustrirte Zeitung*. Mehr als 30 Jahre erschien in der *Berliner Morgenpost* jeden Sonntag seine heitere Kolumne *Lebenslagen*. Sie gilt als eine der am längsten von *einem* Autor geschriebenen Kolumnen in Deutschland und erscheint seit zwei Jahren online im *Kaupert-Verlag*. Philipp ist seit 2006 als freiberuflicher Journalist tätig und gehörte zusammen mit Hellmuth Karasek und Hajo Schumacher zur *Welt*-Autoren-Gruppe. Er ist als Kolumnist, Medien- und Marketingberater tätig und entwickelt Formate für Bücher, Bühnen- und TV-Projekte. Autor von mehr als 20 Büchern, darunter schrieb er zusammen mit Renate Wiechmann *Der letzte Zug* über das Schicksal von Juden, die 1943 von Berlin nach Auschwitz deportiert wurden (Verfilmung: Artur Brauner/ Regie: Joseph Vilsmaier). Verfasser der Biografie des Schauspielers Hugo Egon Balder *(Ich habe mich gewarnt)*, in der dieser über seine jüdische Mutter und seine Kindheit in Berlin sowie über seine ersten Jahre am *Schiller-Theater* berichtet. Bernd Philipp ist zudem Autor zahlreicher Publikationen über die Stadtgeschichte Berlins. Er ist Vater eines Sohnes (Max, Jahrgang 1990) und lebt im Berlin-Charlottenburger Stadtteil Westend.

© Martin Lengemann

### Janice Brownlees-Kaysen

Die Illustratorin und Portrait-Malerin wurde 1955 geboren. Von 1974 bis 1978 studierte sie Mode-Design und Kunstgeschichte an der *Northumberland University* in Newcastle-upon-Tyne in England. Sie fand es aufregend, Mode zu erschaffen, und genoss ihr Studium, war jedoch von der Modeindustrie abgeschreckt. 1979 ging sie deshalb für einen Studienaufenthalt an die bekannte *Parsons School of Design* nach New York. Ein Jahr später zog Janice Brownlees-Kaysen nach Hamburg und arbeitete auch nach der Geburt ihrer beiden Kinder (1989 und 1991) als freie Illustratorin. 2003 folgte ein Studium in *Portrait painting* in Florenz, Italien. Zwischen 2005 und 2006 gehörte sie dem *Atelier9* in Hamburg an.